新版

生涯学習概論

鈴木眞理・大島まな・大木真徳 編著

樹村房

はしがき

　この本は，大学における社会教育・生涯学習に関する講義の際のテキストとして用いられることを念頭において，編集されたものである。

　ただ，単なる講義テキストという，それを教員が読み進めて「時間を潰したりする」ための教材・講義ノートではなく，講義に出ない学生が試験対策のために「丸暗記」したり，レポートという名の単位を出すための省エネ・教育という営みの放棄を助けるための本でもない。そのことは，内容を確かめていただければわかることではある。

　稲生勁吾［編著］『社会教育概論』1985年3月，稲生勁吾［編著］『生涯学習・社会教育概論』1995年3月，鈴木眞理・馬場祐次朗・薬袋秀樹［共編著］『生涯学習概論』2014年2月，の流れをくむ本書は，研究書ではなく講義のテキストとしての性格を持つものだが，「安っぽい」本ではなく，読者が社会教育を基礎とする生涯学習に関して考える際に，原理的にも実践的にも意味あるものになることを目ざして，刊行するものである。

　ほぼ10年前の『生涯学習概論』について，大学生の娘がテキストとして使っているものを読んで，「生涯学習ということについて，よく理解できた」と言ってくれた大学の同僚（認知心理学・教育学）がいたが，一流の研究者からそのような評価をもらったことは幸いであった。残念ながら，今では彼は故人なのだが，この『新版 生涯学習概論』は，どのような評価をもらえるのだろうか。

　表面的な理解や，いい加減な概念規定，キャッチーな「標語」もどきのレジャーランドの客寄せに使うかのような言葉遣いや発想そのものが蔓延している中で，まっとうな研究者が携わる本づくりを意識して，落ち着いた説明や深く考えるためのヒントをちりばめている本を目ざしたのであるが，どうであろうか。

　20世紀の産物としての「社会教育」「生涯教育」「生涯学習」という概念や制度が，21世紀も四半世紀を越える状況，世界の超大国や日本の状況も激変する

予兆もある現在，どのような意義があるのか，じっくり考えてみることが求められているのであろう。

　『社会教育概論』から40年，書名や執筆者，内容はすっかり変わっているが，樹村房・大塚栄一社長の考え方や，「はじめ」の本の時からの「生き残り」の私の考え方の基本は変わっていないと言える。大塚社長ともども，いろいろ考えてきたことが，この時代にどう通用するか，次の時代に，どう対応すればいいか，おそるおそるであるが，確かめてみたい。

　2025年2月

共編者・著者を代表して
鈴木　眞理

［本書の執筆分担］

Ⅰ章　鈴木眞理	Ⅱ章　永井健夫	Ⅲ章　内山淳子
Ⅳ章　大島まな	Ⅴ章　郡谷寿英	Ⅵ章　大木真徳
Ⅶ章　稲葉　隆	Ⅷ章　本庄陽子	Ⅸ章　岩佐敬昭
Ⅹ章　西井麻美	Ⅺ章　阪本陽子	Ⅻ章　鈴木眞理

新版 生涯学習概論
もくじ

はしがき　iii

I章　生涯学習社会の創造へ向けて ———— 1
1．生涯学習社会という概念 —————— 1
　（1）俗論としての生涯学習・生涯学習社会　*1*
　（2）生涯学習社会という到達目標　*2*
2．生涯教育の概念 —————————— 4
　（1）教育改革のキイ概念としての生涯教育　*4*
　（2）生涯教育の諸相　*6*
3．生涯学習の概念の登場とその背景 ——— 12
　（1）日本的な概念としての生涯学習　*12*
　（2）生涯学習概念と社会教育　*15*
4．学歴社会と生涯学習社会 ——————— 17
　（1）学歴社会は乗り越えられるか　*17*
　（2）生涯学習社会をどう評価するか　*19*

II章　生涯学習の原理論 ———————— 21
1．生涯学習と生涯教育 ———————— 21
2．統合理念としての生涯教育 ————— 23
　（1）生涯教育論の登場　*23*
　（2）生涯教育の本質的特徴　*24*
3．生涯学習の思想 ——————————— 27
　（1）「生涯学習」という発想　*27*
　（2）「学習」本位の議論　*28*
4．人間性回復の鍵としての生涯学習 ——— 32

Ⅲ章　生涯学習の学習者論 ─────────────── 34
1．教育制度からみた学習者：「誰でも学ぶ」の系譜 ──────── 34
（1）教育システムから学習者への転換　34
（2）日本の教育制度と学習者　36
（3）生涯学習の理念　38
2．人間の発達からみた学習者：「いつでも学ぶ」の系譜 ─────── 39
（1）発達と学習　39
（2）人間にとっての学習の必要性　40
（3）生涯教育の過程　41
3．生涯各期の発達と学習場面：「どこでも学ぶ」の系譜 ─────── 43
（1）ライフサイクル論　43
（2）各期の発達と学習場面　44
4．成人学習者の特性と生涯学習の方向性 ──────────── 49
（1）アンドラゴジーモデル　49
（2）アンドラゴジーと生涯学習　51

Ⅳ章　生涯学習の学習内容論 ─────────────── 52
1．生涯学習と学習課題 ──────────────────── 52
（1）生涯発達と発達課題　52
（2）社会的役割と生活課題　53
（3）属性等による学習者の特化と学習課題　55
（4）変化への適応　56
（5）人生100年時代の生涯発達　57
2．社会的ニーズと学習課題 ───────────────── 58
（1）「個人の要望」と「社会の要請」　58
（2）現代的課題　59
（3）持続可能な地域づくりと地域課題　60
（4）社会教育行政が対応する学習課題　61
3．学習課題の内容領域 ──────────────────── 62

（1）学習の目的と内容領域　62
　　（2）調査結果にみる内容領域と学習の実態　63
　　（3）学びと活動の循環　65

V章　生涯学習の学習方法論 ―――――――――――――――― 67
　1．生涯学習の学習方法と支援 ……………………………………… 67
　　（1）生涯学習を行うための支援　67
　　（2）生涯学習とノンフォーマルな教育　68
　2．さまざまな学習方法の捉え方 …………………………………… 70
　　（1）社会教育における学習方法　70
　　（2）個人学習と集合学習　71
　　（3）個人学習と集合学習の関係　74
　　（4）集団学習と「共同学習」論　75
　3．主体的な学びを促進する参加体験型学習 ……………………… 75
　　（1）参加体験型学習の意義　75
　　（2）アクティブ・ラーニングと課題解決型学習　77
　4．ICTを活用した学習 ……………………………………………… 78
　　（1）社会の変化と学習方法の拡がり　78
　　（2）現代の社会的背景とICT教育　79
　　（3）遠隔教育の機能　80
　　（4）ICTを活用した生涯学習の可能性　81

VI章　生涯学習支援行政論 ―――――――――――――――― 83
　1．生涯学習支援と行政 ……………………………………………… 83
　2．社会教育行政の枠組み …………………………………………… 84
　　（1）社会教育行政の性格　84
　　（2）市町村・都道府県・国の役割と関係　86
　　（3）社会教育行政と地域住民の参加　87
　3．生涯学習振興行政の展開 ………………………………………… 89

（1）生涯教育概念の移入から生涯学習振興へ　*89*

　　（2）生涯学習推進体制の整備　*91*

　4．生涯学習振興と社会教育行政 ··*92*

　　（1）生涯学習振興行政の中核としての社会教育行政　*92*

　　（2）社会教育行政における学校支援の強調　*94*

　5．行政改革における社会教育行政の位置 ································*97*

　　（1）地方分権推進と社会教育行政　*97*

　　（2）民間活力の導入と社会教育行政　*98*

　6．あらためて生涯学習振興行政の中核とは ························*101*

Ⅶ章　生涯学習支援施設論 ―――――――――――*103*

　1．生涯学習を支援するさまざまな施設 ································*103*

　　（1）生涯学習支援と施設　*103*

　　（2）生涯学習支援の中核としての社会教育施設　*104*

　　（3）社会教育施設を構成するもの　*105*

　2．施設の種類と役割 ··*106*

　　（1）社会教育施設の種類とその法的根拠　*106*

　　（2）社会教育施設の特徴　*111*

　3．施設の専門的職員の役割 ··*113*

　4．施設運営への住民の意向の反映 ···*115*

　5．住民参加の一つとしての施設ボランティア ·······················*115*

　6．社会教育施設をめぐる近年の動向 ··*116*

　　（1）社会教育施設の評価をめぐる動向　*116*

　　（2）社会教育施設の管理・運営主体をめぐる動向　*117*

　　（3）社会教育施設の所管をめぐる動向　*119*

　　（4）異種施設との複合化をめぐる動向　*120*

　　（5）施設における個人学習支援　*121*

　　（6）情報化社会の進展をめぐる動向　*121*

Ⅷ章　生涯学習支援組織論 ——————————————— 123
1．社会教育の施設と団体 ……………………………………………… 123
（1）社会教育における学習支援　*123*
（2）非施設・団体中心という考え方　*124*
（3）今日の社会教育施設の担う役割　*125*
2．集団の意味の両義性 …………………………………………………… 126
（1）相互扶助組織としての地域団体　*126*
（2）地域性をもたない団体の可能性　*127*
（3）集団の規模と学習支援 ─「個人学習」と「集合学習」　*127*
3．制度としての社会教育関係団体 ……………………………………… 129
（1）社会教育関係団体と地方公共団体　*129*
（2）サポートとコントロール　*130*
4．NPO の台頭と期待される役割の変化 ……………………………… 131
（1）「新しい公共」の考え方とその担い手　*131*
（2）NPO の性格　*133*
（3）法人格をめぐる議論　*135*
（4）学習機会提供者としての NPO　*136*

Ⅸ章　生涯学習機関としての学校 ————————————— 139
1．学校教育の存在と社会教育 …………………………………………… 139
（1）明確な学校教育と曖昧な社会教育　*139*
（2）学校はどのくらい「存在」しているか？　*139*
（3）生涯学習機関としての大学等の役割　*141*
（4）社会教育はどこに「存在」しているか　*142*
（5）学校の教員の役立て方　*143*
2．学校教育と社会教育の連携・協力 …………………………………… 145
（1）学社連携による学校の社会教育への接近　*145*
（2）学社融合による学校の社会教育との一体化の模索　*146*
（3）学校支援地域本部事業による連携の制度化　*147*

（4）学校評議員，学校運営協議会による地域の学校運営への
　　　　　参加　*148*
　　　（5）地域学校協働本部事業による「学校」の地域づくりへの
　　　　　参画　*149*
　　3．生涯学習社会における学校の役割 ……………………………………*150*
　　　（1）学校教育と社会教育の異同　*150*
　　　（2）生涯学習社会において学校の特性はどう活かせるか　*152*
　　　（3）学校教育と社会教育は連携・協力できるか　*153*

X章　生涯学習とSDGs ———————————————————*155*
　　1．国際社会における持続可能性への注目 ……………………………*155*
　　　（1）1970年代から1980年代の国際社会における持続可能性へ
　　　　　の着目　*155*
　　　（2）持続可能な社会に向けた1990年代の議論の流れ　*157*
　　2．持続可能な社会に向けた国際政策の基盤としての生涯学習と
　　　SDGs ……………………………………………………………………*157*
　　　（1）国際社会での生涯学習への注目　*157*
　　　（2）ESDの展開　*160*
　　　（3）SDGsに向けた国際社会の議論　*162*
　　　（4）SDGsの登場と生涯学習　*163*
　　3．ESD・SDGsに係る実践例 …………………………………………*167*

XI章　生涯学習とキャリア形成 ———————————————*171*
　　1．生涯学習の視点でみる「キャリア」………………………………*171*
　　　（1）「キャリア」という言葉の多義性　*171*
　　　（2）「キャリア」を取り巻く変化　*172*
　　2．キャリア教育：学校教育・社会教育のなかで ……………………*173*
　　　（1）学校教育のキャリア教育　*173*
　　　（2）社会教育としてのキャリア教育　*175*

3．労働の場における職業キャリアの形成 …………………………………178
    （1）職業能力開発の制度　*178*
    （2）職業能力開発のこれまでとこれから　*179*
  4．キャリアと生涯学習のこれから ………………………………………181
    （1）人生100年を見通したキャリア形成　*181*
    （2）キャリア形成のキーワード：キャリアオーナーシップ　*183*

XII章　あらためて「生涯学習」を考える ———————— 185

  1．「生涯学習を考える」とはどういうことであるか ……………………185
  2．あらためてこれまでの発想を考えてみると ……………………………186
    （1）社会教育の領域で考えるということ　*186*
    （2）教育として考えるか，学習として考えるか　*187*
    （3）制度論で考えるか，学習論で考えるか　*188*
    （4）制度論と学習論をテキストでみると　*189*
    （5）制度論的関心から学習論的関心へ　*192*
  3．注目すべきテーマとしての「参加」……………………………………194
    （1）制度論的文脈での「参加」　*194*
    （2）学習論的文脈での「参加」　*195*
    （3）社会教育委員という制度の存在の意味　*197*
  4．あらためて社会教育の特質を確認する …………………………………198

資料1　教育基本法　*201*
資料2　生涯学習の振興のための施策の推進体制等の整備に関する法律　*204*
資料3　社会教育法　*207*
資料4　図書館法　*216*
資料5　博物館法　*219*
さくいん　*225*

Ⅰ章　生涯学習社会の創造へ向けて

1．生涯学習社会という概念

(1) 俗論としての生涯学習・生涯学習社会

　「生涯学習社会」という用語や「生涯学習の時代」という表現が，日常的に使用されるようになってきている。
　一般の人々が使用するのであればとやかく言う必要はないのかもしれないが，教育に関係している人が使用する際に，誤った使われ方，安易な使われ方がなされると，そのことはかなり問題のあることなのである。「生涯教育」や「生涯学習」という用語が出現し広がってくる時期以前から，教育・社会教育の研究・教育や現実・現場に関わってきていた人が，正確に理解（する努力を）しないで安易に使用しているという現実もあり，どうでもいいことであるということにはならないのだろう。
　曖昧な理解のままに，使用する人それぞれの理解で使用されているわけである。その理解は，曖昧できわめて浅い理解であることが通例で，生涯学習や生涯学習社会そのものについて議論するためにはむしろ障害になってしまうのである。「生涯学習社会における」というフレーズは，ちょっと落ち着いて考えてみると，どういう社会を示しているのか判然としないのである。ただ，なぜか明るさとか快活さを感じさせるということなのではなかろうか。
　いずれにせよ，俗論的な理解で，「生涯学習」や「生涯学習社会」という用語が氾濫しているわけであり，じっくり落ち着いて正確に理解していくことが求められるということなのである。社会教育主事はもちろん，司書や学芸員の

養成のための科目として「生涯学習概論」が設定されているのであるが、皮相な理解で「生涯学習」や「生涯学習社会」を捉えていると、なぜ、そのような科目の単位を修得しなければならないのか理解不能になる。正確な理解ができるようになれば、日常的に接するマスメディアの表現についても、その記事は「生涯学習」を本質的なところから理解して書いているのかどうかがわかるようになるのであろう。学生も、このセンセイの講義は、まともに聞くべきか、反面教師として位置づけるべきかがわかるのだろう（当然、このテキストを使っている教員の講義は、キチンとしているはずですね）。

（2）生涯学習社会という到達目標

　生涯学習社会というのは、現実に存在しているわけではない。また、これが生涯学習社会であるという、共通に確認された概念でもない。文部省・文部科学省が「勝手」に使いはじめた用語であり、それを研究者やマスメディアが後追いで使うようになった概念・用語である。このことを確認せずに、いわばムードとして用いられるようになっているのである。

　学習社会（learning society）という概念は、確定できる概念である。かつて、アメリカの法学者でシカゴ大学の総長を経験したハッチンス（Hutchins, R. M.）という人が、その著作 The Learning Society（1968）で用いた概念である。ハッチンスは、学習社会を「すべての成人男女に、いつでも定時制の成人教育を提供するだけでなく、学習、達成、人間的になることを目的とし、あらゆる制度がその目的の実現を志向するように価値の転換に成功した社会」[1]と定義している。後述するが、1965年のユネスコにおける生涯教育という教育改革の理念の提起と相前後して、いくつもの教育改革の方向づけを含む議論が提起されており、learning society もその一つであるが、ハッチンスの議論は教育のあり方のみならず、社会のあり方をも展望した議論として意味がある。

1：このあたりについては、新井郁男訳「ラーニング・ソサエティ」新井郁男編集・解説『ラーニング・ソサエティ』（現代のエスプリ No.146）至文堂、1979。なお、詳しくは、新井郁男『学習社会論』（教育学大全集 8）第一法規出版、1982 を参照するとよい。

learning society は，『フォール報告』（1972）[2] や，アメリカのカーネギー高等教育委員会の報告書 *Toward a Learning Society*（1973）でも，到達目標として位置づいている。

日本においては，1981（昭和56）年の中央教育審議会答申「生涯教育について」の中で学歴社会批判に関連して，「今後，このような傾向を改め，広く社会全体が生涯教育の考え方に立って，人々の生涯を通ずる自己向上の努力を尊び，それを正当に評価する，いわゆる学習社会の方向を目指すことが望まれる」とされている。「いわゆる」という表現は，その当時，学習社会について一般的な合意ができているとはみなされていなかったということを示していると考えられる。この際，この答申では，「学習社会」という概念について言及しているわけで，「生涯学習社会」ではないことを，確認しておこう。「生涯学習社会」という概念は，この答申では登場していない。まだ，用語として出現していないのである[3]。

学習社会とは異なる概念として，生涯学習社会という概念が存在しているわけである。生涯学習社会という概念は端的に言えば，行政施策の到達目標を示すものであって，決して学術用語として意識的に用いられてきたものではないということである。このことは，日本における社会教育・生涯学習の研究の貧弱さを示すことになっているのは，残念なことである。

生涯学習社会は，「生涯のいつでも，自由に学習機会を選択して学ぶことができ，その成果が社会において適切に評価されるような」社会，であると，たとえば，1991（平成3）年の中央教育審議会答申「新しい時代に対応する教育の

2：ユネスコに設置された教育開発国際委員会の報告書 *Learning To Be*。委員長はフランスの元首相・文相 Faure, E. である。国立教育研究所内フォール報告書検討委員会訳『未来の学習』第一法規出版，1975を参照。

3：たとえば，広瀬隆人「博物館教育とはなにか」（小原巖編著『博物館展示・教育論』樹村房，2000，p.105）では「生涯学習社会」がこの答申で語られていると述べられているが，誤りである。この論文では，「生涯学習の概念は，1965年のユネスコ成人教育推進国際委員会において……ポール・ラングラン……によって提唱されたが」（p.104）という記述もある。ラングランが提唱したのは生涯教育という考え方であって，生涯学習ではない。意味のある議論は正確な理解からしかできないので，注意が必要である。これは，冒頭で述べたことでもあり，他山の石としたいものである。

諸制度の改革について」や，1992(平成4)年の生涯学習審議会答申「今後の社会の動向に対応した生涯学習の振興方策について」で示されている。

また，教育基本法（2006年全面改正）第3条は，「生涯学習の理念」となっているが，「国民一人一人が，自己の人格を磨き，豊かな人生を送ることができるよう，その生涯にわたって，あらゆる機会に，あらゆる場所において学習することができ，その成果を適切に生かすことのできる社会の実現が図られなければならない」と，生涯学習社会の実現が到達目標・政策目標として示されている。

生涯学習社会といわれる概念の重要な論点は，学習機会の「自由な」選択，学習の成果の「適切な」評価である。「自由」であるとか「適切」であるとかの，曖昧な，期待や願望を含んだ用語は，学術用語とは考えにくいわけで，政策の到達目標を示しているにすぎないのであるが，多くの研究者（昔は文部省・文部科学省に対抗的で，今ではすり寄っているような人々を含む）が，深い思慮や批判的精神なしに用いているという状況が見受けられる。

2．生涯教育の概念

(1) 教育改革のキイ概念としての生涯教育

生涯教育という用語は，1965(昭和40)年以降に日本社会に定着してきたものである。それ以前に「生涯教育」というコトバの使い方があったかどうかについての検討は好事家の仕事であるわけで，それが，意味をもって広がってきたのは，明らかに1965年以降のことだ，というわけである。

1965年に，ユネスコ（UNESCO：United Nations Educational, Scientific and Cultural Organization；国際連合教育科学文化機関）の成人教育に関する会議が，パリで開かれている。その会議の際に，「生涯教育」という概念が用いられたというわけである。ユネスコの成人教育部長ポール・ラングラン（Lengrand, Paul：フランス人）がフランス語でéducation permanenteという語を用いて，教育という概念に新たな意味を込めたのであるが，会議では，英

語では，life-long integrated education という表現が適切であるという意見も出ていたということである。これが，会議に出席していた波多野完治によって日本に紹介され，「生涯教育」という語で広がってきたというわけである[4]。

　教育を，人生の初期の学校において行われるもの，だけとして考えるのをやめる，ということが，その中心的な考え方である。学校へ行く前に行われる教育，学校を終わった後に行われる教育，にも注目し，それらを統合的に考える必要があるということである（垂直的統合）。また，学校という社会組織のほかに，社会のさまざまな場面において教育を行っている組織・機関があり，それにも注目する必要があり，それらを統合的に考える必要がある，ということである（水平的統合）。学校以外の教育を，学校の教育と同じように，全体として考える必要がある，ということが「生涯教育」という発想・考え方の基本なのである。

　その発想が生まれる背景には，社会の急激な変化が存在していた。先進国である日本の社会を前提にして考えてみてもそのことは理解できる。第二次世界大戦後，科学技術は急速に発達した。科学技術が発達すれば，学校で教わったことは，すぐに古くなる。学校で教わった知識だけで，その後の人生を過ごしていくことは困難になる。科学技術の進歩だけでなく，明治時代以降の社会のあり方に関する認識は，戦後，大きな変更を余儀なくされた。天皇制イデオロギーといわれる国家のあり方に関する考え方は，民主主義の理念によって変更され，「家」の観念が喪失し，自立した個人が社会の構成単位として考えられるようになった。教育の機会は，学校を出た後にも用意されなければならなくなる。

　一方，1960年代には，第二次世界大戦当時植民地とされていた国々が独立を果たすが，学校がまだ整備されていない国々，第三世界の国々も存在していた。明治以降，江戸時代からの鎖国を解き開国をし，世界に目を向けるように

4：このあたりについては，日本ユネスコ国内委員会『社会教育の新しい方向』1967；ラングラン, ポール著，波多野完治訳『生涯教育入門』全日本社会教育連合会，1971；波多野完治『生涯教育論』講談社，1972などの「生涯教育」概念が移入された当時の書物を参照するとよい。

なった日本では，学校の制度を整備することに努めた。全国に，くまなく小学校を置き，中央に大学を置く体制を整え，産業振興による国力の増強を，教育の役割に期待して，就学を促し国民全体としての学力の向上を目指しながら，国をリードする指導者層を養成することを企てた。当時，日本は，「後進国」であった。しかし，先進国といっても，その姿を後ろから確認できる程度にしか先を進んでいたにすぎなかった。先進国と後進国の差は今日の尺度で考えれば，大したものではなかったのである。学校を整備して，先進国に追いつけ追い越せ，というのは，科学技術の発達が低いレベルの時代での話だったのである。ところが，1960年代の状況では，学校を整備するだけでは，追いつき追い越すためには，不十分なのである。学校を整備することはもちろん必要なことであるが，学校の外でも教育が必要になってくる。日常生活の場でも，労働の場でも，あらゆる場面での教育という営みを考えることが社会の課題となるのである。

このように，先進国の必要性にも合致し，先進国を追いかける第三世界諸国の必要にも応えられるような，教育に関する新しい考え方として，「生涯教育」は位置づけられたのである。生涯にわたって学ぶことが必要であるというような倫理観を説くことではなく，社会の要請に従って，それも，全世界的な合意を得た考え方，教育改革のキイ概念として登場してきたことが意味をもつことなのである。

(2) 生涯教育の諸相

この「生涯教育」は，現に存在している社会を前提にしているということに注意しなければならない。現に存在している社会というのは，そのような社会秩序が都合がよいという人々・勢力・国々にとっては，そのまま継続することが最良の選択肢である。一方，その社会で不利益を被っている人々にとっては，継続ではなく，よりよく改革されることが必要になる。しかし，不利益を被っている人々にとっては，改革を自身の手で進めるということは困難なことであるし，そもそも不利益を被っているということを意識することも困難である。意識化を進めることが，まず必要なことであり，その蓄積を基礎にした活動が

必要になってくる。

　ラングランの生涯教育という発想は，急激に変化する社会に適応するための教育，という側面を強くもっていた。もちろん，ラングランの議論自体は，個人の自立や懐疑の精神というような，個人主義の理念を基底にもつものではあったが，そのことは今日では，ほとんど強調されない[5]。それは，今日，生涯教育とか生涯学習とかのコトバを用いる人々の議論が表面的で薄っぺらなものになっていることの反映でもあるのだろう。

　日本においては，1971(昭和46)年の社会教育審議会答申「急激な社会構造の変化に対処する社会教育のあり方について」において，生涯教育という概念が用いられたことが，その概念が広がることについて大きな意味をもっていた。

　生涯教育は，産業界からは，労働者の職業能力の形成という側面で肯定的に捉えられ，企業内教育の理念として位置づけられたことも，また事実である。企業内教育が，経営学や産業社会学・社会心理学などの領域からの，さまざまな人間の能力の開発に関する理論や技法をもとにして展開された。古くは1920年代からのモラール（勤労意欲）に関する human relation に注目したホーソン工場の実験からの知見，レヴィン（Lewin, K. Z.）らの group dynamics の議論，マズロー（Maslow, A. H.）の欲求段階論・自己実現論やマクレガー（McGregor, D. M.）による従業員を受動的な存在と見る X 理論と積極的創造的な存在と見る Y 理論の対比に基づく勤労意欲の喚起に関する議論，自己から見て未知であるか・既知であるかと，他者から見て未知であるか既知であるかとを組み合わせた図式を用いた「Johari の窓」という説明用具を用いてより open なることを促す議論などはそれらの基盤になっていた[6]。企業内教育の周辺では，ロジャーズ（Rogers, C. R.）らの encounter group や感受性訓練（sensitivity training）のような対人的共感性を高める訓練技法が安易に取り入れられるというようなことも見受けられた[7]。

　これに対して，労働運動の側からは，労働者を囲い込む方策として，生涯教育という発想に対する批判が出されるようになる。文部省と対立関係にある日

5：このあたりについては，末本誠「ラングラン『生涯教育論』」碓井正久編著『社会教育・人間の教育を考える』講談社，1981，pp.277-299 の解説が参考になる。

教組（日本教職員組合）が教育制度検討委員会（梅根悟会長・小川利夫事務局長）を組織し，『日本の教育はどうあるべきか』（勁草書房，1971），『日本の教育をどう改めるべきか』（勁草書房，1972），『続日本の教育をどう改めるべきか』（勁草書房，1973），『日本の教育改革を求めて』（勁草書房，1974）というような報告書・逆提案をまとめたことは，今日，ほとんど，言及されることではない。そこでは，文教行政の動きに対して「国民の教育要求」の実現の立場からの提案がなされているが，今日から見ると，むしろ健全な社会が存在していたとすることもできるのかもしれない。社会教育の領域では，小川利夫編『住民の学習権と社会教育の自由』（勁草書房，1976）が刊行されたが，それは，編者の「はしがき」によれば，「『国家による教育』から『国民による教育』へ質的に変革していくこと，それこそ今日の教育改革運動の最大の眼目でなければならない」という立場から，「社教審答申と社教法『改正』批判」を中心とした社会教育の課題が提起されたものである。

　国民の自己教育運動，労働者の自己教育運動，農民の自己教育運動，住民の自己教育運動，というような用語が，『月刊社会教育』誌（国土社）をはじめとする，反文部省・親日教組，親共産党・社会党の研究者・労働運動の世界では，あたりまえのように飛び交っていた[8]。自治省を中心に進められたコミュニティ政策をめぐっても，たとえば，わかりづらい文章であるが，「住民の自主的社会教育活動にたいしては『自立・自助』，自己啓発，ボランティア精神

6：このあたりについては，たとえば，青井和夫『小集団』誠信書房，1959；青井和夫・綿貫譲治・大橋幸『集団・組織・リーダーシップ』（今日の社会心理学3）培風館，1961や青井和夫『小集団の社会学：深層理論への展開』東京大学出版会，1980などが，社会学などからの同時代的な解説として意味深い。なお，近年でも，生涯学習・社会教育の領域で，背景を無視して，これらの考え方や「技法」を推奨する人々がいるが，安易な発想なのであろう。そういうことが「受ける」ような社会の状況は嘆かわしい限りである。たとえば，近年の学校経営の改善に関わる，学校運営協議会・コミュニティスクールに関連して，「Johariの窓」に言及する議論なども存在するが直接的な関連はないことである。参加体験型学習を技法としてだけ捉える三流エンターテイナーのような関係者も多いが，物事の本質を見ていない人々である。

7：これについては，宮坂広作「日本の現実」村井実・森昭・吉田昇編『市民のための生涯教育』（これからの教育4）日本放送出版協会，1970，pp.125-170で描かれている現実が，党派的ではない進歩的な研究者からの批判として興味深い。

の高揚がもちこまれ，社会教育の風化と拡散が図られている。社会教育がコミュニティ計画の一部を担わされるということから社会教育の本質が生涯教育の名で変質させられ，社会教育法の実質的な形骸化が危惧されている。」というような批判[9]も存在していた。

また，「『生涯教育論』は，日本においては当初から国民の教育要求に相対する国家主導の政策的理念として導入されて定着をみた。その過程で『生涯教育論』の『矮小化』がなげかれ，さまざまの『生涯教育論』批判が展開され，そして政策理念としての『生涯教育論』に対置される国民教育思想としての『国民の学習権』思想が成熟してきたことは，すでに広く共通の認識となっている」[10]というような，当時でもきわめて一面的な見方であったはずだが，今となっては，前時代の遺物のようなことが運動の世界ではなく研究の名において語られていたのである。社会教育研究の主流は，文部省の政策に対抗するものであったわけであり，そのような流れは，今日まで続いている[11]。

このような，生涯教育に対する両極端の評価は，もちろん，日本の社会全体の対立構造を基礎にもっていたことは，当時の状況を知る者にとっては，常識

8：研究的には，たとえば労働組合の教育活動に一体感を持って接しつつ関わり，事例紹介とその総括として，宮原誠一・藤岡貞彦・黒沢惟昭・阿久津一子・村上博光・井上英之・深井耀子・太田政男・南里悦史「共同研究：労働組合教育活動の現段階」『東京大学教育学部紀要』第11巻，1970，pp.37-142などがある。また，戦後社会教育実践史刊行委員会編『戦後社会教育実践史』（第1巻・第2巻・第3巻）民衆社，1974には，『月刊社会教育』誌に掲載された実践事例がまとめられており，千野陽一・野呂隆・酒匂一雄編著『現代社会教育実践講座』（第1巻・第2巻・第3巻・第4巻）民衆社，1974では，特に第1巻のサブタイトルが「権利としての社会教育」となっており，その立場から学校教育・博物館・図書館・社会福祉・住民運動・母親運動・青年運動・労働運動・農民運動・文化運動・体育・スポーツ等の領域と社会教育との関連が論じられて，当時の文教行政批判の立場の論者の問題意識を垣間見ることができる。
9：南里悦史「コミュニティと社会教育」島田修一・藤岡貞彦編『社会教育概論』（青木教育叢書）青木書店，1982，p.331.
10：佐藤一子「社会教育の新しい組織化」五十嵐顕・城丸章夫編『社会教育』（講座日本の教育9）新日本出版社，1975，pp.237-275.
11：今日，過去を隠そうとする研究者，そのような系譜を理解できずに頓珍漢な行動をする関係者が跋扈していることは，人々の学習・教育を対象とする研究・行政領域であるだけに嘆かわしい。政治家ではないので，主義・主張を変更して行政にすり寄る研究者は，研究者の名に値しないであろう。

に属することなのである。資本と労働，自民党対社会党・共産党，世界的に見れば，資本主義対社会主義・共産主義，アメリカ対ソ連，という対立構造の中で，生涯教育についてのスタンスが考えられなければならないのである。

　ユネスコにおける生涯教育という考え方，適応のための生涯教育という考え方は，その後，大きく変化する。それは，アジア・アフリカ等の第三世界の台頭ということを背景にしている。1960年代以降，旧植民地が独立し国連・ユネスコに加盟することになり，第三世界を基礎にした考え方が，次第に支配的になってくる。その状況の中で，生涯教育は，解放のための生涯教育という方向で考えられるようになる。先進国からの経済的社会的抑圧を受けている第三世界の人々が，その抑圧からの解放のために，生涯教育が必要なのだという発想である。基礎教育，「読み書きそろばん」，3R's（Reading＝読み，Writing＝書き，Arithmetic＝計算）の教育の必要性が説かれる。

　この時期，ユネスコにおいて成人教育の担当者は，ラングランから代わったエットーレ・ジェルピ（Gelpi, E.：イタリア人）であった。ジェルピの発想は，第三世界のみならず，さまざまな場面で人間としての権利が保障されず，抑圧されている人々の解放のために生涯教育が役に立つべきであり，社会の構造そのものを変革することが究極の目標ということになっている[12]。ユネスコの考え方は大幅に変更されていき，1985年に出された「学習権宣言」では，その立場が明確になり，この文書は，日本における反文部省の勢力に属する人々，「権利としての社会教育」を標榜する人々の依って立つ文書となっていく。ただしかし，その間のユネスコの性格の変化ということを考慮せずに，国際的潮流を示す文書であるという位置づけ方は恣意的なものであろう。この時期，アメリカはユネスコを脱退していたという事実も加えないと，物事の総体的な意味はわからなくなる。

　ブラジルでの識字教育の活動を展開していたパウロ・フレイレ（Freire, P.）の「銀行型の教育」と「課題提起型の教育」の対比は，対話を重要な概念として，単に知識を貯めていくだけの教育でなく，社会の問題に鋭敏になることを

12：ジェルピ，エットーレ著，前平泰志訳『生涯教育：抑圧と解散の弁証法』東京創元社，1983を参照。

目指した教育のあり方を目指していた[13]。もちろん，抑圧からの解放は，新たな社会秩序の構成につながることになる。このフレイレの実践と思想は，「解放のための生涯教育」の基礎に存在していることも忘れてはならない。このような，「解放のための生涯教育」という考え方では，解放されるべき人々を教育の客体として捉えるのではなく，学習の主体として位置づけることが求められることになり，「生涯学習（lifelong learning）」という用語が一般的に使われるような変化も生じてきた。

　なお，ユネスコにおける生涯教育という概念に類似したものに，OECD（Organization for Economic Co-operation and Development；経済協力開発機構）のリカレント教育という発想がある。1973年に *Recurrent Education： A Strategy for Lifelong Learning* という報告書が出されたが，そこでは，教育と労働との関連が強く意識されている。もとより，OECDが経済の発展のための先進国による組織という性格もあってのことであるが，教育を受ける期間が終わると，労働の期間になるという人生のモデル（フロント・エンド・モデル：始めがあって終わりがあるモデル。Education-Work-Retire という図式で示されることもある）ではなく，教育の期間と労働の期間が，繰り返される人生のモデル（リカレント・モデル：回帰・循環という語が当てはめられる。E-W-E-W-E……W-R という図式で示されることもある）が示される。このリカレント教育という発想は，ユネスコによる生涯教育論が，社会の変化との関連とはいっても，その基礎には文化や人権という領域への関心が強いものであることに対して，経済発展というきわめて実利的な関心からの教育理念の発想ということになってる。労働の現場を離れた学校で，効率的な教育が行われる，ということが考えられているのであるが，そのためには，有給教育休暇（paid educational leave）というような，制度的な裏づけが必要にもなり，その考え方に基づいた制度を導入している国もある。さらに，元の職場に戻ったり転職が可能であるというような，流動的な労働市場・社会環境が整うことが必要なことにもなる。リカレント教育という発想もまた，教育の改革の理念な

13：これについては，フレイレ, P. 著，小沢有作・楠原彰・柿沼秀雄・伊藤周訳『被抑圧者の教育学』(A. A. LA 教育・文化叢書Ⅳ) 亜紀書房，1979 を参照。

のである。

3．生涯学習の概念の登場とその背景

（1）日本的な概念としての生涯学習

　さて，すでに述べたように，日本においては，1981（昭和56）年に中央教育審議会の答申「生涯教育について」が出されているが，それまで生涯教育という用語は広がってきてはいたものの，企業における労務管理の領域において援用されていたことはあるが，その考え方に基づいた具体的な行政施策は，ほとんど存在しないといえる状況であった。

　たとえば，秋田県においては県知事主導で1970年代に生涯教育の発想に基づく具体的な展開が，生涯教育推進要綱の策定・生涯教育推進本部の設置・生涯教育センターの設置などとして見られたが，この一環としての生涯教育推進員制度は，江戸時代の五人組を連想させるものだ，というような体制による住民の管理という位置づけの批判が社会教育の領域では反文教行政の立場からなされるありさまであった[14]。

　そのような中で，生涯学習という用語・概念が登場するのは，中曽根康弘内閣が標榜する，「戦後政治の総決算」の一環としての教育改革で，内閣直属の臨時教育審議会を1984（昭和59）年に設置し，4次にわたる答申（1985-87年）を出した時である。

　ところで，日本における「生涯学習」の系譜として，江戸時代の石田梅岩による石門心学の普及，中江藤樹の「考」の思想と実践，佐藤一斎の『言志四録』に現れている「生涯学習」の重視，などが語られることがあるが，これらは，20世紀後半以降の時期の「生涯学習」という用語・概念とは，まったく性格が異なるものであるということも，注意しておこう。人生とは何であるか

14：当時の秋田県の状況については，井上伸良「社会教育計画と首長・議員の役割」鈴木眞理・山本珠美・熊谷愼之輔編著『社会教育計画の基礎』新版，学文社，2012，pp.214-215に要領よくまとめられている。

3. 生涯学習の概念の登場とその背景

を示し，人生を歩むための処世訓を提示することは，世の東西を問わず存在してきたことである。それらと，現在の「生涯学習」という用語・概念を混同してしまうと，はじめに述べた俗論としての生涯学習論にもつながってしまうのである。

さて，臨時教育審議会では，学歴社会といわれる状況をどのように変革するかが主要なテーマとなっていた。その際，登場してきたのが「生涯教育」という概念である。1965(昭和40)年以降次第にコトバとして定着してきたものであり，「学校教育と社会教育は車の両輪」というような比喩は，教育の世界ではよく使われるものになっていた。学校を中心とする教育から，「生涯教育」という発想での教育の仕組みづくりをするという方向への転換が考えられるようになってきた。「生涯教育体系への移行」ということである。ところが，そこで，大きな問題が生じてきた。「教育」「生涯教育」という用語への反発である。

時代は，一見すると豊かな社会の様相を見せており，社会党・共産党の勢力は往時の力もなかった。しかし，教育界・研究の世界では，まだ（いや現在でも），その勢力は支配的な位置を保っており，彼らによって人々の生涯を管理しようとするものであると位置づけられる「生涯教育」という発想は，大きな反発を買うこととなった。中曽根内閣総理大臣は，アメリカ・レーガン大統領，イギリス・サッチャー首相と共に，小さな政府と民間の参入を意図して市場を重視する新自由主義の発想による行政を目指す陣営に属するとみなされていたわけで，「権利としての社会教育」という発想からは，とうてい受け入れがたい存在となる。

そのような状況を踏まえてであろう，「生涯学習体系への移行」という用語が登場する。「教育」が押しつけがましいイメージをもつこと，「生涯教育」が，生涯にわたる管理という誤解・批判を生ずることへの対応であり，学ぶ人に焦点を据えるという配慮であるという説明がなされ，さらに，「生涯学習の支援」であると，文部省だけではなく，通産省，厚生省，労働省など，省庁を横断する施策が可能になる，という触れ込みもあった。いずれにしても，「生涯教育」という用語は後退し，「生涯学習」という用語が登場する，ということになる。

「生涯学習」という用語は，それまで，すでにふれた1981(昭和56)年の中央教育審議会の答申「生涯教育について」において，「各人が自発的意思に基づいて行うことを基本とするものであり，必要に応じ，自己に適した手段・方法は，これを自ら選んで，生涯を通じて行うもの」を「生涯学習」と呼ぶのがふさわしい，とされている概念である。(なお，同答申では，「生涯教育」を「国民の一人一人が充実した人生を送ることを目指して生涯にわたって行う学習を助けるために，教育制度全体がその上に打ち立てられるべき基本的な理念である」という。)しかし，この「生涯学習」という用語は，宮原誠一編『生涯学習』(東洋経済新報社，1974)として，すでに書籍のタイトルとして用いられているものでもあった。そこでの，「生涯学習」という用語は，「権利としての社会教育」の立場から，国が国民の管理統制を強化するための手段としての生涯教育政策を展開しているとみて，それに対抗し打ち砕くための手段として「国民の自己教育運動」を位置づけるものであった。文部省関係者は，おそらくそのことを深くは知らずに用語を採用したのであろうが，イデオロギー臭の強い用語法のほうは，広がりを欠くようになる。ただ，「生涯学習」という用語は，曖昧さをもつこともあり，どのような文脈・どのような意味で用いられているのかを意識する必要があるのだろう。

　さて，「生涯学習」という用語は，欧米においては，職業能力開発の文脈で使用され，第三世界の国々では，基礎教育・識字教育の文脈で使用されることが多いことも確認しておこう。当然のことであるのだが，置かれている社会状況のなかで，「生涯学習」の意味するもの，あるいは「生涯学習」に期待されるものが異なっているのである。ここでは，日本においては，学歴社会を変革する際のキイワードとして「生涯教育」が位置づけられ，さらに，「生涯学習」という用語が広がるということになってきたのだということを確認しておこう。

　現実には，日本においては，趣味や楽しみの追求，資格の取得というような個人が充実するための学習，時間的に余裕のある高齢者や家庭の主婦が行う学習，というような，一面的なイメージをもったコトバとして「生涯学習」が位置づいているという，不幸な状況も存在している。

（2）生涯学習概念と社会教育

　「生涯学習」という用語が行政分野で使われるようになって，社会教育の領域は，混乱した。旧来，社会教育という用語が使用されていたものが，そのまま「生涯学習」という用語に置き換えられるというような，乱暴なことも行われ，社会教育，生涯学習の両者ともに悪い影響をもたらしたと考えられる。

　臨時教育審議会の答申を受け，文部省は，1988（昭和63）年に社会教育局を生涯学習局に改編し，筆頭局と位置づけた。生涯学習局には，生涯学習振興課が新設され，放送大学，専修学校・各種学校，社会通信教育，大学入学資格検定，民間教育事業関係などの事務が担当されることになった（後に，後述の生涯学習振興法関連の事務が加わる）。1990（平成2）年には中央教育審議会答申「生涯学習の基盤整備について」が出され，同年「生涯学習振興法」（生涯学習の振興のための施策の推進体制等の整備に関する法律：「権利としての社会教育」を標榜する人々は，「生涯学習振興整備法」という略称を用いることが多い）が成立した。

　この，文部省の機構改革が，社会教育と生涯学習についての混乱を引き起こすことになる。機構改編の仕方から見れば，「生涯学習」は，旧来の社会教育にいくつかの領域（の事務）を加えたものだということになっている。国レベルあるいは，都道府県レベルの行政では，意味があることであっても，市町村レベルの行政では，ほとんど関係ないことなのであるが，多くの自治体で，社会教育課が生涯学習課へと名称を変更するということが行われた。折しも，日本経済は好況であって，自治体の財政にもゆとりがあり，カタカナを用いた愛称を持つ「生涯学習センター」が，（生涯学習振興法で想定されていた都道府県のみならず）市町村で設置されるケースも多く見られた。それまでの行政による社会教育は，生涯学習という用語のおかげで，充実したかのように見えた。ところが，第二次世界大戦後，社会教育として，公民館・図書館・博物館，社会教育関係団体を通じて，地域住民の学習を支援してきた営みは，その後，衰微するという道をたどることになる。それは，1990年代当時，「何でも生涯学習（に関係する）」というような，安易な考え方で施策を推進してきたことの

ツケなのである[15]。

　生涯学習支援の一環として（行政による）社会教育が存在している，という，きわめて当然のことが理解されなければならない。学習と教育とは，教育的価値の存在という観点から，まったく異なるものである，ということを前提にしないと，行政による社会教育の意義が理解されないことになってしまうのである。

　行政の担う社会教育には，公共的課題[16]や倉内史郎の「公共的テーマ」[17]を学習課題として取り上げることが，その基本的な使命（英語を使いたければ，mission）として存在していると考えられる。これさえできていれば，あとは，余裕があれば行えばよいのである。1992（平成4）年の生涯学習審議会答申「今後の社会の動向に対応した生涯学習の振興方策について」において言及・例示された①生命，②健康，③人権，④豊かな人間性，⑤家庭・家族，⑥消費者問題，⑦地域の連帯，⑧まちづくり，⑨交通問題，⑩高齢化社会，⑪男女共同参画社会，⑫科学技術，⑬情報の活用，⑭知的所有権，⑮国際理解，⑯国際貢献・開発援助，⑰人口・食糧，⑱環境，⑲資源・エネルギー，という「現代的課題」のことであるが，公共的課題という表現がふさわしいのであろう。

　行政が直接提供する学習機会における学習課題（公民館の講座，図書館の蔵書，博物館の設置目的・企画展の趣旨，などに反映される）の設定や民間の活動を支援する際の基準として，公共的課題の認識と解決へ向けた方向づけがなされているかが問われることが必要なのである。それも，継続的に。これこそが，行政の担う社会教育の役割であって，民間の営利・非営利の活動には，なかなか任せることができないことなのである。営利事業には，個人の趣味や楽しみの追求ということではないので馴染みにくく，採算性を最重視するわけで

15：このあたりの状況については，鈴木眞理「生涯学習社会の社会教育」鈴木眞理・松岡廣路編著『生涯学習と社会教育』（シリーズ生涯学習社会における社会教育1）学文社，2003，pp.139-158 や鈴木眞理「社会教育政策の意味と変遷」鈴木眞理・大島まな・清國祐二編『社会教育の核心』全日本社会教育連合会，2010，pp.7-24を参照されるとよい。
16：宮坂廣作の「public affairs（公共的課題）」。（宮坂廣作『現代日本の社会教育：課題と展望』明石書店，1987，p.222）
17：倉内史郎『社会教育の理論』第一法規，1983，p.201.

はないので、チャリティとかで単発的には可能かもしれないが継続的に行われることは困難である。非営利の活動、二十年ほど前からにわかに注目されてきたNPOには、公共的課題の追求は馴染みやすいが、継続的に行うという点での不安定さが残る。NPOが継続的安定的な活動を行うということは、その設立者（たち）の当初の意思を変更し、存在することが目的になるような、矛盾したことになる。非営利の活動が、安定した社会組織の一部として、永続を期待されるようになると、社会の変革者としての意味を失うことになる。NPOの役割に期待することはあっても、社会教育のすべてをNPOに任せるということは、行政が存在する以上、できないはずである。「新しい公共」などともてはやされることがあるが、「古い公共」の役割を忘れてはならないのである[18]。

社会教育と生涯学習・生涯学習の支援とは、まったく異なる概念であることを理解することが、まず必要なことなのである。

4．学歴社会と生涯学習社会

（1）学歴社会は乗り越えられるか

明治時代になり、1872（明治5）年の学制導入などによって、義務教育の制度がかたちづくられ、学校は、江戸時代までの身分が固定された社会を、諸外国との競争に適応するための社会に転換するための装置として位置づけられた。当時の後進国・日本は、義務教育制度の普及によって、善良な国民、良質な労働力を育成することを目指したが、それは、個人の側の立身出世への希求も利用する形で展開され、上級学校への進学競争、学歴競争は次第に過熱するようになった。第二次世界大戦に至る過程でも、学歴競争は存在したが、戦後のベ

18：このあたりについては、鈴木眞理『ボランティア活動と集団：生涯学習・社会教育論的探求』学文社、2004、pp.197-213や、鈴木眞理「生涯学習における変革と安定をめぐる問題」鈴木眞理・梨本雄太郎編著『生涯学習の原理的諸問題』（シリーズ生涯学習社会における社会教育7）学文社、2003、pp.169-182を参照されたい。

ビーブーム世代の新制高等学校への進学時期に相前後して，受験競争は激化していった。周囲の他者は，常に競争相手として存在するような環境にあっては，円満な人間性が育たず，何らかの対応が求められてきた。

このかん，高等学校への進学率は，1955年51.5％，60年57.5％，65年70.7％，70年82.1％，75年91.9％，80年94.2％，85年93.8％，90年94.4％，95年以降は95％を越えるように推移していて，大多数が進学し，義務教育に近い性格をもつようになってきている。また，大学・短大への進学率は，1955年10.1％，60年10.3％，65年17.0％，70年23.6％，75年37.8％，80年37.4％，85年37.6％，90年36.3％，95年45.2％，2000年49.1％，05年51.5％，10年には56.8％となり，同世代の半数以上が高等教育の機会に接することになった。

いわゆる学歴社会とは，人生の初期に教育を受けた履歴がその後の人生に決定的な影響を与える社会というように考えられる。学歴によって人間を評価することは，教育歴・学習歴が，個人の能力にそのまま反映し，高学歴であればその人のパフォーマンス・仕事の実績は高いものになる，ということが保証・実証されているのならば，限定的な場面では，問題は生じないことになる。ただ，問題は，そこに，学歴によって人間の固有の権利を制限するということが絡んでくることにある。たとえば，資格によっては，たとえば高校あるいは大学卒業以上の学歴が代替不可能な形で要求されていたり，というものも存在する。能力の保障があれば，そのような制限は不要なことになる。また，親の高学歴が高収入や社会的な高い評価につながり，子どもの生育環境・学習環境に影響を及ぼすことも指摘され，それが，社会的な活動の機会や財産の形成などの観点からして，公平な社会であるかという疑問も提起される。機会の平等を実現すればいいのだということもいえるだろうが，結果の平等こそが，多くの人々の関心事になっているはずである。

学歴を，資格などに絡めないことによって，学歴社会といわれる社会の弊害の一部は除去される。現実に，専修学校経由で大学入学を可能にしたり，資格試験の学歴要件の緩和，大学入学資格検定・高卒認定試験の充実など，学歴社会の克服に向けた施策も展開されてきている。ただしかし，学歴社会の，より深い問題は，人々の意識に関わる問題なのでもあろう。能力や意欲があっても

報われないことは，どのような社会にも存在することであり，それらまで学歴社会の問題として捉えることは間違っているのであろう。財産の私有が認められている社会であるので，個人の天賦の能力や環境を活用して正当に獲得した，活動の場や財産は肯定されていいのであろう。「ただ」「でもね」ということもよく理解できる。しかし，残念ながら，それは，学歴社会是正の問題とは異なる問題なのである。そのように考えてくると，学歴社会の是正は，気持ちよく人間が暮らすことができる条件を，ほんの少しだけ変えることができるだけのことなのかもしれない。

（2）生涯学習社会をどう評価するか

　生涯学習社会は，「生涯のいつでも，自由に学習機会を選択して学ぶことができ，その成果が社会において適切に評価されるような」社会，であると規定されていることはすでに指摘した。学歴社会の弊害の除去を目的とし，多様な学習機会の存在の認知と，学習の成果への注目とを，論点として，望ましい社会を見通した考え方である。

　この生涯学習社会は，はたして，ユートピアであろうか。学歴社会の弊害を除去するのであるのだから，学歴社会よりは，好ましい社会なのであろう。しかし，少し考えるとわかることだろうが，学歴社会から生涯学習社会に転換すれば，人間は憂いなく暮らせるというような万能な社会では決してない。むしろ，生涯学習社会の弊害，というようなものも存在すると考えるほうが普通であろう。

　学習の成果が適切に評価されるということは，きちんとした成果が得られていなければ，低く評価されるということである。機会が平等に与えられていれば，それで，結果も同じになるという発想は，個体差を意図的にか無視した議論である。残念ながら人間は，皆同じような能力をもって生まれてきているわけではないし，生育環境も同じように恵まれているわけではない。そんなことは，周囲を見ればわかるであろう。何の憂いもなく，能力にも環境にも恵まれて，おおらかに暮らして，経済的にも恵まれ，社会的な名声を得ている人間もいれば，努力をしても恵まれない人間もいる。生涯学習関連の研究者・大学の

教員の中にも，明らかにはじめから優位な条件にあった人間とそうではない人間がいる。学習機会自体も平等に与えられているわけでもない。やればできるのだという掛け声は，虚しいともいえるし，そのような不平等・不幸の存在を隠蔽するものでもあるという側面もある。生涯学習社会という発想は，実は，弱者に配慮するようなふりをした強者の論理であり，学歴社会のようなストレートな強者の論理の発想よりタチが悪いとすることもできるのである。

　ただ，生涯学習社会という発想の中に，学習の成果への注目があることは興味深いことでもある。学習の成果は誰のものか，学習の成果はいつ出るのか，ということを考えることは，生涯学習や社会教育を根源的なところで考えるということにつながっていく。

　本章は，鈴木眞理「生涯学習社会の創造へ向けて」鈴木眞理・馬場祐次朗・薬袋秀樹編著『生涯学習概論』（樹村房，2014年，pp.1-22）をもとに，細部を調整したものである。

II章　生涯学習の原理論

1．生涯学習と生涯教育

　「原理論」とは少し難解な響きのある言葉である。この「原理」の語義は「ものの拠って立つ根本法則」あるいは「他のものがそれに依存する本源的なもの」（『広辞苑』）とされる。これを「生涯学習」に当てはめて考えると，明確に定式化された「根本法則」のようなものを見いだすのは難しいが，根底にある「本源的なもの」を描くことはできそうだ。そこで本章では，「生涯学習」は元来どのような考え方をもとに成り立ってきたのか，ということを中心に話を進めてゆきたい。

　学習は意図的・目的的に行われる学習と非意図的・偶発的に行われる学習に大別できる。仮に前者の意図的な学習に限るとしても，何歳になっても随時，必要に応じさまざまに学びながら生きてきたのが人間である。「生涯学習」という言葉を用いるまでもなく，古来より人間は生涯にわたって学ぶ存在であったし，それは今後も変わらない。にもかかわらず，わざわざ「生涯学習」と言うことの意味は何なのか。その，わざわざの理屈が生涯学習の原理であろう。

　この「生涯学習」と類縁関係にある語として「生涯教育」がある。学習の指導・支援や学習環境の整備・拡充といった，まさに「教育」の視点が必須のテーマや課題を扱う際には「生涯教育」が用いられてもよいはずなのだが，そうならない場合が多い。行政文書，（本書も含めた）概説書，メディアなどさまざまなところで「生涯学習」が幅を利かせている。

　このように，脇に追いやられがちな「生涯教育」であるが，もともと「生涯学習」は「生涯教育」論が広がり深まってゆくなかで注目されるようになった

概念である。ゆえに，当然のことながら，「生涯学習の原理論」のためには「生涯教育」の議論の成り立ちと基本的な考え方を理解する必要がある。

　ちなみに，「生涯学習」と「生涯教育」の関係について説明した例として，「生涯教育について」と題する中央教育審議会答申がある。日本の生涯学習推進政策が本格的に展開しはじめるのは1990年代初頭であるが，それより10年ほど前の1981（昭和56）年に出されたのがこの答申である。これは「複雑に変化する社会環境の中で，国民の一人一人が各人のさまざまな生活課題に応じて必要な学習を行い，それぞれの個性・能力を伸ばし，生きがいのある充実した生活を享受できるようにすることが緊要な課題であり，また，社会の活力の維持・発展のためにも重要である」という認識に立ち，生涯教育の観点から教育のあり方を総合的に検討するものであった。その第1章の最初の節（「生涯教育の意義」）のところで「生涯学習」と「生涯教育」の関係が述べられている。そこでは，「生涯学習」は「各人が自発的意思に基づいて行うことを基本とするものであり，必要に応じ，自己に適した手段・方法は，これを自ら選んで，生涯を通じて行うもの」と描かれている。そして，「この生涯学習のために，自ら学習する意欲と能力を養い，社会のさまざまな教育機能を相互の関連性を考慮しつつ総合的に整備・充実」することを目指すのが「生涯教育の考え方」であるとされ，それは「生涯にわたって行う学習を助けるために，教育制度全体がその上に打ち立てられるべき基本的な理念」と意味づけられている。

　生涯学習活動を支援する教育制度の土台となる理念が生涯教育である，という説明はわかりやすく，有用な概念整理となっていることは確かである。ただ，この捉え方の場合，「生涯学習」は学習が生涯的で自主的であることを言うだけの中立的な記述概念のように扱われ，「理念」や「原理」としての意味合いは「生涯教育」のほうに委ねられているようにも受け取れる。本章の関心からすると，単に「生涯にわたって行う学習」という意味に限らない，どのような思いや希望が「生涯学習」の語に込められているのかを探ることが課題となる。そのための準備として，生涯学習論の源流にある生涯教育とはどのような考え方か，次節で確認しておこう。

2. 統合理念としての生涯教育

(1) 生涯教育論の登場

　生涯学習や社会教育に関する概説書においては「生涯教育の考え方は，1965年，ユネスコの第3回成人教育推進国際委員会でポール・ラングラン（Lengrand, P.）が提唱したことにより広がりはじめた」といった主旨の記述に出会うことが多い。ラングランはユネスコにおける当時の国際成人教育部長であった。彼は，教育は青少年期以降も個人・社会に生じ続けるニーズに対応しなければならないと考え，現代社会の状況と問題に見合う根本的な教育制度改革を求める提案書（「ワーキング・ペーパー」）を提出した。この考え方に賛同した委員会がユネスコに対し勧告するに至ったのが，「生涯教育（lifelong education）」の構想である。

　教育を子ども時代の学校教育に限ることなく拡張・継続させることを求める主張は，ラングランが最初だったというわけではない。上記委員会の直前の1964年にフランスのグルノーブル（Grenoble）で開催された「青少年に関する世界会議（World Conference on Youth）」は，現代の若者が労働，余暇，市民生活などに備えられるよう，義務教育を終えた若者や仕事に就いた若者に対して「非学校型教育（out-of-school education）」の機会を設けることの必要性を提起した。また，1960年，カナダのモントリオール（Montreal）で「変動する世界における成人教育」をテーマとして開かれた「世界成人教育会議（World Conference on Adult Education）」は，人類の存続と幸福のためには成人教育が重要であると主張し，世界各国が成人教育を不可欠な本質的要素として教育制度に組み込むよう求めた。これらより早い例として，第一次世界大戦後，イギリスの復興省成人教育委員会が1919年に発表した報告書があり，ロイド・ジョージ（George, D.L.）首相に宛てたその前文において「成人教育は万人に開かれ，生涯にわたるもの（lifelong）でなければならない」と記されている。更にさかのぼると，フランス革命後の1792年，コンドルセ

(Condorcet, M.J.A.N.）が『革命議会における教育計画』を提案し，そのなかで「教育は，その諸階梯を通じて人間知識の全体系を包含しなければならず，全生涯を通じて誰でもこれら知識を確保し，若しくは新たな知識を獲得し易からしめなければならぬ」[1]と述べている。彼は，すべての年齢段階で学問が必要であると考え，誰もが生涯にわたって教育機会を享受できる社会を目指そうとしたわけで，これは今日の生涯教育論を先取りしたものといえる。

　ところで，少し細かい留意点に触れておくと，ラングランの「ワーキング・ペーパー」は日本ユネスコ国内委員会により「生涯教育について」というタイトルで紹介されたが，オリジナルの論題はEDUCATION PERMANENTE（フランス語）で，英語版ではCONTINUING EDUCATIONと記されていた。つまり，委員会で議論した結果として「生涯教育（lifelong education）」の語が用いられるに至ったのであり，ラングラン自身がこの用語によって提案したわけではなかったようだ。では，上記委員会より以前の国際会議や政策文書において"lifelong education"の語が使われなかったのかといえば，これにもいくつか前例がある。たとえば，1961年の第1回成人教育推進国際委員会の会議録には「万人のための生涯教育（life-long education）」が謳われている。また，1962年，ドイツのハンブルグ（Hamburg）で，上述のモントリオール会議の議論を受け継ぐ流れで「成人教育に関する欧州会議（European Conference on Adult Education）」が開催されたが，そこには「学校教育は，産業社会における労働者としての将来に向けて，そして生涯教育（lifelong education）に向けて子どもを備えさせなければならない」[2]との主張がみられる。

（2）生涯教育の本質的特徴

　このように，成人期以降も含めた教育機会の拡充を求める議論も「生涯教育」という言葉もすでに出現していたわけだが，それらをふまえつつ，より包

1：コンドルセ著，渡辺誠訳『革命議会における教育計画』（岩波文庫）岩波書店，1949，p.15.
2：Jessup, F.W., *European Conference on Adult Education*, Hamburg: Unesco Institute for Education, 1962, p.19.

括的で全社会的な改革の理念として生涯教育を提起したのが1965年の成人教育推進国際委員会であった。

委員会が重視したのは教育の全体性である。学校教育期間の後に教育の機会を継続的に設けるといっても，それを断片的な方法で用意するのではなく，全体性を有するものとして計画しなければならない。すなわち，子ども時代から高齢期にかけて漸進的に発展する過程として教育を捉え，計画的に教育資源を活用すること，提供する教育を人々の直接的なニーズに適合させること，急速に変化する教育要求をより迅速に反映させることなどを図るのである。そして，委員会としては，このような全体的計画と成人教育に政府が積極的に関与するとともに，大規模な国民参加や非政府組織の継続的・発展的な貢献が為されることも求めている。そのうえで，今後の教育改革の理念とすべき生涯教育の考え方を次のように提起している。

> ユネスコは，本委員会に提出された文書で表明された「生涯教育（lifelong education）」の原理を承認すべきである。これを簡潔に定義すると「生涯が始まる幼少期から命の尽きる時に至る個人の一生をとおして継続し，それゆえ統合的な組織化が求められる教育の過程全体にとっての活動原理である。これに必要な統合は，人々や社会の在り様のさまざまな諸側面を包含するよう，生涯をとおしての垂直的次元と水平的次元の両方で達成されるべきである」となる[3]。

委員会によるこのような勧告を受けて，1966年の第14回総会において，生涯教育について取り組むことが1967-1968年度の事業計画に盛り込まれ，その後，生涯教育はユネスコの中心的な政策概念のひとつとなってゆくのであった。

ちなみに，波多野完治によると，生涯教育はユネスコ加盟諸国に一つの共通基盤をもたらすものともなったという。教育制度が整備されたなかで現代の複雑な問題に直面する先進諸国と，教育制度が十分に整備されていないなかで非

3：UNESCO, International Committee for the Advancement of Adult Education, *Report of the Third Session*, 1966 [UNESCO/ED/219], p.8.

識字や貧困などの問題に苦しむ発展途上国とでは，教育問題の意味が異なっていた。しかも，その発展途上国の間においても種々の違いがあり，ユネスコの内部は分裂傾向にあった。そこに現れたのが，生涯教育である。識字教育や基礎教育との連続性を成り立たせ，東西対立や南北問題を含めさまざまな現代的課題に対応しようとするこの政策理念は，加盟各国の共通目的になりうるものとしても期待されたのである[4]。

　こうして誕生した生涯教育概念の最も本質的な特徴を表すのが，勧告にも記されている「統合」である。実際，第14回総会の記録文書をはじめ，その後，1970年代前半までの生涯教育関係の会議録や論稿においては "lifelong integrated education"（または "integrated lifelong education"）と表記されているものも多い。次第に "integrated" が略された "lifelong education" が定着してゆくのだが，それは「統合」という発想が弱くなったためではなく，むしろ生涯教育論の基本的な視点として「統合」が定着したためと理解すべきだろう。たとえば，ユネスコ教育研究所（UNESCO Institute for Education）の関係者の一人は「用語から "integrated" は外されるようになったが，垂直的・水平的統合の重要性はまったく損なわれていない」[5]と述べている。つまり，「生涯教育」が目指すのは，単に，学校を終えた大人に対して教育の機会を補完的・部分的に用意するといったことを超えて，政策や社会制度における教育の意義を従来とは異なるレベルで高く位置づけることである。人々のニーズや社会的要求に見合う教育機会がすべての年齢段階において円滑に得られるよう，時間的・社会的に統合された教育環境の実現に向かおうとするのが生涯教育である。換言すると，それは教育に接近できる機会，すなわち学習を享受する機会が誰に対しても開かれ，学習することが最大限に尊重される状況を創出しようとする考え方であり，そこには後述の「学習社会」の論理が潜在しているともいえる。

　なお，教育の制度・環境を整え，教育機会への接近を容易にすることは，

4：波多野完治『続・生涯教育論』小学館，1985，pp.198-199 を参照。
5：Dave, R.H., *Lifelong Education and School Curriculum*, Hamburg: UNESCO Institute for Education, 1973, p.58.

人々を教育の「客体」に位置づけるという点では、後にエットーレ・ジェルピ (Gelpi, E.) が指摘したように、学習者を既成秩序や体制に順応させることにつながるおそれがある。しかし、ラングランは人々が知識の受け手にとどまるのを容認していたわけではない。彼は、「知識の穴」を埋めていくこと（百科全書的教育）ではなく、学習技能を獲得することが重要であると考え、人々が学びの主体となって探究や知的冒険に挑み、体系的・継続的な文化経験を積み重ねてゆくように生涯教育が作用することを期待していたのである[6]。

3. 生涯学習の思想

(1)「生涯学習」という発想

教育的な働きかけが無くとも学習そのものは成り立つが、学習に関わることのない教育はありえない。したがって、教育機会の拡大に対する関心が高まってくると、「生涯学習」という発想が出てくるのは自然なことであったといえる。

宮原誠一によると、第二次世界大戦直後のアメリカでは「生涯にわたっての学習」という意味で "lifelong learning" が盛んに用いられていたという[7]。また、1950年代に刊行された文献の例として、教育の発展状況に関する各国の報告を集めた年鑑をみてみると、アメリカ関連の記述のなかに「成人たちが生涯にわたっての学習 (lifelong learning) の習慣を得るに連れ、（高校教育や大学教育の後の）成人教育も発展し続けた」[8] という記述がみられる。

やがて、1960年代になって生涯教育の議論が深まってくると、"lifelong learning" も、単に年を取っても学び続けることを示す語句としてではなく、

6：UNESCO, International Committee for the Advancement of Adult Education: *Continuing Education*, 1965 [UNESCO/ED/COMEDAD/65/6], p.5.

7：宮原誠一「生涯学習とはなにか」『社会教育論』（現代教育101選）国土社、1990（初版：宮原誠一「生涯学習とはなにか」同編『生涯学習』東洋経済新報社、1974、pp.8-9）

8：UNESCO, *International Yearbook of Education*, 1951, Geneva: International Bureau of Education, 1952, p.276.

理念的な意味合いをもった術語として用いられるようになる。たとえば，フランク・ジェサップ（Jessup, F.W.）は，激しく変化する現代社会において教育の継続が重要であることについて，職業や経済活動のほか，社会的責任，健康，文化活動などの観点から検討したうえで，「生涯にわたっての学習（lifelong learning）があたりまえであり必要なものとして理解されるようになるべき」[9]と指摘する。そして，「教育の断続性」（人生の様々な局面ごとに種々の教育機会が必要となること）に対応しうるものとして生涯学習を意義づけている。

その後，1970年代になると「生涯学習」の語が徐々に定着するようになる。その流れは，「学習」に焦点を当てて教育改革を求める主張により勢いづいたといえる。以下，特に影響力があったと考えられる「学習社会論」「フォール報告書」そして「ナイロビ勧告」について概観しておこう[10]。

（2）「学習」本位の議論

a. 学習社会論

ピーター・ジャービス（Jarvis, P.）によると，「学習社会」には教育・学習の機会が高度に拡充された未来社会，変化に応じながら学ばざるをえない現代の再帰的状況，そして学習や文化が商品化された消費社会状況などの意味があるとされる[11]。つまり，「学習社会論」もさまざまに論じられ，その意図や内容

---

9 : Jessup, F.W., The idea of lifelong learning, In: Jessup, F.W. (ed.), *Lifelong Learning: A Symposium on Continuing Education*, London: Pergamon Press, 1969, p.25.

10 : その他，「学習」への関心や注目が集まるようになった契機として，イヴァン・イリイチ（Illich, I.）が，学校制度によって教育が管理される社会ではなく自主的・共同的に学習が享受される社会を求める「脱学校論」を主張したことや，経済開発協力機構（OECD）が人々の学習活動を支援する新たなシステムとして「リカレント教育」を提唱したこともあげることができる。これらについては，Illich, I., *Deschooling Society*, New York: Harper & Row, 1970（邦訳　東洋・小澤周三訳『脱学校の社会』東京創現社，1977），および OECD, *Recurrent Education : A Strategy for Lifelong Learning*, Paris: OECD/CERI, 1973（邦訳　『リカレント教育：生涯学習のための戦略』教育調査・第88集/MEJ6856，文部省大臣官房，1974）を参照されたい。

11 : Jarvis, P., Paradoxes of the learning society, In: Holford, J., Jarvis, P. and Griffin. C. (eds.), *International Perspectives on Lifelong Learning*, London: Kogan Page, 1998, pp.60-64 を参照。

は一通りではない。だが，いずれも，人間にとっての学習の意義・重要性を踏まえて，社会の変化や改革をめぐる諸問題を学習活動との関連で検討しようとしている点は同じであるといえよう。

そうした議論の嚆矢となったのが，1968年に刊行されたロバート・ハッチンス（Hutchins, R.M.）の *The Learning Society* である。彼は当時の経済偏重の教育状況について，「経済発展に向けられた教育システムは人々を生産の道具としてみなし，自分たちのことをそのようなものとみなすように教育する。強調点は仕事に置かれる。傾向として，授業は仕事に関連づけられるようになる」[12] と述べ，人的投資論的で職業指向が強すぎる教育のあり方を批判する。そして，教育の本来的目的は「人材（manpower）」ではなく「人間らしさ（manhood）」の育成にあるとの考えのもと，人間であり続けるために不可欠な方法としての「学習」が最大限に尊重され，それが誰にとっても容易に可能となる社会の実現を主張する。それがハッチンスの言う学習社会であり，「学習，達成，人間的になることを目的とし，あらゆる制度がその目的の実現を志向するように価値の転換に成功した社会」[13] と描かれている。

b. フォール報告書

1972年に刊行された *Learning to Be* という報告書[14] も「学習」の意義についての理解を広める重要な契機をもたらした。これは，1971年12月のユネスコ第16回総会で設置が決まった教育開発国際委員会（フォール委員会）の議論をまとめたもので，委員長の名前を付して「フォール報告書」とも呼ばれる。同書は「先進諸国および開発途上国がそれぞれ当面している教育の基本的課題について，包括的かつ綿密に分析検討し，その問題点を明らかに」[15] したうえで，

12：Hutchins, R.M., *The Learning Society*, New York: Frederick A. Praeger, 1968, pp.40-41.
13：R・ハッチンス（新井郁男訳）「ラーニング・ソサイエティ」新井郁男編『ラーニング・ソサイエティ』（現代のエスプリ No.146）至文堂，1979，p.32（Hutchins, *ibid*., p.134）.
14：Faure, E., et al., *Learning To Be : The World of Education Today and Tomorrow*. Paris : UNESCO/G.G. Harrap & Co. 1972.
15：ユネスコ教育開発国際委員会著，国立教育研究所内フォール報告書検討委員会（平塚益徳代表）訳『未来の学習』第一法規出版，1975，p.310.

教育の根本的な改革の方向性について提言するもので、生涯教育の思想を土台とした学習社会の実現が志向されている。

報告書の内容としては、中等教育制度と職業技術訓練との関連について勧告したり、生涯教育と産業界・経済界との連携について言及したりするなど、社会的な立場や分野を広く見渡しながらの議論となっている。そうしたなかでも報告書の関心の中心にあるのは、教育と人間形成の関係である。フォール委員会としては、「自己確立、すなわち、『自己自身になる』ようにさせること」が教育の目的であり、職業のために訓練するのではなく「学習や自己形成の意欲を永久に持ちつづけるよう刺戟すること」に教育の意義を期待する。そして、目指すべき人間像として「完全な人間（complete man）」を提起する。現代人は階級分裂、労働疎外、イデオロギー危機、等々の分断や軋轢に晒され、人格的・知的な一貫性を保ち難くなっている。ゆえに、これからの教育は、特定の能力や資質に偏ることなく、身体的、知的、情緒的、倫理的に統合されているという意味での「完全な人間」を形成することが教育の基本目標とされるのである[16]。

その教育のあり方に関して報告書は、知識が絶えず修正・革新される現代にあっては知識の普及・蓄積よりも「学ぶことを学ぶ」のが優先されるべきであると主張する。また、教育は学習者に適合させるべきで、学習者があらかじめ決められた教育法則に屈従させられてはならないと論じるなど、「学習」に比重を置いた問題提起や指摘を積極的に試みている。そして、新たな時代を切り拓く教育にとって「学習」が重要であることを強調して「すべての人間は生涯を通じて学習を続けることが可能でなければならない」[17]とも訴えている。

c．ナイロビ勧告

1976年の第19回ユネスコ総会で採択された「成人教育の発展に関する勧告」も、「学習」の意義や可能性に関する重要な示唆をもたらすものである。これは、開催地にちなんで「ナイロビ勧告」とも呼ばれる。この勧告は、既存の教育制度の再構築と制度外にある教育的潜在力の開発の両方を進めてゆく考え方

16：同上書、pp.183-189.
17：同上書、p.208.

として生涯教育・生涯学習を捉え，成人教育をどのように政策化し計画してゆくかについての方向性や留意点などを提言している。特に，国際理解の必要や国際協力の提言など，第三世界や国際化の視点に立った議論がなされており，非識字者のほか，移民・難民，失業者，少数民族出身者，障害者，等々，置き去りにされがちであった不利益者層の人々にも着目している。このように，従来の生涯教育論では見過ごされてきたこれらの問題を積極的に取り上げている点で，この勧告は画期的であると言える。

用語法の特徴として，この勧告では"lifelong education and learning"というように，「教育」と「学習」を併記する言い方になっている。新井郁男によると，「生涯学習」に変更したい立場と「生涯教育」を定着した用語として主張する立場との間の妥協の産物ということだが[18]，いずれにせよ，勧告の内容としては教育対象である成人の立場に即した，つまり学習者中心の発想といえる記述が多い。そのことは，成人教育が従うべき原理のひとつについての次の記述に端的に表れている。

> （成人教育は）個々の成人，集団，コミュニティが学習プロセスのすべての段階での意思決定に参加することを目指すべきである。それには，ニーズの確定，カリキュラム開発，プログラムの実施，そして評価が含まれる。そしてまた成人教育は，労働環境の変革や成人たちの生活の変革も視野に入れた教育活動も計画すべきである[19]。

この「原理」は，自己主導的に学習を進めることを促し，学習者の置かれた状況の変革も展望している。成人を対象とする「教育」に関する勧告であるが，あくまで「学習」と「学習者」が主であることが意識されているのである。

18：新井郁男「概説　ラーニング・ソサエティの意味」新井郁男編，前掲13, p.19.
19：UNESCO. *Recommendation on the Development of Adult Education*. 〈adopted by the General Conference at its nineteenth session, Nairobi, 26 November, 1976〉, Ⅱ-3-(f).

4．人間性回復の鍵としての生涯学習

　端的に言えば，「生涯教育」も「生涯学習」も生涯にわたって継続的に教育の機会を享受できるよう，制度や社会環境を整備・拡充することを求める点では同じである。両者の違いは，学習活動や学習者の視点から捉えるのが「生涯学習」で，学習を支援する教育のあり方に比重を置いて考えるのが「生涯教育」である，と言うことができる。ただし，この違いは「教育」と「学習」の役割関係が単純に反映しているだけのものではない。つまり，「生涯学習」は「生涯教育」の単なる言い換えではなく，「学習」に着目するからこそ帯びる意味，言い換えると，「学習」にこそ託される意味がある。その意味とは，上でみてきた学習社会論，フォール報告書，ナイロビ勧告などが示唆するとおり，「学習」こそが人間性の土台をつくり個々人の自分らしさと社会的つながりを培うものであるということである。格差，貧困，差別，人権侵害，環境破壊，等々により疎外され，夢や可能性を奪われる状況に追いやられることも多々あるなか，今日，人間性の回復につながる学習こそ優先されるべきものとなっている。

　もちろん，変化の激しい現代社会にあって，生活や職業のために技術や知識を更新するために学習することも必要である。それらを支援する政策も進められなければならないし，現実的には生涯学習支援の施策は職業能力開発や人材育成を目的とするもののほうが多いだろう。

　実のところ，「生涯学習」の語を普及させた主要な要因としては，上述してきたような理念的な方向性というよりも，むしろ社会的・経済的なニーズのほうが強く作用したといえる。1970年代以降，経済・産業は国境を越えたグローバルな競争の時代に入ってゆき，そこに高度情報化の波も加わるなか，ますます激しくなる競争に企業も労働者も晒されるようになった。変化に対応するためには知識や能力を高めなければならず，政府や公的機関がその「教育」の機会を用意しようとする一方，個々人が自ら技能や資格を得る「学習」に励むことも盛んになり，またそれが推奨されるようにもなる。とりわけ，1980年

代にサッチャリズムおよびレーガノミクスに代表される緊縮財政策が主流になると，行政が直接的に「教育」の機会を用意するよりも，人々が自主的に取り組む「学習」を奨励・支援することが優先されるようになった。

　このように，「生涯教育」から「生涯学習」への変化をもたらしたのは，教育機会の拡充から学習機会に対する自己責任の強調へという転換であり，「学習」に含まれる人道的な可能性が政策の根幹に据えられたためではない。しかしながら，今後も地球社会の共通語としての「生涯学習」を用いるのであれば，政策的な都合や経済的事情に合わせて理解するだけでなく，歴史的に成り立ってきた本質的意義も忘れてはならないだろう。そこで，最後に，「生涯学習の原理」を簡潔に言い表している言葉に触れておきたい。

　　学習権はたんなる経済発展の手段ではない。それは基本的権利の一つとしてとらえられなければならない。学習活動はあらゆる教育活動の中心に位置づけられ，人々を，なりゆきまかせの客体から，自らの歴史をつくる主体にかえていくものである[20]。（国民教育研究所訳）

　私たちは経済的発展に貢献するという生き方があってもよいはずだが，そのための道具となることが人間の本質ではない。それぞれが自分らしさを享受し，主体的で自由に生きることが人間としての理想的なあり方であろう。そうした人間の本来性を支える不可欠なものとして「学習」を捉え，その権利について謳った宣言文書が，1985年にパリで開かれた第4回国際成人教育会議で採択された。上記の引用は，その一節である。

20：UNESCO. *Final Report: International Conference on Adult Education, 4th*, Paris, 1985 [ED/MD/8], p.67.

Ⅲ章　生涯学習の学習者論

1．教育制度からみた学習者：「誰でも学ぶ」の系譜

(1) 教育システムから学習者への転換

　現在の日本で知られている「生涯教育」の考え方は，1965年にパリで開催されたユネスコ成人教育推進国際委員会において委員長ポール・ラングラン(Lengrand, P.)が提唱した「l'education permanente（永続的教育）」に始まる。これは英語でlife-long integrated education（生涯にわたり統合された教育）と訳され，この会議に参加していた波多野完治により日本に「生涯教育」として紹介された。

　ラングランは，教育の意義は「経験を積むことによって自己実現を拡大する存在を発展させることである」と述べ[1]，大人になる準備としての教育ではなく，生涯を通して「いつでも・どこでも学ぶ」ことができる教育の時間軸と空間軸の統合を構想した。このアイデアは日本の教育政策にも取り入れられ，1971（昭和46）年の社会教育審議会答申では「家庭・学校・社会で行われる教育の有機的な統合」が提唱されて，生涯教育政策が開始される契機となった。

　ところが，20世紀後半の世界には，ラングランが「生涯教育」の対象として構想した西欧諸国では前提と考えられた学校教育が，まだ十分に整備されていない国々が数多く存在していた。これらの国は第三世界や途上国と呼ばれる，過去に欧米諸国に支配された歴史をもつアフリカ，南アメリカ，アジアの国々

1：ラングラン，ポール著，波多野完治訳『生涯教育入門』全日本社会教育連合会，1971，p.51．

である。ブラジルではフレイレ（Freire, P.）が成人の識字教育を推進し，自らの力で働き，生きる術を得ていくための教育実践を行い，途上国の教育のあり方を理論づける基礎を築いた。そこでは支配者中心の「銀行型教育」を批判し，学習者が社会的立場の脆弱さを自覚して，支配−被支配の関係を超えた対等な対話を通して学ぶ「課題提起型教育」が目指されている。

また，ラングランに続くユネスコ成人教育担当者であったジェルピ（Gelpi, E.）は，理念が先行しがちな生涯教育を現実に即して実践化することに努めた。教育システムが発達していない途上国へも視野を広げ，社会構造のなかで不本意にも抑圧されていた人々が「自己主導型学習」によって解放に導かれる「戦略としての生涯学習」への転換を説いた[2]。これらは，人々が本来もっている力を取り戻すエンパワーメント（empowerment）のための教育実践といわれている。

これらの考えは1985年に開かれた第4回ユネスコ国際成人教育会議において実を結び，教育を十分に享受できない状況にある社会的弱者を重んじた「学習権宣言」が採択された。この宣言文は「学習権を承認するか否かは，いまやかつてないほどに，人類にとって主要な課題になっている」から始まり，次のように続いている[3]。

> 学習権とは，読み，書く権利であり，質問し，分析する権利であり，想像し，創造する権利であり，自分自身の世界を読みとり，歴史をつづる権利であり，教育の手だて（resources）を得る権利であり，個人および集団の力量を発展させる権利である。（以下略）

学習とは，読み・書き・計算（3Rs：reading, writing, arithmetic）やデジタル技術の習得といったリテラシー能力の獲得にとどまるものではない。学びを通して得られた知識は，学習者自らが深く考え，問いかけ，次の社会を創造していく基礎となるのである。この宣言文では，当時の社会情勢を反映して「女

2：ジェルピ, エットーレ著，前平泰志訳『生涯教育：抑圧と解放の弁証法』東京創元社，1983.
3：藤田秀雄編著『ユネスコ学習権宣言と基本的人権』教育史料出版会，2001による邦訳。

性」「発展途上国」「非政府組織」をあげて強調している。このように，国際的に生涯教育をリードしてきたユネスコでは，「いつでもどこでも学ぶ」ことができる教育機会の統合に加え，学習による社会的弱者のエンパワーメントを中心に据えた「誰でも学ぶ」といった考え方に展開していった[4]。

かたや，1980年代の日本では，校内暴力や登校拒否（現在の不登校）が増えるなど学校教育が行き詰まりをみせていた。その背景と考えられた学歴偏重社会が問題視され，1985（昭和60）年から4回にわたって出された臨時教育審議会答申によって「生涯学習体系への転換」の方向性が示される。これは，戦後日本の教育システムを見直し，多様な学習者に視点を転換しようとした改革であったといえる。

（2）日本の教育制度と学習者

「あなたはどこで学んできましたか？」と尋ねられた時，多くの人は学校を思い浮かべるのではないだろうか。それほど，現在の日本では学校教育は身近であたりまえの教育制度になっている。教育を「人を善い方向へと導く働きかけ」と考えると，学習者は「働きかけられる」側であるといえるが，この働きかけが行われる場所は学校に限られたものではない。

歴史的にみれば，日本では，1872（明治5）年の「学制」公布に伴い西欧諸国をモデルとした学校教育制度が導入されて以降，人々の学びは学校教育中心に変化していった。明治期より前の学びとは，身分制度に応じて各地の寺子屋や藩校，私塾で学ぶかたちであり，国家が一律に行う公教育は存在しない。さらに大多数は農民や職人として両親や親方を手本に「見よう見まね」で学び，五感を使って生活上の技術を覚え込んでいった。

子どもたちは「読み書きソロバン」や武道，職業技術，道徳・文化的教養から信仰までを身につけ，大人になるにつれて周囲の役に立つ「一人前」になることが学習であった。地域の共同体のなかでは，結，講，若者宿といった相互扶助の慣習が根づき，15歳の元服など共同体の通過儀礼を経れば社会生活で

4：現在も日本ユネスコ協会連盟が行う「世界寺子屋運動」に引き継がれている。https://www.unesco.or.jp/activities/terakoya/，（参照 2024-03-07）．

の成人とみなされて,誰もが地域の一員として役割を果たすことが期待されていた。生活と学びは不可分であったといえる。

　明治期に急速に近代化を遂げた後発国家の日本においては,国民国家の形成を目的として標準化された知識を伝達する「近代学校」の移入は学びを実生活から切り離し,通学する学習者にとって「学業」は専業の仕事になっていった。さらに,どのような学校で学んだかという「学歴」が,身分制度に変わる新たな社会的エリート選抜への手段とみなされるようになっていく[5]。

　次に日本の教育・学習が大きく変化するのは,第二次世界大戦後である。戦後公布された日本国憲法(1946)において,教育・学習にかかわる部分は次のように規定された。

　日本国憲法　第3章　国民の権利及び義務
　第23条　学問の自由は,これを保障する。
　第26条　すべて国民は,法律の定めるところにより,その能力に応じて,
　　　　ひとしく教育を受ける権利を有する。
　②　すべて国民は,法律の定めるところにより,その保護する子女に普通
　　　教育を受けさせる義務を負ふ。義務教育は,これを無償とする。

　戦後,国民が主権者となり民主国家として再出発した日本では,誰もが自由に学ぶことができる社会権が保障され,子どもに教育を受けさせることは保護者の義務とされて,小中学校の9年間に無償の義務教育制度が設けられた。さらに教育基本法(1947)には,それまで性別や生活環境によって実質的には不公平が生じていた学びの機会が正され,第4条(教育の機会均等)に「すべて国民は,ひとしく,その能力に応じた教育を受ける機会を与えられなければならず,人種,信条,性別,社会的身分,経済的地位又は門地によって,教育上差別されない。」と謳われた。教育機会が均等に得られる進歩となった一方で,学校という制度はますます強固になり,すべての学習者は学校に適応すること

5：天野郁夫『教育と選抜の社会史』ちくま学芸文庫,2006.(初出　『教育と選抜』(教育学大全集5) 第一法規出版,1982)

が求められるようになっていったとも考えられる。

　同時に，学校教育以外に国が保障する公教育として，社会教育が法制化された。国や地方自治体によって社会教育施設（公民館・図書館・博物館など）が整備され，学歴とは直接関係しないが「自発的に学ぶ」「互いに学び合う」という社会教育の理念に従い，誰もが自由に学習できる環境が基礎づけられた。

（3）生涯学習の理念

　このように，戦後の日本では制度上は「誰もが」学べる公教育が整備された。学校教育に比べて柔軟な制度を特徴とする社会教育は，リアルな社会状況を反映した学習者のニーズに応えてきた。たとえば，敗戦直後の復興期には公民館を拠点として生活・社会的課題に取り組む学習が行われ，民主的な青年団を再生した青年たちは農業経営や自らの将来について話し合う学習を自主的に行った。家父長制に対して疑問をもつ女性（婦人）たちの学習も盛んになり，社会教育行政の施策として青年学級，婦人学級，高齢者学級が実施された。

　日本の教育政策において「生涯学習」が強調されるようになるのは，前述のように1980年代である。学歴社会の弊害，学校システムの制度疲労が顕在化し，その改善方策として生涯学習体系への移行が推し進められた。

　さらに2006（平成18）年には教育基本法がはじめて全面的に改正され，第3条に新設条項として「生涯学習の理念」が盛り込まれた。

　　教育基本法　第3条
　　国民一人一人が，自己の人格を磨き，豊かな人生を送ることができるよう，その生涯にわたって，あらゆる機会に，あらゆる場所において学習することができ，その成果を適切に生かすことのできる社会の実現が図られなければならない。

　法律には具体的な学習内容は記載されないものの，ラングランが提唱した教育の「統合」のアイデアが引き継がれ，豊かな人生を送るために一生涯にわたり各々が自発的に学んでいく学習者像が示された。「成果を適切に生かすこと

ができる社会」とは，学習によって身につけた成果を自分のためだけではなく社会にも還元することが期待され，いわゆる共生のための生涯学習が目指されているのである。

学校教育制度の開始から100年以上を経た今日では，さまざまな学習場面があり，多様な学習者がみられる。後述するように，青少年に向けたフリースクール，ボランティアやまちづくりの活動のなかでの学び，成人の学び直しのためのリカレント教育，障害をもつ人の継続的な学び，さらに，人生100年時代の要請を受けた高齢者教育などである。学習者が意欲的に学び続けるためには，どのような働きかけが有効なのか。教育制度と学習者の間には，絶えず意識的な問いかけが求められている。

2．人間の発達からみた学習者：「いつでも学ぶ」の系譜

(1) 発達と学習

「生涯にわたって主体的に学ぶ」ことが目指される生涯学習は，「時間」の概念と切り離すことができない。人間が生涯にわたって学び続けることは可能なのだろうか。

成長とは身長・体重など，尺度を用いて測定できる量的な変化である。発達とは「計算ができるようになる，思いやり（共感性）がもてるようになる，鉄棒ができるようになる」といったように，知能や運動能力の変化に応じてより高い段階へと向かう質的な変化であるとされる。私たちは生きていく過程でさまざまな環境に出会い，新たな質的能力の開発を行っていくのである。

一方で，学習とは一般に「学び習うこと」である。心理学の学習理論において，学習とは「経験による持続的な行動変容」とされ，その変化はプラスの方向とマイナスの方向のどちらも含んでいる。しかし，教育学で考える「学習」は価値を含んだ概念であるために，「何かの経験をすることでよい方向に変わっていくこと」といえる。すなわち，学習の結果として人がプラスの方向に変わっていく，「向上」につながる概念である。

人間の乳幼児期から青年期にかけては，身長が伸びるように目に見える成長は著しい。成人期，高齢期にはめざましい成長はみられず，むしろ身体能力は縮小していくものの，人間の質的な発達としては長い期間にわたって向上していく一面がある。キャッテル（Cattell, R.B.）とホーン（Horn, J.L.）は，情報処理能力をつかさどる「流動性知能」は青年期以降に衰えやすいが，言語理解力や推論能力に関連する「結晶性知能」は経験に基づく部分が多いために高齢期になっても衰えにくいことを指摘し，20世紀初頭までは青年期をピークに減退すると考えられていた学習能力を改める基礎になった[6]。生涯学習の目的や成果はかたちとして現れることばかりではない。全体としては，学習者各人がそれぞれの「善さ」に向かう目標を設定し，経験による質的向上が目指されるといえるだろう。

（2）人間にとっての学習の必要性

学習可能性に関して，人間の他の動物との違いは何だろうか。生物学者のポルトマン（Portmann, A.）は「人間は生理的早産である」という示唆的な言葉を残している[7]。ポルトマンは，鳥のヒナが生まれてから一定期間巣に留まって親鳥の世話を受ける種類を「就巣性」（巣に座っているもの）とした。哺乳類を対象として考えると，比較的脳髄が少ない下等な種（ネズミ，ウサギ）は小型で，親が一度に生む子の数は多く，生まれた子は母親から離れずに乳を飲み，動くこともできないことから就巣性に分類される。一方で高等な哺乳類（馬・牛・キリン）は大型で，一度に生まれる子の数が少なく，子どもは生まれてすぐに立ち上がり，目を開けて自分で動いて乳を飲み，間もなく草をはんで群れの一員となる。これを「離巣性」（巣から離れるもの）とした。

しかし，人間は誕生時の脳髄がきわめて重い最も進化した哺乳類であるにもかかわらず，生まれた時には目が見えず，動けず，一年の間は立つこともでき

6：Horn, J.L. & Cattell, R.B., "Age differences in fluid and crystallized," *Acta Psychologica*, 26, 1967, 107-129.

7：ポルトマン，アドルフ著，高木正孝訳『人間はどこまで動物か：新しい人間像のために』岩波新書，1961，pp.70-72.

ないで全面的に大人の世話に依存している。ポルトマンはこのような人間を，母体の中で完全に成長することなく一年早く外界に生まれ出てきた種としての生理的早産であると考え，「二次的就巣性」と名づけた。この無力な存在は親の世話がなくては生きていけない。すなわち，働きかけ＝教育によって大きく変わる余地，学習可能性を大きく残しているのである。

ところが，無力ですべてを親に依存しているようにみえる人間の子どもは，すでに外界と関わる力を備えている。生後には「新生児微笑」といわれる笑顔をたたえ，「原始反射」と呼ばれる生得的な反射行動——たとえば目がはっきりとは見えなくても口で乳を探し（探索反射），口に当たれば吸い（吸啜反射），手を握り締めてつかまる（掌握反射，モロー反射）といった行動を無意識に行う。生後3〜4カ月ほどで消滅していくこのような反射的能力によって乳児は母親の育児を助け，子どもと大人は互いの成長・発達を促していくといえる。さらに，子どもは4カ月を超えると，しだいに自ら意識的に周囲の環境と関わるようになっていく。笑いは意味のある社会的な笑いとなり，外界の刺激を取り入れながら経験を通して学習していくのである。

（3）生涯教育の過程

生涯にわたって学習者の向上が目指される生涯学習について，倉内史郎は，生涯教育の全過程は直線的な同一の教育ではなく，半円の弧のような曲線を描くものではないかと述べている[8]。図Ⅲ-1は，そのような生涯教育の3つの異なる局面を示したモデル図である。人の生涯を表す半円上には，第Ⅰ期の子ども・青年期，第Ⅱ期の成人期，第Ⅲ期の老年期それぞれの目的とベクトル（矢印）が示されている。これら3つの局面は，人の一生で順を追って現れるが必ずしも連続してはおらず，それぞれの時期の「社会化」に向けた教育として考えられている。

8：倉内史郎『社会教育の理論』（教育学大全集7）第一法規出版，1983，pp.45-48．ここで倉内は発達過程を見通した教育を提唱しているが，生涯学習の概念がまだ定着していない1980年代初頭の本書では「生涯教育」と表記し，図タイトルにも反映されている（p.46）。後年に発表した書籍では同図は「生涯学習の過程」と記載された（『新社会教育』学文社，1986，p.160）。

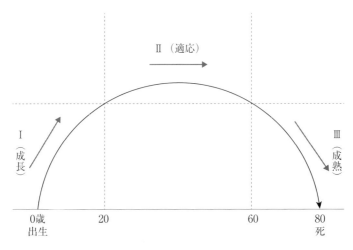

図Ⅲ-1　生涯教育の過程
出典：倉内史郎『社会教育の理論』（教育学大全集7）第一法規出版，1983，p.46.

　第Ⅰ期は「成長」がキーワードになる。大人から子どもに働きかけて行われる教育で，子どもが一人前になるために古くから家庭や地域，さらに学校で伝統的に行われてきた教育・学習といえる。たとえば，言語の習得，遊び，運動，仲間づくり，社会に共通する一般的知識の習得などの教育が行われ，大人は子どもが社会に適応できる（社会化される）ように働きかけ，子どもは学習し成長・発達していく。

　第Ⅱ期のキーワードは「適応」であり，自立した成人が社会で就業や家庭生活を営むための，成人としての社会化の段階である。職場などの自分が置かれた状況に適応するなかで，規範に従いつつ個性を伸ばすための分化と多様化を特徴とする。第Ⅲ期のキーワードは「成熟」である。現在は高齢社会を迎え，高齢期の学習の重要性が認識されるようになっている。しかしながら，いまだこの時期の社会化の意味と具体的な方法は明らかではなく開発の途上にある。この理論によれば，社会化とは大人になる前段階だけに求められるものではない。成人期・高齢期にも社会的活動に参加しつつ自己の可能性を伸ばす教育・学習が想定されている。

3．生涯各期の発達と学習場面：「どこでも学ぶ」の系譜

(1) ライフサイクル論

　ここからは，生涯発達心理学の理論を援用しながら人生各期における学習者の諸相をみていこう。発達心理学は，成長・発達が著しい子どもの時期の心理特性（児童心理学）など一定の対象を研究する心理学の一分野であるが，生涯発達心理学は，一つの時期に限らず人が生まれてから老年期までの，いわゆる「ゆりかごから墓場まで」を包括的に考察する点に特徴がある。そこでは成人期以降の衰退，喪失も発達の過程のひとつであると捉えられる。

　生涯をどのように区分して考えるかについての定説はないが，エリクソン（Erikson, E.H.）が唱えたライフサイクル論（漸成的発達理論）は発達段階を8つに区分して生涯全体を包括的に展望する理論として，現在も有効である[9]。

　漸成（ぜんせい）的とは，徐々にかたちづくられていくという意味である。各期の課題が階段状に斜めに積み上げられているこの図は，人にはすべての発達プログラムがあらかじめ備わっており，それらが社会と関わり合うことで，時間の経過とともに次第に次の姿をみせるという発達様式を表している。したがって，積み木が積まれるように，ある時期の課題達成のためには，その前の発達がクリアされていることが必要になる。ただし各期の課題達成は遅れて補われることも可能である。

　エリクソンが8つに区分した発達段階（乳児期・幼児期初期・遊戯期・学童期・青年期・前成人期・成人期・老年期）図Ⅲ-2は8つの「心理・社会的危機」として描かれ，それぞれの課題達成と不達成の状態，また，課題を達成した後に獲得される Virtue（人間的な強さ・活力）が示されている。しかし，この図式に示された各期の達成の状態と不達成の状態はどちらかに単純に分けられるものではなく，ネガティブな経験もしながら，より多くポジティブな方

9：Erikson, E.H. & Erikson, J.M., *The life cycle completed*, W.W.Norton, 1997.（邦訳　村瀬孝雄・近藤邦夫訳『ライフサイクル，その完結』増補版，みすず書房，2001）

老年期 VIII								統合 対 絶望, 嫌悪 英知
成人期 VII							生殖性 対 停滞 世話	
前成人期 VI						親密 対 孤立 愛		
青年期 V					同一性 対 同一性混乱 忠誠			
学童期 IV				勤勉性 対 劣等感 適格				
遊戯期 III			自主性 対 罪悪感 目的					
幼児期初期 II		自律性 対 恥, 疑惑 意思						
乳児期 I	基本的信頼 対 基本的不信 希望							
	1	2	3	4	5	6	7	8

図III-2 漸成的発達図式（心理・社会的危機）
出典：エリクソン,E.H.著, 村瀬孝雄・近藤邦夫訳『ライフサイクル, その完結』増補版, 2001. p.73.

向に傾くことで課題をクリアしていくということになる。

　エリクソンのライフサイクル論で特徴的であるのは，個人が生涯にわたって社会と「生き生きとした関わり合い」をもつことで発達する点であるが，同時に，〈育てられる─育てる〉のように次世代へ連鎖する歴史的な円環モデルでもある点である。次章では，このライフサイクル図に示された8つの「心理・社会的危機」を参照しながら，具体的な教育・学習の場面について考えてみよう。

（2）各期の発達と学習場面

　私たちは成長するにつれて家庭・学校・社会に生活圏を拡げ，さまざまな場所で学ぶ機会を得ている。各時期ではどのような学習ニーズが考えられ，実際の学びの場面が設定されているのだろうか。

a.【乳児期】基本的信頼 VS 基本的不信：希望

> 生後1年までの乳児期には母親なるもの（身近な他者）に出会い，「自分は無条件に愛されている」と確信することで対象を信頼し，自分への信頼感も持てるようになる（基本的信頼）。課題達成後には「生きていれば良いことがある」という人間的な強さ「希望」が得られるとされる。反対に，虐待など乳児への拒否が度重なる場合には，信頼感が安定して発達しないことがある（基本的不信）。

　この時期の教育・学習は家庭内を中心に行われる。誕生時には無力な乳児が生存し生活するために両親と関わり合う中で，身体的な成長と情緒的な発達が促される。親の側も育児を行う中で「成人期」の発達課題である「生殖性（世代継承性）」が達成されることになり，親子の発達は相互的に進んでいく。

　家庭教育はインフォーマルな教育といわれ，各家庭の私事として両親に任される部分が多い。しかし現代社会では都市化，個人化から引き起こされる育児中の孤立や児童虐待がしばしば問題となり，2006（平成18）年に改正された教育基本法第10条には家庭教育の条項が追加された。支援として，親の育児相談や子育て親子同士の仲間と交流できる講座プログラム，乳児検診時に自治体から絵本が贈られるブックスタート事業，図書館での親子読み聞かせ事業，家庭教育学級など，行政による公的な家庭教育支援も進められている。

b.【幼児期初期】自律性 VS 恥・疑惑：意思

> 乳児期に培った基本的信頼感を土台にして，より広い外界への探索を始め，周囲の子どもにも関心を持ち始める。大人は危険なことを止めるしつけが必要になる。自分でできる喜び（自律性）は意思という強さの獲得につながるが，冒険を伴う自律をむやみに止められる場合は，恥・疑惑を感じることがある。

　自我が芽生え，乳児期に親と同化していた状態から自らの意思で行動するようになる時期である。歩き走ることができ，父親・母親をモデルとして基本的な生活習慣（トイレットトレーニング，自分で食べる，着脱衣）の習得が目指されるが，「両親とは別の者である」という自我意識が強くなり，第1次反抗期といわれる。

c. 【幼児期後期（遊戯期）】自主性 VS 罪悪感：目的

> 自分で考えて行動することができる時期である（自主性）。幼稚園や保育所での友達との遊びを通して社会性がはぐくまれ，周囲の大人の助言を取り入れて規範を身につけていく（目的）。その反面，注意・叱責を受けて不安を感じることがある（罪悪感）。

言語能力，身体能力・善悪の判断（道徳性・共感性）が発達し，自分以外の人の気持ちがわかるようになることで，友達と協力し合って遊びながら学び，ルールを守り，兄弟の世話もできるようになる。

d. 【学童期】勤勉性 VS 劣等感：適格（有能感・コンピテンス）

> 学校に通いはじめ，幼児期までの家庭中心の生活から学校中心の生活へと環境が大きく変わることになる。エリクソンはこの時期を「私は学ぶ者である」としているが，共同作業を通じて一生懸命に学び自ら成果を感じられること（勤勉性）が目指され，努力すれば自分にはできるという気持ち（有能感・コンピテンス）が生まれる。かたや友達と比較した際の優劣や得意・不得意，大人からの期待も理解でき，失敗や敗北感を経験することもある（劣等感）。

この時期の主要な学習場面は，教科内容・学習場所・指導者などが計画的に組織されたフォーマル教育といわれる学校教育である。しかし，この時期の発達課題となる「自分にはできる」という実感は，学校以外の社会教育の場面，たとえばスポーツ，アート，野外活動などに参加して打ち込み，自分を試すことができるさまざまな経験を通して培われることがある。子どもたちに多様な活躍のチャンネルが与えられることは重要になるのである。さらに，学校に行くことに困難さを感じる不登校の子どもに対する学習機会として，自治体が設置する適応指導教室や民間団体によるフリースクールも整備が進んでいる[10]。

10：2017(平成29)年に施行された「教育機会確保法（義務教育の段階における普通教育に相当する教育の機会の確保等に関する法律）」は，不登校の学童生徒に対して学校復帰を大前提とした従来の不登校対策から転換し，学校外での「多様で適切な学習活動」の重要性を指摘した。公立の不登校特例校，民間のフリースクール，夜間中学校等への支援を求めている。

e.【青年期】同一性 VS 同一性混乱：忠誠

> 青年期の始まりである思春期は，急速な身体的変化とともに自己への関心が高まることで疾風怒濤と表現される。続く青年期は社会的自立が目前に迫り，将来自分は何になるのか，自分には何ができるのか，について真剣に考える（自己同一性・アイデンティティの確立）。同時に，悩み迷うことが社会で許容されている時期でもあり，モラトリアム（moratorium・猶予期間）と言われる。将来について選び取ることを放棄したり混乱したりすることもある（自己同一性の混乱）[11]。

　この時期の学習場面として，職業選択や就労を支援するキャリア教育があげられる。高校・大学や民間団体では，就職への相談や資格取得に向けた支援が行われている。キャリアとは「車輪が通った跡（輪達）」を意味し，キャリア教育とは就労も含めた「生き方」の方向性を見いだすための学習支援といえるだろう。また，社会との接点が見いだしにくい若者に対しても，働くことへのスタート支援として全国に厚生労働省が管轄する「地域若者サポートステーション」が設置され，NPO法人などの民間団体によって委託運営されている。

f.【成人前期】親密性 VS 孤独：愛

> 青年期までに確立した「自分」と生活や仕事上のパートナーとの関係性が深められ（親密性），一方で受け入れられない場合には人間関係から逃れ孤立することがある（孤独）。

　学校を卒業して学校中心の生活から職場や家庭での役割を担う立場に移行し，社会的責任を負うようになる時期である。近年，終身雇用・年功序列の日本型雇用制度がより柔軟に変化するにつれて，スキルアップや転職のための「成人

11：エリクソンの理論を発展させたマーシャ（Marcia, J. E.）は，アイデンティティ確立の状態を，将来を選びとるために悩んだ経験（crisis：危機）と，選んだ方向性に対しての積極的関与（commitment：傾倒）の有無によって分類した。このアイデンティティ・ステイタスの4類型は，①同一性達成（危機：あり，傾倒：あり），②モラトリアム（危機：最中，傾倒：あいまい），③早期完了（危機：なし，傾倒：あり），④同一性拡散（危機：あり，またはなし，傾倒：なし）とされる。Marcia.J.E., "Development and validation of ego-identity status," *Journal of Personality & Social Psychology*, 3, 1966, 551-558.

の学び直し」へのニーズが高まっている。従来の伝統的な日本の教育のように学校入学から卒業までを学修期間と考え，卒業後は仕事に就きやがて引退を迎えるフロント－エンド型教育に対して，リカレント教育とは，学習と就業が循環するように繰り返す学習形態をさす。今日では，人生各期のライフステージごとに必要とされる学習を行いながら生涯キャリアを形成していくという考え方が定着してきている。

g.【成人後期】生殖性（世代継承性）VS 停滞：世話

> これまでに培った経験や知識を次の世代に伝達していくことが目指される（世代継承性）。ここでの発達課題を表す generativity には世代を生み出し，時代を繋いでいく意味で「生殖性」「世代継承性」「次世代育成」などの言葉が当てられ，達成後に得られる感覚は世話（ケア）の感覚であるとされる。反対に次世代への関心が薄く関わりがもてない場合には，自己満足や自己陶酔に陥ることがある（停滞）。

青年期や成人期が実際に何歳にあたるかは，発達の状況に個人差があるために一律には規定できない。しかしながら，成人後期は一般に壮年期・中年期といわれ，仕事上ではベテランとなって後輩を指導したり，家庭においては子どもを育てたり，親を看取る年代といえよう。さらに，次世代育成の対象は人とは限らない。広く地域の文化や環境をつくり出し，歴史を継承していく「まち（地域）づくり」の活動も生涯学習の対象テーマになりうる。興味関心が自分自身からより広い社会へと移行するに従って，公共性のあるボランティア活動に自発的に参加する場合もあるだろう。

h.【老年期】統合 VS 絶望：英知

> 身体的な衰えを自覚し死に対する意識が高まる中で，人生を振り返り肯定的に受け入れることが課題となり（統合），超然とした態度を身につけることができる（英知）。受け入れられない場合，さまざまな衰えに対して恐怖感を抱く（絶望）。

高齢期には身体機能の低下，定職からの引退，親しい同年代の死去などさまざまな喪失を経験することになる。1970年代のアメリカで公的に開始された高齢者教育において指導者を務めたマクラスキー（McClusky, H.Y.）は，高齢者が経験する「負荷」に対してこれに対抗する「余裕」（マージン）をもたら

すのは学習であるとして,高齢者の学習ニーズを以下のようにあげている[12]。
　①対処的ニーズ：社会のなかで生活するために必要な知識や技術を獲得する。
　②貢献的ニーズ：社会のなかで他者の幸福に役立つ活動に参加する。
　③影響的ニーズ：社会に対して積極的な影響を与える。
　④表出的ニーズ：学習活動それ自体を楽しむために活動を行う。
　⑤超越的ニーズ：身体的衰えを超越し充足感を得る。
　今日の超高齢社会において,高齢者が生き生きと過ごすための学習は必要不可欠である。高齢期の積極的な学習と地域社会での役割が連携し,高齢者の孤立を防ぐ学習活動を組織していくことが求められており,高齢者自身が主宰する学習サークル団体も増加している。

4．成人学習者の特性と生涯学習の方向性

(1) アンドラゴジーモデル

　教育といえば長らく,子どもへの知識伝達を目的とするペダゴジー[13] (pedagogy)を対象として実践,研究が行われてきた。しかし,1960年代からは学習者としての成人に関心がもたれるようになり,現在まで,アンドラゴジー (andragogy；成人教育学) は生涯教育・生涯学習を基礎づける考え方になっている。

　このことと関連して,フールは成人の継続学習者を調査し,学習者の志向性として,①目的志向型 (goal-oriented)：資格取得などのはっきりとした目的のために学ぶ,②活動志向型 (activity-oriented)：人と知り合うなど学習内容とは必ずしも関連しない活動を目的として学ぶ,③学習志向型 (learning-oriented)：知識それ自体を求める,の3つに分類した[14]。しかし,これらの類

12：McClusky, H.Y., *Education:Background*, White House Conference on Aging, 1971.
13：「教育学」はペダゴジーと訳され,'peda-' は子どもを意味し '-gogy' は指導や教授を表す。対してアンドラゴジーはギリシャ語で成人を意味する 'aner-'（andr- の原義）に基づく。
14：Cyril, O.Houle, *The Inquiring Mind*, The University of Wisconsin Press, 1961.

表Ⅲ-1 ペダゴジーとアンドラゴジーの比較

	ペダゴジー（子どもの学習）	アンドラゴジー（成人の学習）
学習者の自己概念	依存的	自己決定的
学習資源	教師・教科書・映像教材	自身に蓄積された経験
学習への準備状況（レディネス）	画一的で標準化されたカリキュラムに組織される	現実社会での社会的役割に応じる
時間的見通し	将来応用するための準備	即時の解決を求める
学習の方向づけ	教科中心的	課題達成中心的

出典：Knowles, M.S., *The Modern Practice of Adult Education: From Pedagogy to Andragogy*, Association Press, 1980 をもとに筆者作成。

型は一人の学習者に重複する場合があり、学習を続ける中で移行していくこともある。

　成人教育学を理論づけたノールズは、伝統的なペダゴジーとは異なるアンドラゴジーの仮説モデルを示した[15]。表Ⅲ-1 はその概略である。

　成人学習者は義務として学ぶのではなく、それぞれの興味関心と学習ニーズに従い自ら学ぶ意思をもって自律的に学習に参加しており、そのパーソナリティは自己決定的で、Self-Directed Learning（SDL；自己主導的学習）につながっていく。さらに、成人学習者に培われた生活・職務上の経験は、本人ばかりでなく周囲の学習者にとっても豊かな学習資源となる。そのためディスカッションでは有意義な意見が交わされ、事例研究は自分の経験と比較することで深い理解に至りやすい。このような成人の学習支援場面では、知識を一方的に伝達する学習方法は適切ではなく、彼らの経験を尊重し、くつろいだ友好的な雰囲気のなかで、学習者が現在直面している生活や仕事上の課題解決に結びつく実践的な方法が求められる。

15：Knowles, M.S., *The Modern Practice of Adult Education: From Pedagogy to Andragogy*, Association Press, 1980.（邦訳　堀薫夫・三輪建二監訳『成人教育の現代的実践：ペダゴジーからアンドラゴジーへ』鳳書房, 2002）

（2）アンドラゴジーと生涯学習

　ノールズによれば，アンドラゴジーとペダゴジーのモデルは多様な学習者の状況の両端と考えられ，その間に実際の状況が入るとされる。たとえば，子どもたちが学ぶ学校教育では基礎知識を一律に習得する教科教育が不可欠である一方で，課題探求的なテーマでは各自の個性を生かして自律的に取り組む学習も必要になる。また，成人にも必ずしも自己決定的にはなれない不得意な分野がある。本来自律的な成人も，教室に入ったとたん依存的になる場合もあるだろう。

　このようにみてくると，アンドラゴジーに示された考え方は，伝統的な知識伝達型の学習モデルから，自ら主体的に学ぼうとする学習者への意識転換のモデルであると考えることができる。時代の変化が早く，人生100年時代といわれる今日では，「いつでも，どこでも，誰でも」学ぶことが再び注目されている。学習方法も対面ばかりではなくオンライン学習の発達は目覚ましい。しかし，多様化する学習方法を選びとる時点でハードルが高くなる中で，私たちはどのように自律的に学習を進めていくのか，新たな課題も生じている。

　学校教育で学ぶ子ども時代から学習の意味を問い，生涯にわたり主体的に学ぶ態度を身につける，成人期の多忙な中でも新たな知識に出会う意欲をもつ，高齢期には喪失経験を補う充実感を得る，といった生涯各期の課題に加え，まちづくり・環境問題といった社会的な学習テーマも視野に入れると，生涯学習の概念はまさに幅が広い。変化が著しい社会のなかで，AI（人工知能）など新たなテクノロジーとも共存しながら自己主導的に学習を継続していくことは，誰にも求められる姿勢になるのである。私たちが学ぶことを絶えず身近にとらえ主体的に学ぼうとする意思をもつことが，学習者を中心とした社会を創造する契機になっていくであろう。

IV章　生涯学習の学習内容論

1．生涯学習と学習課題

　「何を学ぶか」あるいは「何を学ぶべきか」という学習の課題と内容は，誰（学習者）が，何のため（目的）に学ぶのかということに関わっている。学習者あるいは学習集団の特性を理解し，その学習ニーズ（needs）を把握したうえで，学習課題を設定することが重要である。

　生涯にわたる学習は，義務教育段階の学校卒業後は，個々人の自己主導的学習（self-directed learning）に支えられる。学習の出発点となる個人の学習ニーズがどのように生じるのかについてまず考えてみよう。

（1）生涯発達と発達課題

　生涯学習を支える社会教育は，子どもから高齢者まで幅広い年齢層の人々に学習の機会を提供している。生涯にわたる学習機会の提供は，人間は生涯を通して成長し発達を遂げるものである，という考えを前提にしている。人間の発達に即して人生の各時期（ライフステージ）を区分したものが発達段階であり，健全な発達を遂げるために各段階において達成しておくべき課題を発達課題と呼ぶ。各時期に固有の特徴，特有の状態があるならば，それにうまく適応し，発達を遂げることができるかどうかは重要なことである。

　従来から学習課題設定の指標として用いられてきたハヴィガースト（Havighurst, R.J.）の発達課題論[1]，エリクソン（Erikson, E.H.）のライフサイ

1：ハヴィガーストはアメリカの教育学者（1900-1991）。ハヴィガースト，R.J.著，荘司雅子監訳『人間の発達課題と教育』玉川大学出版部，1995.

クル論[2]などの標準化モデルは，人生をいくつかの発達段階に分け，各段階の生物学的，心理・社会的特徴と課題を示している。ハヴィガーストは，身体的成熟，社会的・文化的要請や価値などから，幼児期・児童期・青年期・壮年初期・中年期・老年期の段階ごとに固有の発達課題をリストにして提示している。（表Ⅳ-1）たとえば，幼児期には歩行・話すことの学習や家族等との情緒的つながり，児童期には読み・書き・計算など基礎的能力の発達や友だちと仲良く遊ぶこと，青年期には職業の選択と準備や精神的・経済的自立，壮年初期には市民としての責任の分担，中年期には経済的生活水準の維持や生理的変化への適応，老年期には引退や老化への適応などである。課題のなかには1950年代当時の欧米社会の文化や価値観が反映されているため現代社会の価値観には合わない内容も含まれているが，人間の発達は一生涯にわたること，生涯各期に固有の発達課題があることを示したことは意味があり，学習課題を考えるうえで参考になる。

　学習は基本的には多様な個人の多様な営みであるが，このように人生のある時期に，より多くの人が共通して迎えると想定される状態や直面するであろう課題を設定することはできる。

（2）社会的役割と生活課題

　人生各期の発達課題，特に成人の学習課題を考える際に重要な観点となるのが社会的役割である。

　学校教育を中心とした子どもの学びは教科中心で，分野ごとに順次性と適時性を考慮されて系統的に内容が組まれている。そのため，学習をはじめる際に子ども自身が学習の必要性を実感していない場合も多い。また，将来役に立つと考えられている知識・技能の基礎・基本から積み上げていくことが多いため，すぐに役立つわけではない知識や技能も少なくない。だからこそ，導入時における動機づけによって，課題についての興味関心を喚起し，学習の必要性を自

2：エリクソンはアメリカの発達心理学者（1902-1994）。「心理・社会的危機」（葛藤）という視点から，人生を8つの段階に分けて精神的発達を論じた。アイデンティティ形成の過程を示している。詳細は第Ⅲ章（p.43〜）を参照。

表Ⅳ-1　ハヴィガーストの発達課題

発達段階	発達課題
幼児期 （6歳くらいまで）	1. 歩行の学習 2. 固形の食物をとることの学習 3. 話すことの学習 4. 排泄の仕方を学ぶこと 5. 性の相違を知り性に対する慎みを学ぶこと 6. 生理的安定を得ること 7. 社会や事物についての単純な概念を形成すること 8. 両親や兄弟姉妹や他人と情緒的に結びつくこと 9. 善悪を区別することの学習と良心を発達させること
児童期 （6歳～12歳）	1. 普通の遊戯に必要な身体的技能の学習 2. 成長する生活体としての自己に対する健全な態度を養うこと 3. 友だちと仲よくすること 4. 男子として，また女子としての社会的役割を学ぶこと 5. 読み・書き・計算の基礎的能力を発達させること 6. 日常生活に必要な概念を発達させること 7. 良心・道徳性・価値判断の尺度を発達させること 8. 人格の独立性を達成すること 9. 社会の諸機関や諸集団に対する社会的態度を発達させること
青年期 （12歳～18歳）	1. 同年齢の男女との洗練された新しい交際を学ぶこと 2. 男性として，また女性としての社会的役割を学ぶこと 3. 自分の身体の構造を理解し，身体を有効に使うこと 4. 両親や他の大人から情緒的に独立すること 5. 経済的な独立について自信をもつこと 6. 職業を選択し準備すること 7. 結婚と家庭生活の準備をすること 8. 市民として必要な知識と態度を発達させること 9. 社会的に責任のある行動を求め，そしてそれをなしとげること 10. 行動の指針としての価値や倫理の体系を学ぶこと
壮年初期 （18歳～30歳）	1. 配偶者を選ぶこと 2. 配偶者との生活を学ぶこと 3. 第一子を家族に加えること 4. 子供を育てること 5. 家庭を管理すること 6. 職業に就くこと 7. 市民的責任を負うこと 8. 適した社会集団を見つけること
中年期 （30歳～60歳）	1. 大人としての市民的・社会的責任を達成すること 2. 一定の経済的生活水準を築き，それを維持すること 3. 10代の子供たちが信頼できる幸福な大人になれるよう助けること 4. 大人の余暇生活を充実すること 5. 自分と配偶者とが人間として結びつくこと 6. 中年期の生理的変化を受け入れ，それに適応すること 7. 年老いた両親に適応すること
老年期 （60代以降）	1. 肉体的な力と健康の衰退に適応すること 2. 隠退と収入の減少に適応すること 3. 配偶者の死に適応すること 4. 自分の年ごろの人々と明るい親密な関係を結ぶこと 5. 社会的・市民的義務を引き受けること 6. 肉体的な生活を満足におくれるように準備すること

出典：ハヴィガースト, R.J. 著，荘司雅子監訳『人間の発達課題と教育』玉川大学出版部，1995．pp.30-284 より筆者作成。

覚してもらうことが重要なのである。

　これに対して，成人の学習内容は，すぐに応用できる知識・技術や実社会の生活で直面している課題の解決に結び付くものなど，社会的関心が強い学習，課題解決学習が中心である。成人の多くが社会人として今まさに生活している当事者だからである。

　成人の学習は，基本的に各人のニーズから始まるが，その学習ニーズはそれぞれが担っている社会的役割から生じることが多い。一般的に成人は，家庭生活，職業生活，地域活動などいくつもの生活場面でさまざまな役割（夫・妻としての役割，親としての役割，子としての役割，上司・部下としての役割，職場の部署・係の役割，PTA・子ども会の役員としての役割，自治会の一員としての役割など）を担っている。その役割を果たそうとする過程で課題に直面した場合，その課題解決のひとつの手段が学習である。たとえば，親として子どものしつけについて悩み，家庭教育学級に参加する，あるいは子として老齢の親の介護をするために保健・福祉関係の講座に参加する，職業人として仕事をうまくこなせるよう職業能力向上のために研修に参加するなどである。

　成人の学習では，学習者が自身と課題との関係性を確認し，当事者として主体的にかかわっていく過程を支援することが重要である。

（3）属性等による学習者の特化と学習課題

　発達課題からみた学習者の区分のほかに，特定の属性をもつ対象に限定される学習課題もある。たとえば，従来では婦人（今では女性），勤労青年のための学級などがあった。現在でも，復職・起業を考える女性のための講座や，障がい児（者）のキャンプ，男性の料理教室，外国人のための日本語講座など，その属性に特有の課題や学習ニーズに対応する学習が提供されている。そこには幅広い年代の女性が参加したり，幼児から青年までの障がい者とその保護者がともに活動したり，若い父親も退職後の男性もいたり，さまざまな国出身の幅広い世代が参加しているというように，発達段階にかかわらず多世代を対象としていることも少なくない。また，高齢者と子どもを対象にした世代間交流の学習活動もある。発達課題とは別に，特定の属性の学習者のニーズに対応し

た学習課題やさまざまな発達段階の学習者が共有する学習課題もあるのである。

（4）変化への適応

　社会の急激な変化は，新たな学習課題を生み出している。

　社会の変化が緩やかな時代には，青少年期に学んだ知識・技術をもとに，その後は職業生活や家庭生活のなかで，経験を積んだ年長者から指導・助言を受けながら新たな知識・技術を徐々に身につけていけばよかった。しかしながら，変化のスピードが速くなり，さまざまな領域で変化が起こる現代は，仕事を順調にこなし，日常生活をより快適に過ごすためには，変化に適応する学習が必要となっている。特に，科学技術の進歩や革新が産業構造に大きな変化をもたらし，ICT（情報通信技術）やAI（人口知能）の活用が仕事や生活の質にも影響を及ぼす社会では，新たな知識・技術についての学習が重要になる。学生時代に学んだ知識や技術が，（時代の変化に関わりなく価値をもち続ける知識・技術ももちろんあるが）社会人になった時にはすでに古びたものになってしまい，仕事をしながら新たに学び直さなければよりよいパフォーマンスができないということも起こっている。Society5.0[3] を迎えつつある現在，変化のスピードは加速し，技術革新と社会の変動にうまく適応していくための学習がこれまで以上に重要となる。デジタル・ディバイド（情報格差）を解消し，デジタル社会に生きるうえで市民として必要となるリテラシー・スキルを育成する学習が求められている。さまざまな世代の学び直しやリカレント教育の推進が重要性を増している。

　また，以前にはなかった新たな概念や価値について考え，判断する必要も生じたり，グローバル社会の変化，少子高齢化と人口減少の進展，環境の変化に対応するための学習課題も生じている。

3：第5期科学技術基本計画（内閣府，2016年）において，日本が目指すべき未来社会の姿として提唱された。狩猟社会（Society1.0），農耕社会（2.0），工業社会（3.0），情報社会（4.0）に続く新たな社会で，サイバー空間（仮想空間）とフィジカル空間（現実空間）を高度に融合させたシステムにより，経済発展と社会的課題の解決を両立する人間中心の社会を目指している。

（5）人生 100 年時代の生涯発達

　変化のひとつに超高齢社会の到来がある。平均寿命は戦後延び続けている。戦前は人生 50 年，1950 年代には人生 60 年，1980 年代には人生 80 年といわれたが，現在人生 100 年時代に向かいつつある。第 4 期教育振興基本計画（2023～2027 年度）では，人生 100 年時代は「一人一人の学ぶ時期や進路が複線化する人生のマルチステージモデルへと転換すること」が予測されており生涯学習の必要性が高まっているとし，「高齢者を年齢によって画一的に捉えることなく，第二の人生を生きる個人の意欲や能力を生かすエイジフリーな社会に対応した学習機会の確保も重要である」と示している。

　生涯学習が推進されてきた背景には，寿命が延びたことが関わっている。人生 60 年時代には，退職後あるいは子が独立して子育てが終わったあとの余生は限られたわずかな時間であった。しかし人生 80 年となれば，約 20 年延びた余生・余暇をどのように過ごすかが生活の質に関わって課題となった。

　健康上の問題で日常生活が制限されることなく自立して過ごすことができる期間を健康寿命という。日本は世界でもトップレベルの長寿国家であるが，平均寿命（男性 81.41 歳，女性 87.45 歳）から健康寿命を差し引いた数値は，男性が約 9 年，女性は約 12 年である（2019 年）。この期間は，健康上何らかの問題を抱えて過ごす時間である。できるだけ元気で長生きしたいのが人の願いであろう。個人の問題だけでなく，高齢人口の増大は国家予算のなかで福祉・医療の財政負担を重くし，社会の活力も失われる。健康寿命を延ばすことは，超高齢社会の重要な課題である。（他方，たとえ健康上の問題があっても，生活の制限をできるだけ少なくして豊かに生きることができる社会の構築も重要である。）

　生き物の宿命として心身の老化には抗えないとしても，下降をできるだけ緩やかにし，生きがいをもちながら健康な期間をできるだけ維持したい。そのためには，心身に適度の負荷をかけ（頭も身体も使い），人と関わりながら活動することが肝要である。学習や地域活動は，その意味でも大切な場となりうる。

　変化の激しい時代の人生 100 年となれば，人生のデザインそのものを見直す

必要に迫られる。家族のあり方，働き方，お金の稼ぎ方・使い方，人間関係の築き方など，すべてを見直さなければならないとグラットン（Gratton, L.）は指摘している[4]。たとえば，100歳までの家計を支えるためには，退職後の再就職（第2，第3の仕事）や副業はあたりまえになり，仕事に関する知識・技能を常にブラッシュアップしていかなければならない。情報の収集と活用も重要である。また，リスク回避のため共働きが普通になり，それを支える働き方改革，子育て支援策，女性の活躍推進策は必須となる。長い人生を豊かにするためには，職場の人間関係だけなく趣味や地域活動などで幅広い人間関係のネットワークを築いておくことが大切である。そして，これらの変化に対応するためには学習が鍵になると述べている。

　超高齢社会の現在，生涯発達のスパンを見直し，これまでの「教育―仕事―引退」という3ステージの単線型の人生ではなく，より多様なマルチステージの生き方や，社会的役割の変化を捉え直して学習課題と内容を吟味することが求められているといえよう。

2．社会的ニーズと学習課題

(1)「個人の要望」と「社会の要請」

　教育・学習は，個人の成長・発達や自己実現を支える営みであるが，他方，国家・社会を維持・発展させるために人材を育成する機能も期待されている。
　2006（平成18）年に改正された教育基本法第12条（社会教育）には，「個人の要望や社会の要請にこたえ，社会において行われる教育は，国及び地方公共団体によって奨励されなければならない。（傍点，筆者）」と明記されている。すなわち，「個人の要望」だけではなく「社会の要請」に応える学習が求めら

4：グラットンはロンドンビジネススクールの管理経営学教授（1955-）。「人づくり革命 基本構想」（内閣府，2018年）をまとめた「人生100年時代構想会議」のメンバー。リンダ・グラットン, アンドリュー・スコット著，池村千秋訳『LIFE SHIFT：100年時代の人生戦略』東洋経済出版社，2016．

れているのである。教育基本法第2条（教育の目標）においても，「公共の精神に基づき，主体的に社会の形成に参画し，その発展に寄与する態度を養うこと」が目標のひとつに掲げられている。

　学習者の個人的要求に基づいて提示された課題を「要求課題」といい，学習者自身に必ずしも自覚されていないが社会的に学習する必要がある課題を「必要課題」と呼んでいる。生涯学習・社会教育は学習者個人の自発性に基づいて学習が行われることが基本であるため，要求課題に偏りがちである。実際，生涯学習の実態は，「個人の要望」に応える学習が主流となっている。

　2008（平成20）年の中央教育審議会（以下，中教審）答申「新しい時代を切り拓く生涯学習の振興方策について」では，基本的な考え方として「個人の要望」と「社会の要請」のバランスを確保することが述べられ，住民が学校・社会教育施設・企業・NPO等の民間団体等との協働を通じて自主的に社会の課題解決に取り組む学習を支援することが打ち出され，「社会の要請」課題に応える学習により力を入れる姿勢が示されている。

（2）現代的課題

　「必要課題」については，社会の変化が新たな問題をもたらしていることを背景に，生涯学習審議会が1992（平成4）年の答申「今後の社会の動向に対応した生涯学習の振興方策について」において「現代的課題」として示した。そのなかで「社会の急激な変化に対応し，人間性豊かな生活を営むために，人々が学習する必要のある課題」として，「生命，健康，人権，豊かな人間性，家庭・家族，消費者問題，地域の連帯，まちづくり，交通問題，高齢化社会，男女共同参画型社会，科学技術，情報の活用，知的所有権，国際理解，国際貢献・開発援助，人口・食糧，環境，資源・エネルギー等」をあげている。これらの公共的課題は当時の社会における新しい課題である。変化の激しい時代にあって，課題の内容を更新し，今日の新たな「現代的課題」を考える視点が必要であろう。

　上記答申では，現代的課題のなかから学習課題を設定する場合には，心豊かな人間の形成に資すること（豊かな人間性）を基本に，その課題が社会的観点から広がりがあるか（社会性・公共性），その学習が時代の要請に即応してい

るか（現代性），緊急性を要するものであるか（緊急性）などの観点から選定されることが重要であるとしている。

（3）持続可能な地域づくりと地域課題

　地域社会にはさまざまな課題が山積している。子育て支援や青少年健全育成，家庭教育支援，高齢者の見守り，防犯・防災・交通安全，環境整備，産業振興など，対応すべき地域課題は複合的で多岐にわたっている。

　また，都市化や単身世帯の増加，生活様式や価値観の変化などを背景に，町内会等を中心とした従来の伝統的な地域のつながりは薄れつつある。このままでは，地域の行政機能や生活機能が維持できなくなるのではないかという危機感も生じている。

　東日本大震災（2011年）により地域社会のつながりや支え合いによるセーフティーネット機能の大切さが浮き彫りになったこともあり，第2期教育振興基本計画（2013～2017年度）では，基本的方向性のひとつに「絆づくりと活力あるコミュニティの形成」を掲げ，学習を通じて多様な人が集い協働するための体制・ネットワークの形成や，人々が主体的に社会参画し相互に支え合うための環境整備を推進するとした。さらに，中教審答申「人口減少時代の新しい地域づくりに向けた社会教育の振興方策について」（2018年）では，学びを通じて個人の成長を期するとともに，他者と学び合い認め合うことで相互のつながりを形成していくことが社会教育の特徴であり，特に「他者との交流を通じて，新たな気づきや学びや活動への動機づけがさらに進み，より主体的な学びや活動につながっていくこと」が社会教育の強みであるとして，このような強みを生かしながら「社会の大きな変化の中にあって，住民の主体的な参画による持続可能な社会づくり，地域づくりに向けて，社会教育はこれまで以上に役割を果たすこと」すなわち「学び合い支え合う地域づくり」に貢献することに期待が示された。

　新型コロナウイルス感染症や災害などの発生によって，さまざまな格差，孤独・孤立の実態がより深刻化し，地域課題が顕在化したことをふまえて，第10期中教審「生涯学習分科会における議論の整理」（2020年）では，「新しい

時代の学びの在り方」として,「様々な背景を有する多様な世代の人たちがつながり, 共に学び合うことにより, 新たなアイデアが生まれ課題解決につながることや, 他者を理解し, 受け入れ, 共生する社会の実現につながる」ことを期待している。そのような生涯学習・社会教育の取り組みを通じて,「人々の命を守り, 誰一人として取り残すことなく生きがいを感じることのできる包摂的な社会」を実現する視点の重要性を提示している。地域住民のつながりを構築しながら地域課題に取り組む, あるいは地域課題を解決する学習活動を共有する過程でつながりが構築されること自体が, 一つの学習テーマであるともいえよう。

(4) 社会教育行政が対応する学習課題

前述の「現代的課題」を提示した後, 生涯学習審議会は1999(平成11)年の答申で, 行政が行うべき学習機会の提供にあたって, 従来の趣味・教養中心のものから, 社会参加型や問題解決型の学習, あるいは職業的知識・技術の習得等の学習成果の活用を見込んだ内容のもの等, 学習者の活動のために必要な能力を養う学習へと重点を移行させるべきであると指摘した。

また, 2008(平成20)年中教審答申では, 行政によって行われる社会教育や生涯学習支援について, 個人のニーズに応えるだけでなく, 公共的課題・社会的課題・時代的課題といった社会的機能をよりいっそう重視した学習機会の提供を求めている。

生涯学習・社会教育は, 個人の成長と地域社会の発展の双方に重要な意義と役割をもつものである。調査などによって住民の学習ニーズを把握するとともに, 地域の現状診断と分析を行い, これまでの事業を評価して必要課題を把握する作業が大切である。そして, それらの課題を, 自治体の総合計画や教育振興基本計画等に掲げられている目的・目標, 基本理念に照らしながら優先順位をつけ, 施策に位置づけることになる。優先順位は,「人間的価値・社会的価値・経済的価値等の調和」を図りながら, 重要度, 緊急性, 実行可能性等を考慮して決定する。

学習要求調査を行う際, ニーズには顕在的ニーズと潜在的ニーズがあること

に留意したい。質問紙調査に個人が回答するとき，通常本人が自覚している要求が記される。しかしながら，講師の話や担当者の説明を聴くことによって，興味・関心が喚起されたり，問題の意味や価値に気づいて新たな学習要求が芽生えたりすることもある。学習者の潜在的な学習ニーズを掘り起こし，個人の関心を必要課題に結びつける学習支援も重要である。

3．学習課題の内容領域

(1) 学習の目的と内容領域

　生涯にわたる学習は生活のあらゆる領域を含んでいる。その分類や整理の仕方はいろいろあるが，「社会教育調査」（文部科学省，2018年）における学級・講座の内容分類は，①教養の向上（趣味・けいこごとを含む），②体育・レクリエーション，③家庭教育・家庭生活，④職業知識・技術の向上，⑤市民意識・社会連帯意識，⑥指導者育成となっている。

　また，学習の目的からみると，成人学習には以下のような5つの領域が考えられる。

a．健康・福祉・家庭生活など暮らしの基本を支える学習
b．基礎的知識・技術・識字などの補習的学習
c．職業的・専門的な知識・技術向上のための学習
d．自己実現・自己充足のための学習
e．地域課題・社会問題など市民としての学習

　たとえば，同じ語学の学習にしても，韓国ドラマを楽しむために韓国語を学習するのであれば上記d，仕事で海外と取引をする必要から英語力を磨く学習はc，外国人が日本での生活に必要な基礎的日本語を学習する場合はbの領域になる。あるいは，同じ水泳にしても，アスリートが競技に勝つための練習はc，メタボリック・シンドローム（内臓脂肪症候群）対策で泳いでいる場合はa，気分転換や楽しみで水泳教室に通っている場合はdの領域になる。また，福祉の講座でも，家族を介護する必要から参加する場合はa，地域の高齢者を見

守り支える活動をしているグループが福祉の学習をする場合はeの領域になる。bの補習的学習には，さまざまな理由で義務教育の機会を十分に得られなかった人たちが学んでいる夜間中学（公立中学校の夜間学級）なども含まれる。

（2）調査結果にみる内容領域と学習の実態

人々が実際に学んでいる内容を成人の学習活動を中心にみてみよう。

「生涯学習に関する世論調査」（内閣府，2022年，18歳以上の3,000人に郵送法で実施，有効回収1,557人）では，この1年間，月に1日以上どのようなことを学習したかという問いについて，「仕事に必要な知識・技能や資格に関すること」をあげた人の割合が40.1％，「健康やスポーツに関すること」が31.3％，「料理や裁縫などの家庭生活に関すること」が23.1％，「音楽や美術，レクリエーション活動などの趣味に関すること」が22.9％などの順となっている。「人口減少や地球温暖化などの社会問題に関すること」は9.1％，「ボランティア活動に必要な知識・技能に関すること」は5.1％であった（以上，複数回答）。なお，「学習していない」と答えた人の割合は24.3％となっている（図Ⅳ-1）。

同調査では，これから学習するとすればどのようなことを学習したいかという問いに対して，「健康やスポーツに関すること」が39.2％，「仕事に必要な知識・技能や資格に関すること」が38.9％とほぼ同率で，以下「インターネットの知識・技能に関すること」35.2％，「音楽や美術，レクリエーション活動などの趣味に関すること」30.2％，「料理や裁縫などの家庭生活に関すること」29.5％，「文学や歴史，語学などの教養に関すること」24.9％などの順となっている（複数回答）。なお，「学習したいと思わない」と答えた人の割合は8.9％であった。

この1年くらいの間に月1日以上学習したことがある人の学習した理由では，「現在または当時の仕事において必要性を感じたため」をあげた人の割合が53.5％，「家庭や日常生活に生かすため」が47.8％，「人生を豊かにするため」が45.8％，「健康の維持・増進のため」が42.6％，「教養を深めるため」が30.5％などの順となっている（複数回答）。

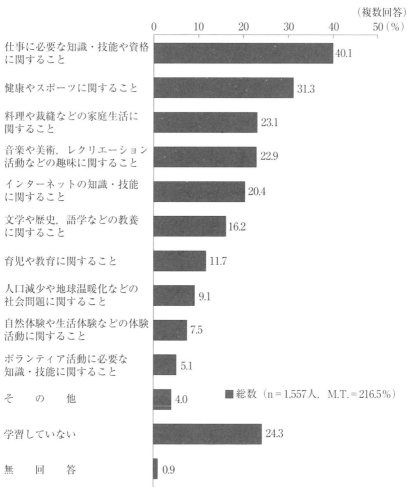

図Ⅳ-1　この1年間の生涯学習の実施状況
出典：内閣府「生涯学習に関する世論調査」2022(令和4)年調査。

　学習した（している）内容も，これから学習したい内容も，「仕事」や「家庭生活」にすぐに役立つ知識や技能，「健康・スポーツ」，「趣味」や「教養」に関するものが上位であることがわかる。

(3) 学びと活動の循環

　個人の学習成果は個人の生活に還元されると同時に、生涯学習の成果を活動に生かすことも大切である。そして、その活動をふまえてさらに学びを広げていくという学びと活動の循環の重要性が指摘されている。

　2008(平成20)年の中教審答申では、各個人が学習したことにより得られるさまざまな経験や知識等の「知」が社会のなかで「循環」し、それがさらなる「創造」を生み出すことにより、社会全体が発展していく持続可能なシステムの構築が必要であることを指摘している。そのためには、人々の経験や知識等のあらゆる「知」が社会のさまざまな主体間（たとえば、地域と学校、大学と企業、各家庭間等）や世代間で共有・継承され、それらの学習した成果が活用され、社会に還元される仕組みを形成していくこと（「知の循環型社会」の構築）が、社会全体の教育力の向上につながるものとして重要であるとした。

　また、今後はICT等を活用して学習履歴を可視化し共有することで、学んだ成果を活かした活動やさらなる学びにつながることも期待されている[5]。

　しかしながら、生涯学習の実態をみると、個人の経験や学習が活動に生かされ、社会に還元される仕組みはまだ十分とは言えない。「市民の社会貢献に関する実態調査」（内閣府、2022年11～12月、20歳以上の8,200人に郵送・オンライン併用で実施、有効回答3,170人）では、ボランティア活動を（前年1年間に）「したことがある」と回答した人は17.4％となっている。その活動分野は、「まちづくり・まちおこし」が25.6％、「子ども青少年育成」が25.0％、「地域安全」が22.1％などであった。

　ところが、活動したいという思いを抱いている人は少なくない。「生涯学習に関する世論調査」（前出、2022年）では、地域や社会でどのような活動に参加してみたいと思うかの問いに、「参加してみたい」答えた人の割合が77.9％となっており、その内容として「スポーツ・文化活動」をあげた人が21.6％と最も多く、以下、「地域の環境保全に関する活動」が20.9％、「子育て・育児を

5：第10期中央教育審議会「生涯学習分科会における議論の整理」2020年。

支援する活動」が20.0％,「地元の観光や産業の活性化に貢献するような活動」が19.7％,「地域の子供のためのレクリエーション活動や自然体験活動など」が18.9％,「防犯・防災活動」が18.9％,「地域の伝統行事や歴史の継承に関する活動」が18.4％,「障害者や高齢者,外国人住民などの支援に関する活動」が15.5％,「学校の環境整備（花壇の整備など）や教育活動を支援するなど地域が学校と協働する活動」が14.3％などの順となっている（複数回答）。なお,「地域や社会での活動に参加したいとは思わない」と回答した人は20.6％であった。

このように,経験や学習の成果を活かしたいという気持ちはありながら,実際には行動できていない人が多いのが現状である。「市民の社会貢献に関する実態調査」（前出,2022年）では,ボランティア活動の妨げとなることとして,「参加する時間がない」と答えた人が45.3％,「活動に参加する十分な情報がない」が40.8％となっている。

ワーク・ライフ・バランスの実現に向けた努力とともに,さまざまな活動領域の情報を一元化し,多様な経路によって情報を提供すること,学習者個々のニーズに応えながら地域の学習・活動情報を学習者とつなぐことができる相談体制が求められる。

V章 生涯学習の学習方法論

1．生涯学習の学習方法と支援

(1) 生涯学習を行うための支援

　生涯学習とは「自己の人格を磨き，豊かな人生を送ることができるよう，その生涯にわたって，あらゆる機会に，あらゆる場所において学習すること」（教育基本法第3条）であり，さまざまな場面を想定した学習活動といえる。その結果として生涯学習の機会の多様性を育み，さまざまな方法で行われることとなる。

　それでは生涯学習の方法とはどのようなものであるのだろうか。あるいはそもそも生涯学習の方法というものが存在するのだろうか。1981（昭和56）年中央教育審議会答申「生涯教育について」によれば，生涯学習は，「必要に応じ，自己に適した手段・方法は，これを自ら選んで，生涯を通じて行うものである」と規定されており，つまり，特に学習方法を定めてはいない。学校教育の場合を除けば，基本的には従来行われてきた「社会教育」の方法によって学習活動を進めることが規定されているということである。実際の社会教育の学習場面では，学習者がすべて自由に学習方法を選択するというよりも，学習の形態や学習の内容によって具体的な学習方法が採用されることになる。

　しかしながら，私たちはどれほど社会教育の方法を知っているだろうかというと，心もとないことにもなる。その方法選択を支援する人や機関（以下，生涯学習支援者）の存在が必要なのであろう。つまり生涯学習活動に取り組もうと思ったときには，生涯学習支援者の支援を求めることが最も効果的だという

ことになる。これまで生涯学習の支援・社会教育のなかで培われてきた学習方法について整理し，効果的な生涯学習または生涯学習支援について考えてみよう。

（2）生涯学習とノンフォーマルな教育

　生涯学習は学習方法に特定の定めがあるわけではないことを特徴のひとつとして指摘した。広く教育を理解する枠組みとして，フォーマルな教育（formal education），ノンフォーマルな教育（non-formal education），そしてインフォーマルな教育（informal education）に分類する三類型論がある。

　この三類型論については，教育の組織化・制度化の程度からフォーマルな教育とインフォーマルな教育の中間に位置する概念としてノンフォーマルな教育が捉えられることがある。一方で，制度的な側面からフォーマルな教育とインフォーマルな教育を，組織化の様式からフォーマルな教育とノンフォーマルな教育をそれぞれ区分し，前者のような同軸線上の類型とは異なる整理を行う議論もある[1]。これらのような議論は教育の方法や成果の違いによっても変わるものであり，学習者および生涯学習機関の多様化などと歩調を合わせるように，定義も常に変化するものと言い換えることができるだろう[2]。

　ノンフォーマルな教育という語が注目されたのはクームス（Coombs, P. H.）による *World Educational Crisis*（1968）においてであった。当時，特に1960年代から1970年代にかけて，工業化が進む先進国や，開発が進む途上国双方

1：鈴木眞理「社会教育の特性と社会教育の研究」『生涯学習・社会教育研究ジャーナル』(3), 2009,157-158.
2：なお，これらの議論と関連して，学習論の立場から，フォーマルな学習・インフォーマルな学習・ノンフォーマルな学習という分類が注目されることもある。たとえば，OECD（経済協力開発機構）では，それぞれの学習の特徴を次のように整理している。フォーマル学習：学校での授業など，年齢によって組織化，構造化された，意図的に行われる教育活動に対応する学習。インフォーマル学習：仕事，家庭生活，余暇に関連した日常の活動の結果としての学習で，無意図的な教育活動。ノンフォーマル学習：学校制度外で，特定の集団に対して，組織・実施される，目的や意図を有する教育活動に対応する学習。OECD編著，山形大学教育企画室監訳，松田岳士訳『学習成果の認証と評価：働くための知識・スキル・能力の可視化』明石書店，2011，pp.40-42.

において，社会の発展過程と教育実践との統合を図ることのできる，それまでの制度化された学校教育に代わる教育形態の模索が始まったことに端を発する。彼は，学校教育に重点を置く従前の教育支援のあり方を批判し，ノンフォーマルな教育が，フォーマルな教育である学校教育と比肩する有効な教育支援になりうるとする主張を展開した[3]。

このような立場の教育論には，既存の学校教育の弊害を強く指摘したイリッチ（Illich, I.D.）による脱学校化社会論[4]やフレイレ（Freire, P.）による課題解決型学習を重視した，対話による学習方法に着目した成人識字教育論[5]などがあげられる。これらの教育論は，伝統的な学校教育制度に代わる新しい教育形態を志向するノンフォーマルな教育の理論的基盤をつくったといわれている。

また，ユネスコやユニセフなどの国際的な教育援助のあり方に対する議論の過程でも，ノンフォーマルな教育は，課題の多い学校教育に代わる新たな教育的価値観に基づく形態として，支持を集めていった。日本では，1972（昭和47）年に東京でユネスコ主催の第3回国際成人教育会議が開催されたことも契機に，多くの人々の関心を高めた。

その後，独立行政法人国際協力機構（JICA）は，これまでの国際社会での成人教育，生涯学習，識字教育などに関する議論や自らが取り組んできた国際的教育支援活動をふまえ，ノンフォーマルな教育が，人々が生活するうえで直面する複合的な課題（紛争，災害，環境保全，人権など）に対して，基礎的能力育成のための学びの場を子どもから成人まであらゆる人々に対して必要に応じて提供できるとした[6]。このように，国際的にノンフォーマルな教育がさまざまな課題を解決する手立てとして期待が高まった。

3：Coombs, Philip H., *World Educational Crisis: A Systems Analysis*, Oxford University Press, 1968.
4：Illich, Ivan D., *Deschooling Society*, Harper & Row, 1970.（邦訳　東洋・小澤周三訳『脱学校の社会』東京創元社，1977）
5：Freire, Paulo, *Pedagogia do Oprimid*, Paz e Terra, 1970.（邦訳　小沢有作・楠原彰・柿沼秀雄・伊藤周訳『被抑圧者の教育学』（A. A. LA 教育・文化叢書Ⅳ）亜紀書房，1979）
6：独立行政法人国際協力機構「ノンフォーマル教育支援の拡充に向けて」　JICA，2005．

生涯学習は個人の成長，社会参加の促進など多くの目的を持つ中で，ノンフォーマルな教育はこれらの目的を達成する手段の一つとして評価され，利用されてきたことがわかるだろう。

2．さまざまな学習方法の捉え方

（1）社会教育における学習方法

前項でも触れたように，「個人が自発的に，生涯を通じて学び続ける」生涯学習は，基本的には社会教育での学習方法によって行われている。この社会教育の生涯学習との関係は，生涯学習を支援する教育領域のひとつという位置づけにあり，方法が教育・学習活動を展開する形態とも切り離せない関係をもつため，単なる方法ではなく，方法・形態として呼称し，論じられることが多い。一般に学校教育に比べて方法や形態が多様であり，この多様性こそが社会教育の特色である。たとえば，①学習者の自由意思に基づく学習，②学習者の多様性と流動性，③活動形態・場所の多様性，④指導者の有無と活動への関与形態の多様性，⑤公私にわたる教育主体（学習者および学習者周辺の環境や人間関係を含む）の多様性などがあげられる。

さらに社会教育には，明治以降，学校教育とは相対的に異なる位置づけと役割を獲得する中で蓄積し確立してきた独自の原理がある。具体的には，①学習における自発性の原理，②自己学習の原理，③相互学習の原理，④生活即応の原理，⑤地域性の原理などである。①②は学校教育，社会教育を問わず近代教育に共通の原理であるが，近代社会教育のスタート時にはむしろ社会教育に相応しい原理と考えられていた。③④⑤は特に第二次世界大戦後の社会教育における理論と実践を伴った重要な原理であり，学校教育にも導入されてきている。これらの特質と原理を抜きにして社会教育の方法を考えることはできない。

この社会教育の学習方法については学習者の人数などに注目して，個人学習と集合学習とに分類する議論がある。

（2）個人学習と集合学習

a．個人学習

　個人学習は，文字どおり「個人（一人）」で進める形態の学習で，主として，①図書，雑誌等の読書，②テレビや新聞等のマス・メディアの利用，③個人指導による塾や習い事，④通信教育，⑤観劇・鑑賞，⑥個人で行うスポーツなどがあり，一人で入手できる学習媒体を用いて，一人ひとりがそれぞれの場で任意に行う学習，および個人で施設を利用して進める学習とに整理することができる[7]。これらは，学校教育が重視される社会にあって，たとえば国内外の紛争や貧困などによって学校で十分に学べなかったり，科学技術の進展などによる学び直しであったり，あるいは個人の趣味嗜好の細分化などによる多様化する学習のニーズに応えられることなどから個人学習の意義は増している。

　個人学習について，1972(昭和47)年にユネスコに提出されたフォール報告書[8]では，成人教育においては，学習者中心の教育活動として，何を学ぶか（内容），どのように学ぶか（方法），どこで学ぶか（機会）を学習者自身で決めることを原則とする自己教育・自己学習を中心とすべきだとした。この自己学習の方法としては，当時の社会状況に照らし合わせて，①語学教育などを目的に視聴覚機器を整備したランゲージ・ラボラトリーでの学習，②図書館など社会教育機関が提供する情報や各種データバンクを利用する学習，③視聴覚教材や個別学習の為の教材を用いた学習，などがあげられている。

　これらは1970年代の指摘であり，インターネットや情報端末などのインフラ整備により，誰もがより簡単に学習教材にアクセスし活動ができる現在と比較して各種メディアのあり方が大きく異なってはいるものの，今日につながる普遍性をもった重要な指摘であった。

7：社会教育審議会答申「急激な社会構造の変化に対処する社会教育のあり方について」1971(昭和46)年。

8：Faurera, Edgar 等著，教育開発国際委員会編，国立教育研究所内フォール報告書検討委員会（平塚益徳代表）訳『未来の学習』第一法規出版，1975．（フォール報告は，エドガー・フォールを委員長とするユネスコの教育国際開発委員会が1972年に発表した生涯教育・学習社会を提唱した報告のこと。）

また，1981(昭和56)年の中央教育審議会答申「生涯教育について」では，人々の学習要求に併せて，内容や方法が一層多様化・高度化することを示すとともに，集団的な学習形態よりも個人学習を望む傾向が強くなっていることをふまえて，個人学習に対する配慮の重要性を指摘している。そのための方策の提案として，社会通信教育の充実や，社会教育施設における学習情報提供や相談機能を充実することの必要性を示している。このほかに，人々の学習成果を認定・付与するような仕組みを活用して，学習者自らが指導者の役割を果たすことで，動機づけや学習効果の向上することにも触れている。

　さらに，ユネスコを中心とした生涯教育・生涯学習理論の展開の中で主張されてきた自己決定型学習（self-directed learning）に触れておこう。この考え方は，自らの学習を進めるにあたって，計画立案から実施，評価までのすべてを学習者自身の責任で行う，自律的な学習過程を指す。一方で，個人学習は学習者が一人で学ぶことを中心とする学習形態を指すが，必ずしも学習者がすべてを自己決定するとは限らない。自己決定型学習は個人学習の一形態であるものの，学習者が学習の全過程を自ら管理し，主体的に進めるものとされる。これにより，生涯学習において学習者が自己決定性を発揮し，個別の学習ニーズに応じた学びが可能となる[9]。

　また，ノールズ（Knowles, M. S.）は成人教育学（アンドラゴジー：andragogy）において，学習者を自立・独立した自己決定性を持つ存在として捉えている。彼は，成人学習者が個人差や生活状況による違いはあるものの，さまざまな学習資源を活用する能動的学習者として，自らの経験に基づく興味・関心に従って学習を進めることが自己決定型学習の重要な特徴であると述べた[10]。これは，学習者が単に個別に学ぶだけでなく，学習の全過程を自らの意志でコントロールする点で，単なる個人学習を超えた高い自律性を持つ学習者像を示している。

9：Unesco, *Terminology of Adult Education*, UNESCO International Bureau of Education, 1979.
10：Knowles, Malcolm S., *The Modern Practice of Adult Education: From Pedagogy to Andragogy*, 2nd edition, Cambridge Books, 1988.（邦訳　堀薫夫・三輪建二監訳『成人教育の現代的実践：ペダゴジーからアンドラゴジーへ』鳳書房，2002）

このように，生涯学習においては，個人学習が重要な領域を担っている。内閣府が2018(平成30)年に行った調査で，直近一年間で「学習したことがある」と回答した18歳以上の日本国籍を有するもののうち，もっとも利用された学習方法の上位5項目は順に，インターネット（22.6％），職場の教育，研修（21.5％），自宅での学習活動（書籍など）（17.8％），テレビやラジオ（14.5％），図書館，博物館，美術館（13.8％）となっており，個人学習（あるいは個人学習が想定される方法）が多いことが報告されている。一方で，公民館などの講座や教室（10.4％），同好者が自主的に行っている集まりやサークル活動（8.0％）など集団が一定の場所で行う学習形態は比較して少ない結果であった[11]。

b. 集合学習

個人学習と対比される学習形態として集合学習がある。集合学習は，学習者同士の相互作用や交流の程度によって分類されることが一般的である。たとえば，講演会のように単発的な集まりであり，学習者間の相互作用が比較的少ない「集会学習」と，公民館などで行われる学級・講座や学習サークルのように，継続的な学びを通じて学習者同士の交流や共同作業が重視される「集団学習」に分けられる。

「集会学習」は，学習関心の啓発や成果の発表に加え，参加者同士の意見交換や情報共有を通じた交流が促進される点で効果的とされる。これには，講演会や展示会，発表会などが該当する。また，シンポジウムやパネルディスカッションなどを取り入れることで，学習内容を体系化し，集団の知識や問題解決能力を高める組織的な効果が期待される。

他方，「集団学習」は人々が一定の学習目的によって編成された学習計画を元に学習する方法である。集団学習では，学習者同士の相互作用が期待され，日本における伝統的な社会教育では，この組織化された学習者で構成された，集団による教育活動が想定され，たとえば，グループ・サークル活動，団体活動，各種学級・講座などがある。大学の大教室で一人の先生が100人規模の学生を相手に行う講義は「集会学習」で，少人数で議論をするゼミナール形式の

11：内閣府「平成30年度生涯学習に関する世論調査」2018。

講義が「集団学習」といえば，大学生にはイメージしやすいだろう。

集合学習が個人学習と比較して得られる長所として，複数の人々が集まることで得られる情報の多面性や，学習の動機づけの強さ，このほかに同じ活動を集団内で共有することで得られる感情面での効能（楽しさや達成感など）や仲間意識の形成による仲間づくりなどがあげられる。

人々の生涯学習を支援する立場にある者が，集合学習を手段として選択する際には，学習プログラムの構成要素（学習者の明確化，学習内容，学習の要求や必要性，講師，場所など）について，その妥当性を十分に検討することが重要である。また，学習集団の編成や運営においては，参加者の特性や学習目的に合わせたグループ分けや，学習を円滑に進めるための運営方法を工夫する必要がある。

（3）個人学習と集合学習の関係

個人学習と集合学習は一場面だけを切り取って見れば，それぞれが独立して行われる学習方法であるといえる。しかし，個人学習が集合学習につながったり，集合学習で学んだことを深めるために個人学習が行われたりと，両者が組み合わされて用いられることもよくある。このように，個人学習と集合学習が互いに補い合いながら進むよう支援することが，生涯学習の支援として適切だといえよう。

近年では，従前の講義のような一方向性の学びから，自らも参加（発信）する双方向性のある学習方法が取り入れられる機会も多くなった。たとえば，小集団活動を行うグループワークや，学習者が積極的に意見交換をしながら協力し，課題を解決するワークショップなどが挙げられる。これらは，学習者自身が積極的に活動に関与し，協働して問題に取り組む形式の学習活動で，実践的な問題解決能力の向上を期待して実施される。このような双方向的な方法は「参加体験型学習」として注目されている。参加体験型学習については，後述する。

（4）集団学習と「共同学習」論

　集合学習は，先に述べたとおりさまざまな形態で実践されてきている。少し視角を変えて集合学習を検討してみよう。たとえば，1950年代には，主に義務教育を終えて，労働に従事する青少年を対象とした教育機会として青年学級といわれるものがあり，この教育機会の健全な発達をはかり，国家，社会に寄与する有能な人材の養成を目的とした，青年学級振興法が1953（昭和28）年に制定された。しかし，法律で制定して振興を図ることが，むしろ青年・青年団の自主性をおかすものになるという考え方から，日本青年団協議会（日青協）を中心とした青年学級法制化反対運動が起き，日青協ではそれに代わるものとして「共同学習」運動を提起した。「共同学習」は，集団のなかでその成員が自主的な討議や実践を通じて，いわゆる本音の話し合いのなかで持ち寄った共通の課題を解決することが重要だとされていた。このような社会的背景から，第二次世界大戦後の社会教育の学習方法としてあらためて強調されたのが，集団学習である。各地域で生活・活動する青年団などが中心となり，学習者自身の環境など身近な生活課題を生活記録学習の方法などによって見つめ直すことが主眼に置かれていた学習運動である。

　共同学習は，身近な問題を話し合いで発見し，課題化し，解決していく学習方法である一方，その学習対象が小さな空間や集団内に留まりがちな「身の廻り主義」や，学習内容の非系統性を指摘する議論もあった[12]。

3．主体的な学びを促進する参加体験型学習

（1）参加体験型学習の意義

　現代社会では学習課題も多様化しており，生涯学習における学習支援の重要性は増している。そのような中で参加体験型学習の社会的要請が高まっている。

12：共同学習については，藤岡貞彦『社会教育実践と民衆意識』草土文化，1977，p.247を参照。

参加体験型学習は，「参加型学習」「参加体験学習」「参加・体験型学習」など立場や場面によってさまざまに表現されるが，ここでは「参加体験型学習」とし，それぞれを同義に扱うこととする。

参加体験型学習は，学習者が積極的に学習活動に参加し，自らの体験を通じて知識やスキルを習得する学習方法である。この方法では，講義形式のような受動的な学習に対して，実際の行動や課題解決の提案，グループワークなどを通じて学ぶことを重視する。学習者は実際の経験を通じて理論や知識を実践に結びつけ，理解を深めることができるとされている。また，他者との交流やフィードバックを通じて，学びをさらに深めることが期待される。

このような性質から，地域課題解決を目指す学習活動など，学習者の経験や知見などが，体系的な知識・技術以上に学習資源として重視されるとともに，コミュニケーション能力や学習活動への主体性の育成も重要な要素になることが特徴としてあげられる。

この参加体験型学習の課題として，「価値としての参加か，技法としての参加か，自覚的な追求が求められる」ことが指摘されることがある[13]。これは参加体験型学習に「ただ参加」するだけでなく，その意義や目的を理解し，自らの学びにどう結びつけるかを自覚的に追究する姿勢が重要だということである。つまり，その意義やねらいを吟味せずに，目新しさや楽しさから安易に「ワークショップ」や「グループワーク」を取り入れるべきではないということである。

そのためには，参加体験型学習のプロセスにおいて学習者間相互の学びが促進された質の高いものとなるよう，生涯学習支援者あるいはファシリテーターの役割がより重要になってくる。

また，この参加体験型学習を包含する用語として，アクティブ・ラーニングという考え方が近年注目を浴びている。学校教育においても2018（平成30）年度より幼稚園から順次全面実施されている学習指導要領でも「主体的・対話的で深い学び」として登場している。

13：鈴木眞理「学習者の参加する学習機会」鈴木眞理・永井健夫編著『生涯学習社会の学習論』（シリーズ生涯学習社会における社会教育4）学文社，2003, pp.133-151.

（2）アクティブ・ラーニングと課題解決型学習

　現代社会における教育の世界的な潮流として「新しい能力」という概念がある。これは，高度情報化，グローバル化の急激な進展による社会構造や産業構造が変化・流動化する現代社会を生きるために，知識偏重ではない汎用的な能力が必要だという考え方がその根底にある。その一例が，OECDの「PISA型学力」[14]や国際団体ACT21sが提唱する「21世紀型スキル」[15]である。

　この「新しい能力」育成への貢献に期待が高まっている学習方法が，課題解決型学習（Project Based LearningないしProblem Based Learning）である（以下，PBLと略記）。PBLはアメリカの教育学者ジョン・デューイ（Dewey, J.）の探究のプロセスとして述べたものが起源とされる。デューイは，学習者の学びを意味づけさせ課題解決に取り組ませる本質的な方法として，学習者自身に関連する現実的な課題に取り組ませることを提唱した[16]。また，学習内容は地域コミュニティを背景に設定させるべきとしている。地域コミュニティは，学習者個人が社会生活を送る場面であり，地域コミュニティの課題解決は，学習者自身の豊かな生活につながる。つまり，課題を主体的に捉え取り組むことが期待できるのである。

　このように，PBLは対象となるさまざまな課題の解決に向けて，「課題の設定」→「仮説の構成」→「検証」の過程を通じた，科学的思考のプロセスを重視した学習方法であることから，大学等の高等教育機関をはじめ，企業内研修などの場で有効な学習用法として採用されている[17]。

　参加体験型学習やPBLなど集団を構成して実践する学びの効果を高めるた

14：OECDが3年ごとに，15歳を対象に実施する国際調査「生徒の学習到達度調査（Programme for International Student Assessment）」（PISA調査）によって測定される学力のこと。「読解力」「数学的リテラシー」「科学的リテラシー」の3分野を中心に調査される。
15：創造性やコミュニケーション能力，情報リテラシーなど働くためのツール活用術のことで，次代を担う人材が身につけるべきスキルと定義される。
16：デューイ著，宮原誠一訳『学校と社会』岩波書店，1957．
17：文部科学省「インターンシップ好事例集：教育効果を高める工夫17選」2018．

めには生涯学習支援者の役割は特に重要である。たとえば，生涯学習支援者は，①学習者に学びのゴールや流れを示す「学習プロセスの設計」，②学習者同士の感情的な対立を回避し，平等性を確保する「場の調整」，③論点の明確化や認識を確認させる「場の触発」といった役割を担い，学習者が合意形成を図り行動を決定するための支援が求められる。

4．ICTを活用した学習

（1）社会の変化と学習方法の拡がり

　現代社会の特徴をあらわす言葉に「知識基盤社会（Knowledge-based society）」がある。

　知識基盤社会は，2005(平成17)年の中央教育審議会答申「我が国の高等教育の将来像」においてはじめて示された言葉である。同答申では，「21世紀は『知識基盤社会』（Knowledge-based society）の時代であると言われている」とうたい，新しい知識・情報・技術が政治・経済・文化などのあらゆる社会領域の活動基盤となる社会であるとしている。これらの言葉が示すとおり，今日では，知識や知見，知恵といった「知」に関わることが人々の生活に大きな影響を与える社会が到来しており，このような社会状況は，生涯学習の方法や学習支援のあり方にも影響を及ぼしている。たとえば，パソコンなどの情報通信技術（以下，ICT）を活用したeラーニングをあげることができるだろう。

　我が国のICT教育は，2000(平成12)年のIT基本戦略を皮切りに，学校や社会教育施設へのインターネット接続，教員のITリテラシー向上，教育用コンテンツの充実を目指して推進された。続いて，2002(平成14)年のe-Japan戦略ではeラーニングの推進や成人教育へのICT活用が推奨され，2006(平成18)年のU-Japan構想ではユビキタスネットワーク社会の実現を目指し，家庭や地域社会でもICTを活用した学習機会の拡充が図られた。このように，ICT教育は段階的に推進されてきた。直近では2021(令和3)年に個人の学びを促進することなどをふまえた教育再生実行会議による「ポストコロナ期にお

ける新たな学びの在り方について」が第12次提言として示された。

　これらの一連の政策は，先に述べた学習方法に則って言えば「個人の学びを促進する」個人学習への利用促進を念頭に置いたものである（ように読める）が，ICTのめざましい進展によるパソコンや周辺機器の高機能化，高速インターネット環境整備も，その利用は個人学習の範疇を超えて，集合学習を含む各学習方法の可能性の幅を広げることに役立っている。

（2）現代の社会的背景とICT教育

　2020（令和2）年以降，新型コロナウイルス感染症の世界的パンデミックは私たちに社会のあり方を深く考えさせる契機となった。このかん，行動制限に伴うテレワークなどの積極的導入（要請）など，社会生活のあり方の変化とともに，教育においてもたとえば公民館などで実施される講座・学級が延期になるなど生涯学習の多くの場面で従前の活動ができなくなるといった問題が生じ，各施設や教育機関もさまざまな対応に追われることになった。このような社会的危機を目の当たりにして，あらためて生涯学習におけるICT教育の必要性が顕在化したといえる。たとえば，これまで主に企業で利用されていたWeb会議システムを活用した，遠隔教育やオンライン学習がさまざまな場面で導入されるようになったことがあげられるだろう。一方で，ICT教育に習熟した人材や，そもそもの教育予算の不足などから課題も多く見られた。たとえばWeb会議システムは，技術的にはパソコンにアプリケーションソフトをインストールしさえすれば誰でも利用することができるが，パソコン操作が不得手な場合はそう簡単にはいかない。また，講座の準備において対面実施時の教材をそのまま使うことも可能ではあるが，十分な教育効果を得ることはむずかしい。ここではICTを活用するための「ひと手間」が必要になる。この「ひと手間」には機器，教材，技術といったいわゆるメディアへの十分な理解が含まれる。ICTの利用はあくまでも教育効果を高めるための手段であって，目的とならないことが大切であり，学習目標に併せて適切なメディアを選択することが求められる。生涯学習支援者のこれまでの経験則で，特定のやり方に固執することは，学習者に有効な学習機会の提供を困難にする可能性があることを

自覚する必要がある。

（3）遠隔教育の機能

　遠隔教育は，ICTの目覚ましい進歩により，インターネットなどインフラの整備が進んだことで，遠隔地間におけるコミュニケーションが可能となり，映像や音声の保存・編集なども容易になったことでさらに発展した。広く教育現場では学校をはじめ，民間の学習塾などで先行して取り組みがなされていったが，その後，新型コロナウイルスの感染拡大防止目的を端緒に，多くの社会教育施設でもICTが積極的に活用されるようになった。ICTを活用した遠隔教育は大きく分けて，オンデマンド型と双方向型に整理される。

　オンデマンド型は，動画や音声付きスライドなどの学習教材をインターネット上で視聴できるようにしたり，課題を配布したりして実施する学習型式である。この型式の大きな利点は対面形式とは異なり，時間や場所の制約を受けずに学習に取り組むことができることにある。また，録画教材であれば，繰り返しの視聴や動画速度を遅延させることができ，学習者自身が自身の学びの進度・深度に容易に合わせることができる。一方，難点として，学習者が講師に質問したり，同じ学習に取り組む別の学習者との相互交流を図ったりといったコミュニケーションが容易にできないことがあげられる。これには，別途電子メールやチャット，オンラインフォーラムなどの交流ツールを設置することが求められる。また，講師側も，動画教材を準備したり映像を収録したりするなど，対面形式とは異なる準備が必要となる。このような性質から，学習教材を元に，個人で取り組み理解を深めるような学習内容に適しているといえる。

　双方向型は，オンデマンド型とは異なり，講師と学習者が同時にコミュニケーションをとりながら学習に取り組むことが可能となる。リアルタイムでの実施となるため，学習者同士あるいは講師ともコミュニケーションを映像や音声を使って，対面型式同様に行うことが可能となる。また，講師側も対面形式とほぼ同じような流れで実施することができるため，大きく準備内容を変更する必要がないことなどが利点としてあげられる。一方，難点としては，映像や音声をリアルタイムでやり取りするため，大量のデータを送受信することになり，

インターネット環境やパソコン，スマートフォンなどの情報端末の処理能力の影響を直接受けてしまうことがあげられる。環境などに左右されがちではあるものの，意見発表や議論が求められる内容や，実技を伴う学習内容に適しているといえる。

（4）ICTを活用した生涯学習の可能性

　ICTは，技術革新と利便性の向上，サービスの多様化が進み，より私たちにとって身近なツールになった。今後はさらに生涯学習の場面で利用する機会も多くなっていくことは想像に難くない。ICTが私たちの生活に浸透する一方で，わが国では，少子高齢化や過疎化などの地域課題など，多くの課題も抱えている状況にある。

　Web会議システムをはじめとするICTの活用は，人口過少地域の住民や子どもたちに対する学習機会の提供や，地域の担い手となる人材の育成・研修を可能とし，地域コミュニティ機能の維持向上の可能性を広げてくれる。また，この取り組みは，地域内にとどまらず，他の地域とのつながりや意見交流によって，自分たちの地域の良さを再認識する機会にもつながり，学習者の学習意欲を高めたり，学習目的を具現化したりするための媒体のひとつとして，大いに期待される。

　新型コロナウイルスの流行は，意図的・無意図的に限らず，多くの学習者または生涯学習支援者がICTを活用する方法を取り入れることになった。このかんの混乱をみるに，これまでの社会教育は，「教室など現実の空間に集い，顔を直接合わせて学び合うことで，はじめてその成果を得る」ことであるという概念が根強く残っていたことがうかがえる。新型コロナウイルスのまん延がもたらした変化は，対面だけで考えられてきた社会教育のあり方から解放され，多くの可能性を感じた当事者も少なくないだろう。既存の概念にとらわれないヴァーチャル空間での学びのハードルが下がった一方で，ICTを活用することによる課題にも直面した。ICTの効果や課題をふまえることは，生涯学習支援者にとって重要な視点であり，生涯学習支援者個人に求められるスキルや能力は今後ますます大きくなっていくことだろう。

ICTの利便性により，その活用が増えたことは大いに歓迎すべきことではあるものの，利用に目を向けすぎるあまり，学習効果が不十分になっていないか，あらためて考える必要もある。それによって，数多ある学習活動の遠隔実施が日常になりつつある今こそ，これまでの対面で行われてきた学習活動の価値が見直されるとともに，生涯学習支援者あるいは学習者の方法の選択肢も今以上に広がることだろう。

Ⅵ章　生涯学習支援行政論

1．生涯学習支援と行政

　生涯学習支援の主体は実に多様であり，さまざまな人々や組織・団体がその支援に関わっている。これは人の学習活動がさまざまな場面で展開されていることからすれば，当然のことであろう。人が生涯をかけて主体的に学習を継続していくことを可能にするには，学習の場面が社会に多様に用意されていることが前提として求められるのであり，そうした学習場面の設定やそこでの学習の充実を目的とした働きかけが，さまざまな主体によって行われていることが，生涯学習の振興という点では重要になってくるはずである。カルチャーセンターに代表される1970年代以降の民間教育事業者の発展や，1998（平成10）年の特定非営利活動促進法制定をひとつの契機にしたNPOの活動の広がりにみるように，生涯学習支援の主体については，その多様化がこれまでに進展してきた。

　いうまでもなく，民間教育事業者やNPOは民間の立場から生涯学習の支援に関わることになるが，その一方で，行政の立場からその支援に関わる存在として国や地方公共団体がある。学習活動は単に学習者個人の成長や発達にとって不可欠なだけでなく，その成果が社会の健全な発展にも深く関わっていることからすれば，行政がその支援に関与するのは当然のことといえる。さらにいえば，学習活動のもつそうした社会的，あるいは，公共的性格を考えれば，恒久的な存在としての行政が責務としてその充実に取り組むことが求められるとも考えられよう。

　ただし，個人の学習活動に対して，行政が何らかの作用を及ぼす場合，あく

までも学習者の主体性や自主性が尊重されなくてはならないことが当然の前提である。教育行政の基本的性格のひとつとして非権力性が一般的に指摘され，教育への行政の関わりは，指導・助言，あるいは，援助などの強制的ではないかたちでなされることが通常として理解される。生涯学習の支援に関わる行政部門は，教育行政に限らず，自治振興・まちづくり行政，福祉行政等，多岐にわたるが，どのような領域であっても，個人の価値選択を伴う学習活動においては，行政の作用によって，学習者の自由や主体性・自主性が損なわれることはあってはならない。生涯学習支援に関わる行政だからこそその責務や役割が問われるのである。

2．社会教育行政の枠組み

（1）社会教育行政の性格

　生涯学習支援に関係するさまざまな行政部門のうち，教育行政がその中心的な役割を担うことは自明であるといってよいだろう。詳しくは後で述べるように，1980年代以降に本格化する生涯学習振興施策においては，教育行政のなかでも社会教育行政に大きな役割が期待されてきた。

　日本の社会教育行政の基本的な枠組みは，第二次世界大戦後の教育改革によってかたちづくられた。1947（昭和22）年の教育基本法制定に続き，社会教育法・図書館法・博物館法等が順次制定され，社会教育行政の法的基盤が整備されたことになる。制定時の教育基本法第7条では，社会教育について，「家庭教育及び勤労の場所その他社会において行われる教育は，国及び地方公共団体によって奨励されなければならない」とされ，その奨励が行政の責務として示された。また，同条2項では，「国及び地方公共団体は，図書館，博物館，公民館等の施設の設置，学校の施設の利用その他適当な方法によって教育の目的の実現に努めなければならない」と社会教育の奨励のための具体的な方法についても述べられた。

　さらに，教育基本法を受けて1949（昭和24）年に制定された社会教育法では，

第3条において「国及び地方公共団体の任務」として「社会教育の奨励に必要な施設の設置及び運営，集会の開催，資料の作製，頒布その他の方法により，すべての国民があらゆる機会，あらゆる場所を利用して，自ら実際生活に即する文化的教養を高め得るような環境を醸成するように努めなければならない」ことが示された。この「環境醸成」という姿勢は，1947(昭和22)年制定時の教育基本法第10条での「教育行政は，この自覚のもとに，教育の目的を遂行するに必要な諸条件の整備確立を目標として行われなければならない」という規定と理念を同じくするものと捉えられ，この条件整備・環境醸成の姿勢は社会教育行政の基本的な性格として理解されるものである。つまり，社会教育における自由や主体性・自主性を確保するために，行政の働きかけはあくまでも制約的なものとして規定されたのである。社会教育法は，1951(昭和26)年の改正で，新たに社会教育主事等に関する規定が加えられたことにより，現在に至るまでの大枠の構成が整えられた。そこで示される社会教育行政の仕組みには，条件整備・環境醸成の姿勢が通底している。

具体的にみると，まず，社会教育の奨励の主要な手段として，社会教育施設の設置・運営が位置づけられていることがあげられる。社会教育法ではその一部が公民館の規定に割かれていることに加え，第9条では図書館・博物館を「社会教育のための機関」と明確に位置づけている。人々の主体的な学習の場として，公民館・図書館・博物館をはじめとする社会教育施設の存在が重視されてきた点は，社会教育行政の条件整備・環境醸成という姿勢の具体的なあらわれと捉えられる。

次に，社会教育主事についてみると，都道府県・市町村の教育委員会に置かれる職員と定められ（第9条の2），その職務は「社会教育を行う者に専門的技術的な助言と指導を与える。ただし，命令及び監督をしてはならない」（第9条の3）とされている。社会教育主事は，社会教育行政の専門的職員として，地方公共団体における社会教育の推進に中心的な役割を果たすことが期待される存在であり，その職務は命令・監督ではなく助言・指導であることが明示されている。

この助言・指導については，社会教育行政と社会教育関係団体の関係をめぐ

っても同様の記述がみられ，社会教育行政が「社会教育関係団体の求めに応じ，これに対し，専門的技術的指導又は助言を与えることができる」（第11条）とされている。この「求めに応じ」というかたちでの「指導」や「助言」という関与のあり方は，社会教育法の他の条文（第9条の3第2項・第39条）や図書館法（第25条第2項）・博物館法（第27条第2項）にもみられ，社会教育行政の働きを制約する具体的な規定として，その非権力的な性格を示している。このような，強制的ではなく，人々の主体性・自主性を重んじた抑制的な関与を第一とする社会教育行政の特徴も，条件整備・環境醸成という性格とつながるものとして理解できる。

（2）市町村・都道府県・国の役割と関係

社会教育法では，上記のような性格を前提としつつ，国・都道府県・市町村のそれぞれに社会教育の奨励のための役割や事務を定めている。第5条と第6条では，それぞれ市町村と都道府県の教育委員会の事務について定めているが，いずれも「当該地方の必要に応じ，予算の範囲内において」という条件のもとで，社会教育に関する事務を行うこととされており，ここからは，社会教育行政はあくまでそれぞれの地域の実情に沿って柔軟・多様に展開されるべきという地方分権的発想が基礎となっていることが読み取れる。その点からすれば，住民にもっとも身近な基礎自治体としての市町村の取り組みが，社会教育行政施策の要となるといってよいだろう。第5条では，市町村教育委員会が行う具体的な事務が列挙され，社会教育に必要な援助，社会教育委員の委嘱，社会教育施設の設置及び管理，各種の講座・集会・事業の開設・開催やその奨励などが示されている。

都道府県教育委員会については，同法第6条において，市町村教育委員会と同様の事務（公民館の設置及び管理を除く）を行うとし，加えて，社会教育を行う者の研修に必要な施設の設置・運営や講習会の開催・資料の配布，社会教育施設の設置及び運営に必要な物資の提供，市町村の教育委員会との連絡等も行うこととされており，市町村を包括する広域の地方公共団体としての役割が示されている。つまり，都道府県には，研修機会の充実などを通じて，市町村

を補完的に支援することが想定さているのである。

　国の役割に関しては，社会教育法第4条では，社会教育行政の任務を達成するために，「予算の範囲内において，財政的援助並びに物資の提供及びそのあっせんを行う」というかたちで，国が地方公共団体を援助することが示されている。ここからも，社会教育行政の実質的な担い手が地方公共団体であることが理解できよう。国には，地方公共団体の取り組みを補完し伸長させるような，間接的な支援の役割が求められているといえる。

　地方分権的性格を基礎とする社会教育行政であるからこそ，地域ごとの多様な施策展開が前提として期待されるわけであるが，そうした前提はともすれば地域間格差ともいえる状況をも生み出しうる。その点でいえば，法令や制度の整備やモデル事業の実施・奨励などを通して，全国的な観点からの社会教育の水準向上を目指す国の役割は小さくない。ただし，そうした国による取り組みが社会教育施策の画一化をもたらす可能性もあり，また，社会教育行政における国と地方公共団体の関係をめぐっては，国による上意下達的な働きかけが統制として機能することへの批判も存在する[1]。とはいえ，国がまったく関わらないというのは非現実的であることは言うまでもなく，社会教育行政の性格を十分にふまえたうえでの国と地方公共団体の関係が担保されていることが肝要であるということであろう。

（3）社会教育行政と地域住民の参加

　すでに述べているように，社会教育行政においては，地域の実情に即した多様な施策展開が求められる。これを可能とするために，第二次世界大戦後に整備された社会教育行政の制度には，各所に住民による「参加」の仕組みが設けられた。それを象徴するのが，社会教育法で定められた社会教育委員の存在である。

1：社教育行政をめぐる国による統制を危惧する議論を含め，社会教育行政のこれまでの変遷，および，それをめぐる議論については，鈴木眞理「社会教育政策の意味と変遷」鈴木眞理・大島まな・清國祐二編『社会教育の核心』全日本社会教育連合，2010，pp.7-24 に詳しい。

社会教育委員とは，都道府県・市町村に置くことができる非常勤の特別職公務員であり，教育委員会が委嘱するものである。その構成や委嘱の手続きについては，社会教育法制定時に定められ，学校の長・社会教育関係団体の代表者・学識経験者から委嘱されることとされた。この点については，その後の法改正を経て，現在では，地方公共団体が委嘱の基準を定める際に参酌すべき基準を文部科学省が定める格好となっており，そこでは学校教育・社会教育の関係者，家庭教育の向上に資する活動を行う者，そして，学識経験者のなかから委嘱することが示されている[2]。社会教育法制定時から，一貫して，地域の教育について精通した人々が社会教育委員として活動することが想定されてきたといえる。

　社会教育委員の職務については，制定当初の社会教育法で，社会教育に関して教育委員会に助言することを目的とした，社会教育に関する諸計画の立案・教育委員会の諮問に対する意見具申・そのための調査研究が列挙され，あわせて，教育委員会の会議に出席して社会教育に関し意見を述べることができると規定された（第17条）。加えて，1959（昭和34）年の社会教育法改正では，市町村社会教育委員が青少年教育について関係者に助言・指導ができることとされた。つまりは，地域の教育について精通した人々の知識や意見を社会教育行政に反映させていくための具体的な仕組みとして社会教育委員の制度が用意されているのである。

　社会教育委員のほかにも，社会教育行政領域における住民参加を意図した制度には，公立社会教育施設に置かれる審議会・協議会がある。社会教育法・図書館法・博物館法では，公民館に公民館運営審議会を，公立図書館・公立博物館に図書館協議会・博物館協議会を，それぞれ置くことができるとされており[3]，館長の諮問機関として，施設運営に意見を述べることが可能となっている。それぞれの委員については，社会教育委員と同様，地域の教育に精通した人や

2：社会教育委員及び公民館運営審議会の委員の委嘱の基準を条例で定めるに当たって参酌すべき基準を定める省令（平成23年文部科学省令第42号）。

3：公民館運営審議会については，1999（平成11）年までは必置とされていたが，同年の社会教育法改正によって，任意設置に変更された。

学識経験者が任命されることとなっており、社会教育施設の運営への参加の制度となっている。

また、地域住民の参加という点では、現在ではすでに廃止されているものの、1953(昭和28)年に制定された青年学級振興法も注目される。この法律は、勤労青年の教育充実を目的として市町村が開設する青年学級について、その開設・運営方法を定めたものであるが、そこでは学習者である地域住民の主体的な参加が前提とされた。具体的には、15人以上の希望者が集まれば、市町村教育委員会に青年学級の開設を申請することができるとされたことや、学級生代表や青年団体代表等を含めた運営委員会[4]を設けることが望ましいとされたこと等があげられる。一方で、学級の実施機関には、一定の専門性をもった青年学級主事や青年学級講師を配置し、学級事務や学級生の指導・教育にあたること等も求められており、学習者の参加を前提としたうえで、教育事業としての質の確保が図られていたという点で、同法では社会教育行政による理想的ともいえる事業実施のあり方が示されていたと指摘することもできよう。

青年学級振興法については、進学率の上昇等を背景に、青年学級の減少が著しくなるなか、1999(平成11)年に廃止となったが、この法律を含め、第二次世界大戦後に整備された社会教育に関する法体系では、当初から、社会教育行政への住民の意思反映、および、それによる地域の実情に応じた多様な施策展開を目的として住民参加が重視されてきた。社会教育委員に代表される住民参加のための制度の存在は、社会教育行政に求められる性格を具体的に体現するものとして理解できる。

3. 生涯学習振興行政の展開

(1) 生涯教育概念の移入から生涯学習振興へ

1965年にユネスコにて「生涯教育」という発想が提起されてから、さほど

4：文部事務次官通達「青年学級振興法及びこれに伴う政令、省令等の公布施行について」1953(昭和28)年8月21日。

時を置かずに，日本の教育行政においても，生涯教育という概念が注目されるようになる。その最初期のものとして位置づけられるのが，1971(昭和46)年の社会教育審議会答申「急激な社会構造の変化に対処する社会教育のあり方について」である。そこでは，変動の激しい社会において求められる生涯にわたる学習の継続を，家庭教育，学校教育，社会教育の三者の有機的な統合によって実現する必要が指摘されている。そのうえで，生涯にわたる多様な教育課題や学習要求に対処するためには，一定期間に限定される学校教育よりも，柔軟性に富んだ社会教育が果たす役割が大きいとし，「社会教育とは，単に変化に順応するだけでなく，さらに人間性を積極的に育て，社会における先導的役割を果たすべきである」と強調している。

その後，1981(昭和56)年には中央教育審議会答申「生涯教育について」が提出されたが，この答申では，生涯教育と並んで生涯学習という言葉についても言及がなされている。そこでの生涯学習の説明をまとめれば，自己の充実・啓発や生活の向上のため，自発的意志に基づいて行うことを基本とする生涯を通じた学習となる。これに対して，生涯教育とは，その生涯学習のために，「自ら学習する意欲と能力を養い，社会のさまざまな教育機能を相互の関連性を考慮しつつ総合的に整備・充実しようとする」考え方とされ，「国民の一人一人が充実した人生をおくることを目指して生涯にわたって行う学習を助けるために，教育制度全体がその上に打ち立てられるべき基本的な理念」として解説されている。少なくともこの答申では，教育行政という文脈から注目すべきは「生涯教育」であって，これからの教育政策の方向性を示す基本理念として扱われていた。

生涯教育と生涯学習をめぐるこうした理解を大きく変えたのが，1984(昭和59)年に内閣総理大臣のもとに設置された臨時教育審議会での議論であった。社会状況に対応した抜本的な教育改革を図ることを目的としたこの審議会は，1987(昭和62)年までに4次にわたる答申を提出した。そこで打ち出されたのが「生涯学習体系への移行」であり，学歴社会によってもたらされた弊害の是正を目的に，「学習自体の喜びが味わえるとともに，どこで学んでも，いつ学んでも，個人が取得，体得した資格，学習歴，専門的技能などの成果が適切に

評価される」という生涯学習社会が目指すべき社会像として提示された。臨時教育審議会では，学習者の視点から課題を検討する立場を明確にするために，あえて生涯学習という言葉が用いられたと説明されるが，これ以降，それまで生涯教育の推進として進められてきた施策は，生涯学習の支援あるいは推進や振興といった呼び方で一般的に括られるようになる。

(2) 生涯学習推進体制の整備

　この臨時教育審議会の答申を受けて，行政体制の整備も進められることになり，1988(昭和63)年には，文部省社会教育局が生涯学習局へと改組され[5]，省内の筆頭局として生涯学習に関する企画調整を任務とすることにより，全省的に生涯学習体系への移行に取り組む姿勢が明示された。さらに1990(平成2)年には，「生涯学習の振興のための施策の推進体制等の整備に関する法律」(生涯学習振興法)が制定され，生涯学習の振興施策を総合的に展開するための都道府県のあり方が定められた。この法律は，文部省と通商産業省が共管する法律として制定され，新たに都道府県が作成できるとされた「地域生涯学習振興基本構想」についても，文部大臣および通商産業大臣の承認を得るものとされたところに，関係行政機関の連携を基礎とした生涯学習振興施策の方向性が示されている。また，「基本構想」で定める，多様な学習・文化活動の機会の総合的な提供においては，民間事業者の能力を活用することが前提となっており，民間事業者が提供するものを含めて生涯学習に関する機会の充実を図ろうとする点も，この法律で示された生涯学習振興に対する行政姿勢の特徴といえる[6]。

　臨時教育審議会の答申以降，1990年代には，生涯学習振興法の制定に先立って提出された中央教育審議会答申「生涯学習の基盤整備について」(1990年)や，同法の規定により文部省に設置された生涯学習審議会による一連の答申によって，「生涯学習社会の実現」という政策目標の達成にむけた，生涯学習振

5：生涯学習局は，2001(平成13)年の文部科学省の発足に際して，生涯学習政策局へ再編され，さらに2018(平成30)年には，省内の組織改編で総合教育政策局へと再編されている。

6：ただし，生涯学習振興法については，「基本構想」に関わるものも含め，多くの条文が努力規定となっており，そもそも実行性の乏しい内容となっている。現在に至っては，実質的に機能していないと考える向きも強い。

興行政のあり方や具体的な施策の指針が示されている。なお，1992(平成4)年の生涯学習審議会答申「今後の社会の動向に対応した生涯学習の振興方策について」では，生涯学習社会が「人々が，生涯のいつでも，自由に学習機会を選択して学ぶことができ，その成果が社会において適切に評価されるような」社会としてあらためて整理されており，その実現のために，学習成果の評価や活用を目的とした施策の充実が目指されたのもこの時期の生涯学習振興行政の特徴である。

こうした経緯を受けて，2006(平成18)年の教育基本法の全部改正では，新しく「生涯学習の理念」についての第3条が設けられ，「国民一人一人が，自己の人格を磨き，豊かな人生を送ることができるよう，その生涯にわたって，あらゆる機会に，あらゆる場所において学習することができ，その成果を適切に生かすことのできる社会の実現が図られなければならない」と述べられるに至っている。

4．生涯学習振興と社会教育行政

(1) 生涯学習振興行政の中核としての社会教育行政

これまでに確認したように，臨時教育審議会以降の生涯学習振興を目的とした行政体制の整備では，人々の多方面にわたる学習活動を総合的に支援するために，部局横断型の施策展開が目指されてきた。また，多様な学習機会の提供を実現するにあたって，行政機関だけでなく，民間事業者の能力に着目して，その活用が図られてきたことも生涯学習振興行政の特徴である。そうした総合や連携が求められる生涯学習振興行政において，社会教育行政には中心的な役割を担うことが期待されてきた。

そもそも，生涯学習あるいは生涯教育という理念については，本来ならば，その推進や振興において学校教育・社会教育・家庭教育のそれぞれに同等の役割が与えられると考えるのが自然であろうし，行政の観点からしても，教育行政全般が等しくその振興に寄与することが期待されるはずであろう。ところが，

日本においては，1971(昭和46)年の社会教育審議会答申「急激な社会構造の変化に対処する社会教育のあり方について」にみるように，教育行政の領域に生涯教育という概念が登場した当初から，とりわけ社会教育および社会教育行政との関連が強調されてきた経緯がある。このことは，1988(昭和63)年に新設された文部省の生涯学習局が，それまでの社会教育局を改組するかたちで誕生している点にも如実にあらわれている。また，その後の具体的な施策の展開では，関係する行政部局間の連絡・調整や民間事業者との連携促進において，社会教育行政の果たす役割が大きいことが示されてきた。

1998(平成10)年の生涯学習審議会答申「社会の変化に対応した今後の社会教育行政の在り方について」で，社会教育行政の理想として提示された「ネットワーク型行政」という考え方は，まさにそうした役割をあらわしたものである。そこでは，生涯学習に関する各行政部局の事業や民間の活動が個別に実施されると同時に，それらがネットワークを通じて，相互に連携し合うことによって，広範な領域で行われる学習活動に対してさまざまな立場から総合的に支援していく仕組みとしてネットワーク型行政が説明されている。そのうえで，社会教育行政はネットワーク型行政を目指し，「生涯学習振興行政の中核」として連携・ネットワーク化に努めるべきことが強調された。

以降，ネットワーク型行政という考え方は，社会教育行政のあり方を論じるうえで，基本概念として用いられるようになっている。たとえば，2013(平成25)年の「第6期中央教育審議会生涯学習分科会における議論の整理」では，ネットワーク型行政の推進を通じて社会教育行政を再構築する必要が喚起されている。そこでは，社会教育行政による施策が，社会教育施設における講座等の実施を中心に，担当部局で完結したかたちで実施されることを「自前主義」と表現し，多くの地方公共団体が依然としてそうした状態にあるとして，そこからの脱却に向けて，関係行政部局，学校，NPOをはじめとする民間団体，企業等との連携・協働を推し進めることが提言された。社会教育行政のこうした方向性は，2018(平成30)年の中央教育審議会答申「人口減少時代の新しい地域づくりに向けた社会教育の振興方策について」にも踏襲され，ネットワーク型行政の実質化に向けた多様な主体との連携・協働の推進があらためて提言

されている。ネットワーク型行政という考え方では，連携・協働の必要が強調されることは必然であって，このかんの社会教育行政をめぐる議論の特徴を「連携・協働」への注目という点に見いだすことができる。

このように，生涯学習振興行政の中核としての社会教育行政の役割は，主にネットワーク，あるいは，連携・協働という観点から説明されてきた。このことは一方で，社会教育行政が関係行政部局や学校，各種の民間組織・団体との関係・協力を前提としたものとして捉えられることによって，その固有の役割や位置づけに対する意識を希薄にしたともいえよう。「自前主義」からの脱却というような指摘は，社会教育行政領域でそれまでに蓄積されてきた実践や議論を軽視することにもつながりかねないであろうし，連携・協働の名のもとにNPOや企業等の民間組織・団体の役割や能力を頼りにした具体的な施策の展開は，社会教育行政の主体性の低下をもたらしたとも捉えられる。また，生涯学習振興施策において社会教育行政が果たす役割への期待とは裏腹に，地方公共団体のなかには，生涯学習振興に係る事務を，教育委員会の所管ではなく，企画・財政やまちづくり・市民活動支援などの首長部局の所管とすることにより，行政部局を横断した総合行政の実現を目指すところも登場する事態も生じ，生涯学習振興行政の推進が必ずしも社会教育行政の強化をもたらしたわけではなかった。むしろ，生涯学習振興行政の中核という建前のもとに進められた，社会教育行政の体制整備や施策展開は，生涯学習と社会教育の混同を生じさせたり，社会教育および社会教育行政の固有性や独自性の軽視ともいえるような事態をもたらしたりすることによって，結果的には社会教育行政の位置づけを不安定にしたともいえるかもしれない[7]。

（2）社会教育行政における学校支援の強調

多様な主体との連携・協働が奨励されるなかで，社会教育行政による学校支援の取り組みも推進されてきた経緯がある。学校教育と社会教育の連携，いわゆる学社連携をめぐる議論は，生涯教育概念の移入と軌を一にするように，

7：このあたりについては，稲葉隆「社会教育行政の「埋没」状況に関する一考察」『日本生涯教育学会年報』(33)，2012，197-212 を参照。

1970年代以降に本格化し，その後，1990年代の「学社融合」といった発想の登場にもみるように[8]，両者の連携推進を図る行政施策の方向性は一貫して維持・強化されてきた。学社連携・融合論においては，当初，具体的な取り組みとして，青少年教育施設をはじめとする社会教育施設を活用した学校外活動の充実等が示され，社会教育側から学校へのアプローチというかたちでその必要が提起された。そこでは，学校に役立つという点から，社会教育あるいは社会教育施設の価値が主張されたといってもよいだろう。

2000(平成12)年頃になると，学校側の事情として，地域社会との連携が強調されるようにもなる。1998(平成10)年の中央教育審議会答申「今後の地方教育行政の在り方について」では，地域に開かれた学校づくりの推進が謳われ，学校運営の改善・充実という観点から，保護者や地域住民との連携・協力の必要が喚起された。以降，2000(平成12)年の学校教育法施行規則の改正による学校評議員制度の導入や，2004(平成16)年の「地方教育行政の組織及び運営に関する法律」（地教行法）の改正による学校運営協議会制度（いわゆる「コミュニティスクール」）の導入がなされ，学校運営への地域住民の参画，すなわち，学校と地域社会との連携を前提とした制度の整備も進んできている。

その間に，2001(平成13)年の社会教育法の改正では，国及び地方公共団体の任務を定めた第3条に，「学校教育との連携の確保」に努め，「家庭教育の向上に資することとなるよう必要な配慮をする」ことを述べた新しい項目が追加されている。さらに，2006(平成18)年の教育基本法の全面改正では，第13条「学校，家庭及び地域住民等の相互の連携協力」が新設され，「学校，家庭及び地域住民その他の関係者は，教育におけるそれぞれの役割と責任を自覚するとともに，相互の連携及び協力に努めるものとする」と述べられた。このような流れのなかで，学校と家庭・地域社会との連携・協力が教育行政全般の目標として位置づけられてきた。

8：1974(昭和49)年の社会教育審議会建議「在学青少年に対する社会教育の在り方について：家庭教育，学校教育と社会教育との連携」では，青少年教育のあり方の見直しという点から，学校教育と社会教育の連携促進が提言された。また，1995(平成7)年には，文部省内に設けられた調査研究協力者会議による「国立青年の家・少年自然の家の改善について」という報告で，「学社融合」の考え方が提起されている。

具体的な施策でみると，文部科学省は2008(平成20)年に学校支援を目的とした地域住民によるボランティア活動を組織化することによって，学校教育の充実や地域の教育力の向上を目指す「学校支援地域本部」事業を立ち上げている。この事業での取り組みは，2015(平成27)年の中央教育審議会答申「新しい時代の教育や地方創生の実現に向けた学校と地域の連携・協働の在り方と今後の推進方策について」での提言や，2016(平成28)年の文部科学省での「『次世代の学校・地域』創生プラン」の策定をふまえ，現在では「地域学校協働活動（地域学校協働本部）」という名称で発展的な推進が図られるに至っている。その過程で，2017(平成29)年の社会教育法改正では，第5条「市町村の教育委員会の事務」に，地域学校協働活動の円滑かつ効果的な実施を目的にした，「地域住民等と学校との連携協力体制の整備」や「地域学校協働活動に関する普及啓発その他の必要な措置を講ずる」ことを定めた項目が追加されたほか，新たに第9条の7「地域学校協働活動推進員」が設けられ，教育委員会による「地域学校協働活動推進員」の委嘱が可能となり，その役割は「教育委員会の施策に協力して，地域住民等と学校との間の情報の共有を図るとともに，地域学校協働活動を行う地域住民等に対する助言その他の援助を行う」こととされた。

　なお，この社会教育法の改正と同時に地教行法も改正され，学校運営協議会の設置が教育委員会の努力義務になるなど，学校運営協議会制度のさらなる積極的な活用が推進された。この改正では，学校運営協議会の委員について，従来の規定に加えて，「地域学校協働活動推進員その他の対象学校の運営に資する活動を行う者」からも教育委員会が任命することとなり，学校運営協議会制度と地域学校協働活動の両者が関連付けさせられながら，一体的な推進が図られてきている。

　このような教育行政の流れのなかで，社会教育分野においては，学校支援の取り組みへの注目が過熱している感がある。そもそも生涯教育という発想が，学校教育・社会教育・家庭教育の統合を要とするものであったことからすれば，生涯学習振興において，学校教育や社会教育の連携が推進されることは当然のことといえる。ただし，これまでの連携促進のため具体的な施策をみる限り，

そこではあくまで学校が中心に据えられ，社会教育はその周辺に位置づけられているといっても過言ではないだろう。対等とはとうてい言えない連携施策の展開に，教育行政のなかでの社会教育の位置づけの低下を指摘することもできよう。

5．行政改革における社会教育行政の位置

（1）地方分権推進と社会教育行政

　社会教育行政の変遷については，行政改革からの影響も小さくなかった。特に，「地方分権の推進」と「民間活力の導入」という，このかんの行政改革の大きな方向性は，社会教育行政のあり方にも根本的な変更をもたらしている。

　地方分権改革が本格的に取り組まれるに至ったのは1990年代のことであった。1995(平成7)年制定の地方分権推進法により設置された地方分権推進委員会の勧告，および，その勧告を受けるかたちでの地方分権推進計画の閣議決定等を経て，1999(平成11)年には「地方分権の推進を図るための関係法律の整備等に関する法律」が制定され，関連する法律の一括改正が行われた。国からの機関委任事務を廃止したことで注目されるこの法律は，社会教育行政にも種々の変更をもたらした。青年学級振興法が廃止されたことに加え，社会教育法にも改正がなされ，社会教育委員について，委嘱手続きに関する規定の削除や構成規定の表現の簡素化が行われた。また，公民館関連では，従来必置であった公民館運営審議会が任意設置に変更され，その委員の構成についてもより包括的な規定へと改められ，かつ，公民館長の任命に際しての公民館運営協議会への意見聴取の義務を定めた項目も削除された。地方に対する規制緩和を主眼とした地方分権改革は，具体的には「義務付け・枠付け」や「必置規制」の見直しというかたちで遂行されたわけであるが，社会教育行政もその例外ではなかったことが社会教育法の改正で確認できる。

　地方分権改革の流れを受けた社会教育行政制度の見直しは2000(平成12)年以降も続いていく。2008(平成20)年の社会教育法改正では，社会教育主事と

なる資格を得るために必要な実務経験の範囲の拡大や，地方公共団体が社会教育関係団体に対し補助金を交付しようとする際に義務付けられている社会教育委員の会議への意見聴取について例外規定が設けられる等の変更が行われた。さらに，2013(平成25)年の社会教育法改正では，社会教育委員の委嘱基準を地方公共団体が条例で定めることになり，その際に参酌する基準を文部科学省令によって示されることとなったが，この点は先述したとおりである。

そして，2019(令和元)年には「地域の自主性及び自立性を高めるための改革の推進を図るための関係法律の整備に関する法律」(第9次地方分権一括法)によって，地教行法・社会教育法・図書館法・博物館法が改正され，地方公共団体の判断で，条例を定めることにより，公立社会教育施設を首長部局で所管することが可能となった。社会教育施設の運営に係る事務については，それ以前から，教育委員会に代わって首長部局が補助執行するというかたちで，実質的には首長部局が担当する地方公共団体もあり，教育委員会から首長部局への移管を可能とした法改正は，実態の後追い的な色彩も強い。

地方分権的性格を基礎とする社会教育行政にとっては，地方公共団体の権限や裁量の拡大は，本来，望ましいこととして捉えられるべきなのであろうが，地方分権改革でもたらされた実際の社会教育行政制度の変更をみると，制度の背景にあった基本的な理念や考え方が骨抜きにされてきた感も否めない。たとえば，社会教育委員や公民館運営審議会の制度は，地域住民の参加を保障する仕組みとして，社会教育行政の性格を体現するものであることはすでに確認したが，このかんの法改正によって，その位置づけは地方公共団体の裁量次第で流動的なものとなってきている。また，社会教育施設の首長部局への移管が可能となったことにより，その運営をめぐって，従来以上にまちづくりや観光といった教育以外の原理や発想が強調されてくることは論をまたないであろう。地方分権の進展が，地方公共団体における社会教育行政の位置づけをかえって不確かなものにしているようにも見える。

(2) 民間活力の導入と社会教育行政

行政改革のもうひとつの大きな方向性として「民間活力の導入」があげられ

る。その取り組みでは，行政のスリム化・財政の健全化を目的に，民間の資金や能力・技術を行政に活用することが目指されてきた。また，2000(平成12)年頃から，公共サービスの担い手を行政に限定せず，広く民間の企業やNPO等にもその役割を期待する，「新しい公共」という考え方に注目が集まるようになったこともあいまって，民間活力の導入を意図した具体的な行政制度の整備も進んできており，社会教育行政の領域においてもその制度の活用が奨励されてきた。

　なかでも，社会教育施設の設置・運営に関しては，1999(平成11)年の「民間資金等の活用による公共施設等の整備等の促進に関する法律」（いわゆるPFI法）の制定や，2003(平成15)年の地方自治法改正に伴う指定管理者制度の導入により，民間の資金や経営能力の活用の幅が大きく広げられてきている。指定管理者制度とは，地方公共団体が設置する「公の施設」について，地方公共団体が指定する管理者に，その管理・運営を代行させることを可能にした制度である。これにより，従来よりも，公の施設の管理・運営を委任できる対象が広がり，企業やNPO法人，地域団体等の民間事業者も指定管理者として参入できることになった。この制度については，民間のノウハウや創意工夫を活かした施設運営の活性化が期待されることに加え，地域住民や利用者がNPO法人や任意団体を組織し，指定管理者として施設経営を直接担うことが可能になったことから，社会教育施設の運営への住民参加という観点からもその利点がしばしば指摘される。一方で，この制度では指定管理者との契約を5年程度とするのが一般的なため，施設運営の安定性・継続性を損なうものであるという批判も根強い。そうした点を含め，指定管理者制度に代表される民間活力の導入を目的とした制度が，公共施設の運営に対する行政の責任を曖昧にしている側面も否定できない。

　公共サービスへの民間活力の導入は，人材活用という文脈でも進められてきている。教育行政の領域でいえば，学校における働き方改革つまり教員の負担軽減を目的に，民間指導者の活用を想定した，部活動の地域移行[9]が進められていることが昨今注目されている。同様に，社会教育行政においても，事業実施において地域の多様な人材を活用することが奨励されてきている。2018(平

成30)年の中央教育審議会答申「人口減少時代の新しい地域づくりに向けた社会教育の振興方策について」では,「地域の学びと活動を活性化する専門性ある人材にスポットライトを当て,その活躍を後押しすることが重要である」とし,「多様な人材の幅広い活躍の促進」を図ることの必要が指摘された。

　この点に関して,同答申で強調されているのが,社会教育士の称号制度の活用である。社会教育士は,2018(平成30)年に改正,2020(令和2)年から施行された,社会教育主事講習等規程(文部科学省令)により導入されたもので,社会教育主事講習を修了したもの,および,大学・短大で社会教育主事の養成に係る社会教育に関する科目をすべて修得したものが,社会教育士の称号を名乗れるとしたものである。2018年の中央教育審議会答申では,社会教育士が行政の首長部局で活躍することとあわせて,NPOや企業等において地域の課題解決等に取り組む多様な人材がその称号を取得することへ期待が示されている。

　このように,社会教育士の制度には,本来,社会教育行政の専門的職員である社会教育主事の制度を,民間人材の活用にも役立てようとするねらいがあるが,あくまで称号としての意味しかもたないものが今後どれだけ制度として定着するのか,あるいは,社会教育・生涯学習の振興に対してどれほどの実質的な効果をもちうるのかについては,不透明と言わざるをえない。むしろ,行政施策の方針として,社会教育士の活用が奨励されるようなことが,社会教育行政の根幹をなす社会教育主事の存在や役割の軽視,さらには,社会教育主事の養成制度の目的や意味の変質につながる事態も懸念されよう。

　民間活力の導入を意図した行政改革の方向性は,必然的に公共サービスにおける行政の役割や責務を後退させる可能性を有しているといえる。社会教育施設の設置・運営や民間人材の活用に関する動向や議論をみる限り,社会教育行政の領域においても,その可能性は否めないようである。逆説的にいえば,そうした状況であるからこそ,社会教育行政が手放してはならない本質的な役割

---

9 : 2022(令和4)年6月および8月には,スポーツ庁と文化庁にそれぞれ設置された有識者会議が,運動部活動および文化部活動の地域移行に関する個別の提言をまとめている。いずれも,まずは休日の部活動を2025(令和7)年度を目途に地域移行することを骨子としている。

や責務の自覚的な検討が求められるということにもなろう。

6．あらためて生涯学習振興行政の中核とは

これまでの生涯学習振興施策の展開では，少なくとも建前としては，社会教育行政がその中核として位置づけられてきた。ところが，その実際をみると，ネットワークや連携・協働の推進，あるいは，行政改革としての地方分権の推進や民間活力の導入の影響によって，必ずしも社会教育行政の充実がもたらされたわけではなかった。むしろ，その存在感が希薄になったといってもよいかもしれない。

自治振興・まちづくり行政，福祉行政，労働行政，経済・産業振興行政，消費者行政，観光行政などの生涯学習支援に関連する行政部門では，それぞれの行政目的を達成するために，教育・学習支援を手段とした施策が展開されている。生涯学習の支援が充実するのであれば，なにも社会教育行政が目立つ必要もないということでもあろう。現実的にいえば，社会教育行政は予算や職員数等の点で，行政全体あるいは教育行政のなかでもかなり弱い立場にあり，それを補ううえでも学校教育行政や教育行政以外の部局の資源を積極的に活用していくことが求められる。この点は，民間活力の導入という点においても同様であり，社会教育行政にとっての連携・協働の相手として，企業やNPO等への期待は今後も高まっていくであろう。

一方，教育行政とりわけ社会教育行政においては，人々の教育・学習に行政がかかわる際，学習者の主体性・自主性を尊重しなくてはならないことが，基本的な理念とみなされてきた。第二次世界大戦後に整備された，社会教育行政の具体的な制度や仕組みはその理念を前提としたものである。生涯学習支援に行政が取り組むにあたっては，そうした理念が，教育行政であろうとなかろうと，行政全般に共有されるべきであることは言うまでもない。社会教育行政で前提とされてきたような理念への理解やその浸透が望まれるのであって，その意味では，やはり社会教育行政は生涯学習振興行政の中核となることが期待されるのであろう。

しかしながら，このかんの行政改革によってもたらされた社会教育行政の変化などをみると，そもそも社会教育行政の内部において，これまでの前提や経緯を振り返ることなく，外部の論理や流れに応じるかたちで制度の見直しや施策の展開がなされてきた感がある。今後の生涯学習支援行政のあり方を考えるにあたって，社会教育行政をめぐるこれまでの議論をあらためて振り返ることの意義は決して小さくないのであろう。

VII章　生涯学習支援施設論

1．生涯学習を支援するさまざまな施設

(1) 生涯学習支援と施設

　「教育」や「学習」といえば，多くの人が「学校」を思い浮かべるであろう。「学校」に似たようなものとして，公民館やカルチャーセンターなどがある。また，茶道や華道のような個人の自宅等の教授所もある。人々が生涯学習の活動を行う場所，生涯学習を支援するさまざまな施設（＝生涯学習支援施設）が，地域によって差異はあるものの私たちの周りには存在している。

　一般的に，施設とはある目的のために設けられる建造物や設備を意味する。学校のような教育のために設置された施設が人々の生涯学習の支援に関わっていることはイメージしやすい。しかし，たとえば書店は書籍や雑誌を販売して営利を追求しているが，なかには学習に役立つ書籍・雑誌もあるように，商業活動であってもある部分をみると人々の生涯学習支援と関わりが深いものがあることがある。

　人々が生涯にわたって学習活動を行うには，学校を卒業した後も学習を継続して行うことが可能となるよう多様な学習の場面が社会のなかに用意されていることがとても重要であり，学習の支援を目的とした施設が学校以外にも存在していることが期待されるのである。

　「生涯学習支援施設」という場合，文字どおり，人々の生涯学習を支援する意図が存在し，その達成のためにさまざまな工夫が行われている施設を指す。そしてその意図や工夫の内容によって学習する人々の方法や内容が異なってく

ることとなる。

（2）生涯学習支援の中核としての社会教育施設

　生涯学習支援施設は，学習者や対象となる地域住民等への学習支援の関わり方の意図に違いがある。先述したように書店には人々の学習支援の機能はあるが，それが主たる目的ではないから学習支援の意図は小さいと考えられる。逆に学校のように教育を第一の目的にする施設は，学習支援の意図は明確であり，人々の生涯学習支援において果たす役割は大きいといえる。学習支援の意図の点からみれば，学校教育外の社会教育のための機関として社会教育施設があげられ，生涯学習支援の中核的な施設として位置づくと考えられる。

　法律上，「社会教育施設」という用語は，2006（平成 18）年に教育基本法が全面改正された際に，国及び地方公共団体による社会教育の振興のための方法のひとつとして第 12 条に「図書館，博物館，公民館その他の社会教育施設の設置」と規定され，はじめて用いられた[1]。これ以前は，法律上では「社会教育施設」という語は用いられていなかったが，法律で使用される以前から，社会教育のために設置運営される公民館や図書館，博物館，青少年教育施設，女性教育施設などの施設の総称として一般的に用いられ，国及び地方公共団体の社会教育行政の役割及び任務の重要なもののひとつとして，社会教育施設の設置・運営が位置づけられてきている。

　社会教育施設は公民館，図書館，博物館にとどまらず，青少年教育施設，女性教育施設，体育施設，劇場・音楽堂等の文化施設，生涯学習センターもその範疇に入ると考えられており[2]，具体的な活動内容は施設ごとにきわめて多様で

1：教育基本法の改正による 2008（平成 20）年の社会教育法改正では，第 5 条第 4 号の「図書館，博物館，青年の家その他社会教育に関する施設」という規定が，「図書館，博物館，青年の家その他の社会教育施設」にあらためられた。なお，「青年の家」は 1949（昭和 24）年の社会教育法制定時には規定されていなかったが，1959（昭和 34）年の社会教育法改正により追加されたものである。

2：文部科学省が 2021（令和 3）年度に実施した「社会教育調査」において対象とした施設は，公民館，図書館，博物館，青少年教育施設，女性教育施設，体育施設，劇場・音楽堂等，生涯学習センターの 8 種である。

ある。ただし，社会教育の振興・奨励を目的に施設が設置・運営されることから，どの施設においても明確な教育意図のもとで各施設の活動が展開されることが前提となる。

　生涯学習社会の構築を展望するとき，人々，とりわけ成人期以降の人々の学習支援を目的とした施設が学校以外にも社会のなかに多種多様に設置されていることが重要である。在学中の青少年を含め，多様な人々を対象に多様な学習の機会や場面をつくりだし，意図的に，また効率的かつ効果的に学習支援を行う社会教育施設が生涯学習支援の中核的な施設として位置づくのである。

（3）社会教育施設を構成するもの

　社会教育施設とは，「人々の社会教育活動を推進する目的をもって設置された教育機関であり，建物や設備などの物的条件，職員などの人的条件，社会教育に関する情報，プログラム，事業などの機能的条件の3つの条件を統一した独立体である。」[3]と定義されるように，社会教育施設を構成する要素として，物的条件・人的条件・機能的条件を考えることができる。

　物的条件というのは，建造物をはじめ，各種の設備・備品や，図書館であれば書籍・新聞・雑誌・視聴覚資料等の図書館資料を含み，博物館であれば収蔵品・標本・模型等の博物館資料を含む意味である。

　人的条件を考える時，とかく専門的職員に目を向けがちであるが，館長をはじめ，庶務的あるいは建物管理的な業務を担当する職員など管理運営に携わる職員を含めた職員全体を指すと考える。ただし，次に述べる機能的条件を考える時には教育・学習支援に直接関わる専門的職員の存在への注目はとりわけ重要である。

　機能的条件というのは，施設がどのような機能を発揮しているかということであり，具体的には事業の実施やサービスの提供というかたちであらわれる。公民館では学級・講座などの学習機会の提供，学習相談・情報提供などが考えられる。図書館であれば，図書の展示，レファレンスサービス，作家の講演会

3：伊藤俊夫「社会教育施設の種類と機能」伊藤俊夫・河野重男・辻功編『新社会教育事典』第一法規出版，1983，p.417.

などをあげることができる。博物館であれば，常設的な展示や展覧会，博物館資料に関する講演会の開催，博物館資料に関する調査研究と教育普及活動などがあげられよう。

これら3つの条件のどれが欠けていても，十分に整った社会教育施設とはいえないと考えられる。特に，専門的職員や館長等の管理職が社会教育ならびに社会教育施設について理解していることは重要である。さらに，庶務的あるいは建物管理的な業務を担当する職員など管理運営に携わる職員も，その社会教育施設の存在意義や特徴について理解していることは，たとえば予算要求，物品購入，施設のメンテナンス，広報，施設へのニーズ調査等の設計など，間接的に利用者や地域住民サービスの検討や実施に関わることになる。つまり，専門的職員は当然のことながら，機能的な条件と物的な条件を理解して運営することを考えようとする多様な職員の集団の存在（人的条件）はかなり重要なことだといえよう。

2．施設の種類と役割

（1）社会教育施設の種類とその法的根拠

a．公民館

公民館は「市町村その他一定区域内の住民のために，実際生活に即する教育，学術及び文化に関する各種の事業を行い，もつて住民の教養の向上，健康の増進，情操の純化を図り，生活文化の振興，社会福祉の増進に寄与する」（社会教育法第20条）ことを目的とした施設と規定され，市町村の全域よりも狭い地理的範囲を対象とすることが構想されている。設置目的を達成するために総合的に幅広い事業を行うことが社会教育法第22条に規定されている。

公民館は，当初，第二次世界大戦によって荒廃した地域を復興することを目的として構想されたものである。地域住民がさまざまな生活課題をもち寄り，その解決のための活動を行う拠点となることが目指され，その考え方の普及と設置が図られた。そのため，構想段階では社会教育の機能にとどまらず，社交

娯楽や自治振興，産業振興などまで含め，地域社会のための総合的な役割を果たすことが期待された[4]。地域社会あるいは地域住民の拠点という点は，当初から変わらず公民館の基本的性格として維持され，その設置は国による「環境醸成」に関わる社会教育政策の中心的な取り組みとなった。さらに，第二次世界大戦後の民主化政策と相まって，農村部を中心に設置が広まった経緯があり，多くの地方公共団体の社会教育事業の主要な部分を担ってきた。

b. 図書館

　図書館は多くの人々の日常生活に根付いている施設である。図書館は，その目的が図書館法第2条に「図書，記録その他必要な資料を収集し，整理し，保存して，一般公衆の利用に供し，その教養，調査研究，レクリエーション等に資する」と規定される施設である。明治初期には「書籍館（しょじゃくかん）」と呼ばれていたが，1899（明治32）年の図書館令公布により図書館という呼称が定着していった。第二次世界大戦後の社会教育関連法規が整備された時期に社会教育法第9条第1項に「社会教育のための機関」に位置づけられた。なお，図書館は，公共図書館，学校図書館，大学図書館，専門図書館などに分類されるが，社会教育施設として捉えられるのはこれらのうち一般の利用に開かれた施設で，一部の私立図書館を含むが，ほとんどが公立図書館である。

　図書館・博物館は，第二次世界大戦の前から行政や民間の篤志家らによってその設置が図られてきたものであるが，制度的な枠組みが整備されるのは戦後のことである。1950（昭和25）年には戦前からの図書館令にかわって図書館法，そして，1951（昭和26）年には新たに博物館法が制定され，それぞれの設置や運営に関する法的な根拠が示され，その後の発展へとつながっていく。

c. 博物館

　博物館は，「歴史，芸術，民俗，産業，自然科学等に関する資料を収集し，保管（育成を含む。以下同じ。）し，展示して教育的配慮の下に一般公衆の利用に供し，その教養，調査研究，レクリエーション等に資するために必要な事業を行い，あわせてこれらの資料に関する調査研究をする」（博物館法第2条

4：当時，公民館に関する構想の中心的役割を果たしたのは文部官僚の寺中作雄である。構想の内容については寺中作雄『公民館の建設：新しい町村の文化施設』公民館協会，1946.

第1項）ことを目的とした施設である。博物館は所蔵する資料によって名称や態様は多様であり、「博物館」の名称をもつ施設以外にも「動物園」「植物園」「水族館」も制度上は博物館に位置づけられる[5]。博物館は図書館同様、戦後に「社会教育のための機関」として制度的に位置づけられた。制度上、博物館とされるのは都道府県又は政令指定都市の審査を経て登録を受けた博物館（登録博物館）であり、地方公共団体や一般社団法人、一般財団法人、宗教法人などが設置したものに限られる（博物館法第2条第1項）。ただし、国、独立行政法人、株式会社などが設置し、登録博物館に相当する実態を有する施設については、都道府県又は政令指定都市から博物館相当施設としての指定を受けられる（博物館法第29条）。登録博物館、博物館相当施設の2種以外にも博物館としての活動を行う施設（博物館類似施設）が存在し、登録博物館、博物館相当施設、博物館類似施設の館数を比べれば、博物館類似施設が最も多い[6]。

d. 青少年教育施設

青少年教育施設は、主たる対象を青少年とし、青少年による各種の活動等の拠点として設けられる施設である。この施設は、日常生活圏に設置される非宿泊型のものと、広域生活圏に設置されている宿泊型のものがある。また、青年を対象とするものと、少年を対象にするものがある。例示的にあげれば、青年の集団宿泊研修型の施設である国立青少年交流の家、少年の自然体験を推進する国立青少年自然の家、都市の青年の活動や交流の場としての青少年センターや青年館、少年に対する科学知識の普及や生活指導の場としての児童文化センターなどがあげられる。青少年教育施設に関して明確な法的根拠はないが、社会教育法第5条に市町村及び都道府県教育委員会の事務のひとつとして図書館、博物館に続いて青年の家という施設名称が例示的に示されている。

e. 女性教育施設

女性教育施設は、当初は婦人教育施設と称され、婦人会館などの名称が付さ

5：「社会教育調査」では、博物館は総合博物館、科学博物館、歴史博物館、美術博物館、動物園、植物園、動植物園、水族館という9分類が用いられている。

6：2023（令和5）年4月から博物館法が改正され、博物館の事業に類する事業を行う施設（博物館相当施設）については「指定施設」と呼ぶように変更がなされた（博物館法第31条）。

れており,「女性又は女性教育指導者のために各種の研修又は情報提供を行い,併せてその施設を女性の利用に供する目的」で,「女性教育の振興を図ることを主たる目的」[7] に設置された施設をいう。1970年代後半以降設置が進められ,1977(昭和52)年に埼玉県嵐山町に設置された国立女性教育会館（設立当初は「国立婦人教育会館」）が女性教育の中核施設としてその役割を果たしてきている。現在の地方公共団体では女性センターや男女共同参画センターなどさまざまな名称が使用されることが多く,地方公共団体では男女共同参画の取り組みを所管する首長部局に位置づけて設置・運営する施設もある。女性教育施設に関する具体的な根拠法令は無いが,1999(平成11)年に制定された男女共同参画社会基本法の第8条（国の責務），第9条（地方公共団体の責務）の具体化と考えることができるだろう。

f. 体育施設

体育施設は,陸上競技場,野球場・ソフトボール場,多目的運動広場,体育館,柔剣道場,テニスコートなどのスポーツのための施設の総称である。2018(平成30)年度「社会教育調査」によれば,そのおよそ75%が公立の社会体育施設,25%が民間設置の体育施設である。これらの施設の法的根拠としては,スポーツ基本法第12条で国及び地方公共団体にスポーツ施設の整備等が努力義務として規定されていることがあげられよう。ただし指導者が配置されている施設はそれほど多くなく,今後は量的な拡充と質的な充実が課題といえる。

g. 劇場・音楽堂（ホール）等

劇場・音楽堂等は,音楽,演劇,舞踊等主として舞台芸術のために一定規模のホールをもつ施設を指し,文化センター,文化会館,市民会館などの名称が付されている施設である。大多数は公立で,施設の法的根拠としては「文化芸術基本法」（2017年に「文化芸術振興基本法」（2001年）を改正）に規定する国による劇場,音楽堂等の設置（第25条），地方公共団体の地域の特性に応じた文化芸術に関する施策の推進の規定（第35条），そして「劇場,音楽堂等の活性化に関する法律」（2012年）の国及び地方公共団体の劇場,音楽堂等の整

7：「令和3年度社会教育調査」の調査対象の定義による。

表Ⅶ-1 社会教育施設の状況

区分	公民館 (類似施設含む)	図書館	博物館	博物館 類似施設
2015(平成27)年度	14,841	3,331	1,256	4,434
2018(平成30)年度	14,281	3,360	1,286	4,452
2021(令和3)年度	13,798	3,394	1,305	4,466

出典：文部科学省「社会教育統計（社会教育調査報告書）」各年度。

備と活用に関する努力義務の規定（第6条および第7条）があげられよう。

　これらの施設は、かねてからの課題と考えられるが、地域文化振興の拠点としてシンボル的な意味をもって建設・設置されることが多いものの、主催事業がわずかで、外部へ施設を貸し出す、貸館中心の運営がされている施設が少なくない。他方、貸館だけでなく、市民によるオーケストラやミュージカル、演劇などの創作活動の自主事業に取り組み、市民の文化活動を支援している施設もある。

h. 生涯学習センター

　地方公共団体が設置する生涯学習センターは、本来、国の施策では「生涯学習推進センター」と考えられていた。1990(平成2)年の中央教育審議会答申「生涯学習の基盤整備について」では、大学等に「生涯学習センター」、都道府県に「生涯学習推進センター」の設置を提言した。答申では「生涯学習推進センター」には、①生涯学習情報の提供及び学習相談体制の整備充実に関すること、②学習需要の把握及び学習プログラムの研究・企画に関すること、③関係機関との連携・協力及び事業の委託に関すること、④生涯学習のための指導者・助言者の養成・研修に関すること、⑤生涯学習の成果に対する評価に関すること、⑥地域の実情に応じて、必要な講座等を主催すること（放送大学との連携・協力）という役割が期待され、市町村での設置は構想されなかった。

　ただし、明確な法的な根拠がないこともあり、実際には市町村レベルでも公民館と同様の機能をもった施設に「生涯学習センター」という名称を付す施設

(施設)

青少年教育施設	女性教育施設	社会体育施設	劇場,音楽堂等	生涯学習センター
941	367	47,536	1,851	449
891	358	46,981	1,827	478
840	358	45,658	1,832	496

や,対象地域を市内全域とするなど中央公民館の役割を担うところに新施設の名称として「生涯学習センター」という名称を付す施設があり,この施設の機能などの正確な把握は実は難しい。

(2) 社会教育施設の特徴

ここまで述べてきたように,社会教育施設はそれぞれに施設目的とそれに沿った特徴があるが,共通の特徴として次のことがあげられる。

一つ目には,社会教育を行うために設置された教育機関であり,社会教育というかたちで人々の生涯学習支援を効率的かつ効果的に行おうとしている施設であるということである。

二つ目には,人々の学習支援を恒常的に行うとともに,そのための工夫がさまざまになされている施設であるということである。

そして三つ目には,広く一般に開放されている施設であるということである。

また,社会教育施設は,設置目的と支援を行う学習活動の内容,施設と利用者を媒介するもの,利用者の属性,利用者の対象エリア,設置主体などの観点で特徴を捉えることができる[8]。

施設の設置目的の観点では,地域の住民の学習の拠点である公民館や広域的な立場から広く都道府県民の学習を支援・推進する生涯学習センターなどの総

8:この整理は,鈴木眞理「社会教育施設」碓井正久・倉内史郎編著『新社会教育』学文社,1986,p.125 による。

合的な機能を備えた施設と，図書館，博物館，青少年教育施設，女性教育施設，文化会館，社会体育施設などの支援の対象となる学習活動が比較的限定的である施設に分かれる。

　施設と利用者とを媒介するものの観点では，図書館では本や雑誌等の図書館資料，博物館では収蔵品等の博物館資料，宿泊型の青少年教育施設は自然環境等ということもできる。公民館は，施設提供とともに，地域の学習資源情報をもとに学習相談や情報提供の提供，グループ・サークルの運営・活動への助言などがあげられる。

　利用者の属性の観点では，属性を特定しない公民館，図書館，博物館，劇場・音楽堂，特定の属性を主対象とする青少年教育施設，女性教育施設に分かれる。

　利用者の対象エリアの観点では，設置主体が市町村か都道府県かということと関連する。公民館は，小学校区や中学校区程度のエリアを想定して市町村内に複数館を設置する場合もあるし，市町村域全体で1館の公民館を設置するケースもある。生涯学習センターといわれるものは，先述のように主として県域を対象とする施設として構想された。日常的な生活のなかでの学習支援と，それらを広域的にバックアップするなどの役割に違いが存在する。図書館や博物館でも，市町村域か県域のどちらを対象としているかによって，その基本的な役割は異なる。

　施設の設置主体の観点では，国立（現在は運営主体が独立行政法人化されている），都道府県あるいは市町村による公立，社団法人や財団法人，企業等による私立に分かれ，そのことが施設の活動や利用対象者に反映されることが多い。

　さらに，根拠法等の観点では，社会教育法などの根拠となる法律があるほか，公民館・図書館・博物館のように設置・運営の基準等が定められているものがある[9]。

　以上のように，施設の種類によって共通の特徴があり，また，同種の施設でも設置主体や設置目的等により違いがある点に留意して社会教育施設の特徴を理解する必要がある。

3．施設の専門的職員の役割

　社会教育施設のあり方を考える際には，先述したように機能的側面（各種の教育事業）だけでなく，人的側面（職員）や物的側面（建造物，設備・敷地）の重要性も含めて検討する必要がある。これらの諸要素は複雑に結びついており，特に人的側面は，学習者である利用者や地域住民と日常的にコミュニケーションをとり，社会教育施設の存在意義や機能発揮を構想する際に必要な人材として重視されている。保健所がその機能を発揮するためには保健師の配置が欠かせないように，社会教育施設には地域住民，利用者の学習活動を支援する専門的職員が配置されることが重要である。それは，たとえば公民館とコミュニティセンターのように，社会教育施設と他の施設との機能的な違いを見分ける視点にもつながるものである。

　社会教育施設における専門的職員は，公民館では主事，図書館では司書・司書補，博物館では学芸員という職種がそれにあたる。公民館の主事は，「主事は，館長の命を受け，公民館の事業の実施にあたる」ことが職務とされている（社会教育法第27条第3項）。公民館の主事は，法律上資格要件が明確に定められていないが，社会教育に関わる知識や経験，さらには，公民館で事業を実施するうえで必要とされる知識や技術が備わっていることが期待されている。

　図書館では司書・司書補，博物館では学芸員という職種がそれぞれ「専門的職員」として法の規定に基づき配置されている（図書館法第4条および博物館法第4条）。いずれの職も法律で資格要件が定められている。

　そのほかの社会教育施設には，専門的職員に関する法律上の規定は無いが，一般に指導系職員と呼ばれる職員が配置されていることがある。たとえば，青少年教育施設に学校教員を指導系職員として配置したり，社会体育施設に保健

9：博物館法は2023（令和5）年に改正され，博物館法の目的（第1条）について，社会教育法に加えて文化芸術基本法の精神に基づくことが定められ，博物館の事業（第3条）に博物館資料のデジタル・アーカイブ化を追加されるとともに，他の博物館等と連携すること，および地域の多様な主体との連携・協力による文化観光その他の活動を図り地域の活力の向上に取り組むことが努力義務として規定された。

体育の教員免許所持者を配置したりするなど、設置者の判断で社会教育施設に専門的職員を配置していることがある。

　社会教育施設の専門的職員には教育活動に関する基礎的な知識や技術が求められるのは当然である。それに加え、図書館の司書・司書補や博物館の学芸員には、それぞれの資料に関する専門的・学術的な知識も同様に必要とされる。とくに、博物館の学芸員に関しては、他の社会教育施設の専門的職員と比べ、館種に応じた学術的な専門性も求められる。

　また、社会教育施設に期待される役割や機能は多様であるために、それぞれの施設の専門的職員に求められる専門性や能力にはかなり違いがあり、一様ではない。そしてまた、学校と比較して、専門的職員の意図や取り組みの創意工夫がその施設の活動内容に反映されやすいことが社会教育施設の大きな特徴でもある。公民館による地域団体のネットワーク形成、博物館のまちづくり支援、図書館による自動車文庫、体育施設の住民の健康づくりなど、地域の課題や実情を反映した取り組みを行う施設も数多い。繰り返しになるが、社会教育施設による活動は、それぞれの施設の性格や設置目的によって求められる専門性に違いがあり、また、その活動は専門的職員の企画・立案能力に負うところが大きいといえる。社会教育施設における専門的職員の「『専門』とは、利用者への学習支援の具体的内容・方法についての概念として理解すべき」[10]という指摘は重要である。

　以上のように、人的側面、特に専門的職員に期待される役割は、社会教育施設が機能を発揮するうえで重視されている。しかしながら、施設がその機能を発揮するためには、館長をはじめ、庶務的あるいは建物管理的な業務を担当する職員など管理運営に携わる職員の存在なくして成り立たない。どのような種類の社会教育施設であれ、利用者である学習者の学習支援が目的であるという点に立ち返れば、対利用者、対地域住民ということが考え方や施設経営の基礎にあって、さまざまな支援の工夫や運営は専門的職員を中心に館長以下職員全体で考えていくことが求められよう。

10：松橋義樹「社会教育職員の職務」山本珠美・熊谷愼之輔・松橋義樹編著『社会教育経営の基礎』学文社、2021、p.54.

4．施設運営への住民の意向の反映

　社会教育施設の運営に地域住民の意志や意向を反映させることを目的に制度化されたものとして，公民館の公民館運営審議会，公立図書館の図書館協議会，公立博物館の博物館協議会の3つがあげられる。

　公民館運営審議会は，1947(昭和22)年の社会教育法制定時は必置であったが，1999(平成11)年に地方分権改革の動向のなかで任意設置に法改正された。これらの審議会・協議会（以下「審議会等」）は，現在，いずれも任意設置となっている。

　これらの審議会等は，地域住民の参加，住民の意思の反映という意義を有している一方で，施設によっては設置されていても年1,2回程度しか開催されないようなところもあり，形骸化が指摘される審議会等が少なからずある。地方分権，住民参加が求められる今日，審議会等にどのような役割を期待し設置・運営するのか，各地方公共団体の慎重な判断に委ねられているといえる。

　さらに，施設の設置者や各施設が地域住民の意志やニーズをどのように把握するかは審議会等のみで事足りるわけではないだろう。住民対象のアンケートやニーズ調査という方法もあるし，地方公共団体が委嘱する社会教育委員や生涯学習に関する審議会等を活用する方法もある。もちろん日常の利用者との窓口での対応等から聞き取り把握することもとても有用である。地域住民の考え方や要望はさまざまであることから考えれば，多様な方法で多面的に地域住民の意識やニーズを把握することが重要だろう。

5．住民参加の一つとしての施設ボランティア

　社会教育施設への住民参加の方法の代表的な一つとしてボランティア活動がある。たとえば，公民館では企画委員・実行委員会方式による講座実施，図書館では利用された図書を書架に戻す配架ボランティアや点訳・朗読のボランティア，博物館では展示解説ボランティアや企画展示等事業の補助ボランティア

などがあげられる。また，施設状況によっては花壇整備や簡単な修繕などの美化活動や，広報紙作成やホームページ更新等のボランティア活動を受け入れている施設もある。さらに，公民館などで職員が企画・実施した講座の参加者が自主グループをつくり，継続講座を企画・実施する例もある。このように社会教育施設における住民参加のかたちに定まったものはなく，利用者である学習者に直接的な学習支援の活動もあれば間接的な学習支援の活動もある。

　生涯学習とボランティア活動については，1992(平成4)年の生涯学習審議会答申「今後の生涯学習の振興方策について」で，生涯学習とボランティア活動との間の関係性を「ボランティア活動そのものが自己開発，自己実現につながる生涯学習となる」「ボランティア活動を行うために必要な知識・技術を習得するための学習として生涯学習があり，学習の成果を生かし，深める実践としてボランティア活動がある」「人々の生涯学習を支援するボランティア活動によって，生涯学習の振興が一層図られる」という3つの視点で提示された。社会教育施設においてボランティアとして活動する人々にとって，その活動自体がその人々の学習支援にもなるという視点は，社会教育施設において学習支援の全体像を描く際に重要なものである。

　ただし，1986(昭和61)年の社会教育審議会社会教育施設分科会報告「社会教育施設におけるボランティア活動の促進について」でも注意喚起しているように，ボランティア活動はあくまでも自主的な活動であるから「施設の人的，物的体制の不備を補完する役割をボランティアに期待してはならない」点については十分に留意する必要がある。

6．社会教育施設をめぐる近年の動向

(1) 社会教育施設の評価をめぐる動向

　1990年代半ばから始まった行政評価の動きは，多くの地方公共団体で取り組まれるようになった。
　この行政評価の導入に呼応するように，社会教育施設の運営に対する自己点

検および評価の取り組みが2000年代はじめから法律等でも規定されるようになった。特に2008(平成20)年の社会教育法等法の改正で，公民館，図書館，博物館は運営状況の評価を行い，その結果に基づき運営の改善を図る措置を講ずるよう努めることが規定された。さらに地域住民等との連携及び協力の推進に資するため，運営状況の情報を積極的に提供するよう努めることが規定された。その後，2011(平成23)年に博物館の設置基準が，2012(平成24)年に図書館の設置基準がそれぞれ全部改正され，自己点検・評価にとどまらず，評価に基づく運営改善のために必要な措置を講じ，その措置の内容をインターネットなど多様な媒体を活用して積極的に公表するよう努めることが新たに示された。

　社会教育施設における事業は直接的な効果（アウトプット）だけでなく，地域住民の関係づくりや地域課題の解決など，長期的な観点から学習者や地域住民に影響や効果（アウトカム）をもたらすことも目的とすることが多く，これらの成果は単純な数値等で示しにくい。さらに加えて，社会教育施設における評価指標の設定は館種ごとに異なり一様ではないから，他館の評価指標を参考にしたり，審議会等の協力を得たりして検討していく必要がある。また，日頃の地域住民や利用者とのコミュニケーションをもとに評価結果に対する意見を聞き取っていくことも重要なことであろう。

（2）社会教育施設の管理・運営主体をめぐる動向

　1980年代中盤，政府により公共投資を中心とした内需拡大と民間活力導入が経済政策として採られてから，公立の社会教育施設の管理・運営を地方公共団体が出資する財団法人や公社に管理委託される例がみられるようになった。1998(平成10)年の生涯学習審議会答申では，「文部省は，こうした委託について，社会教育施設運営の基幹に関わる部分については委託にはなじまないとして，消極的な立場をとってき」たが，「施設の機能の高度化や住民サービスの向上のためには，（略）法人等に委託する方がかえって効率的な場合もあることや，施設の特性や状況が地域により様々であることから」「地方公共団体の自主的な判断と責任にゆだねる方向で検討する必要がある」と提言[11]した。

　2003(平成15)年，地方自治法が改正され，指定管理者制度が導入された。

表Ⅶ-2　公立の施設数に占める指定管理者導入の割合の推移

区分	公民館 (類似施設含む)	図書館	博物館	博物館 類似施設
2005(平成17)年度	3.7	1.8	13.9	16.7
2008(平成20)年度	8.2	6.5	19.0	27.8
2011(平成23)年度	8.6	10.7	21.8	29.9
2015(平成27)年度	8.8	15.6	23.9	31.1
2018(平成30)年度	9.9	18.9	25.9	31.2
2021(令和3)年度	10.7	20.9	26.6	30.8

出典：文部科学省「社会教育統計（社会教育調査報告書）」各年度。

　指定管理者制度とは，地方公共団体に代わって「公の施設」を民間等の団体に管理させる制度のことである。指定管理者制度が管理委託方式と大きく異なるのは，管理委託方式は文字どおり管理を委託しているのに対し，指定管理者制度は「公の施設」の管理に関する権限を指定管理者に委任（代行）して行わせるものである。施設の運営がより自律的で柔軟な施設運営ができる，行政が直接運営するよりも経費が安価であったり，接客などでサービスの向上が望めたりする点などが期待され，各地で導入されるようになった。指定管理者制度を導入した施設のなかには，施設運営が活性化し，住民サービスが向上したといわれる施設もある。他方，予算額が抑制されることで，想定していた施設サービスの低下，指定管理者の職員の勤務条件悪化などをもたらしたとされる例も少なからずあり，期待した効果が得られずに直接運営に戻した事例もある。
　社会教育施設における指定管理者制度の導入状況は表Ⅶ-2のとおりである。

11：1998(平成10)年9月17日生涯審答申「社会の変化に対応した今後の社会教育行政の在り方について」第3章第1節1（2）社会教育施設の運営等の弾力化。
　また，国立女性教育会館（NWEC）については，2023(令和5)年6月「女性活躍・男女共同参画の重点方針2023」（女性版骨太の方針2023）の中で，女性の経済的自立を始め，全国的に男女共同参画社会の形成を促進するため，主管の内閣府への移管や機能強化等を進める法案を2024(令和6)年通常国会へ提出することが打ち出されている。

| | | | | (%) |
青少年 教育施設	女性 教育施設	社会 体育施設	劇場, 音楽堂等	生涯学習 センター
16.7	15.4	20.7	35.8	—
33.5	27.8	32.0	50.2	17.7
38.5	31.8	35.4	53.7	22.2
39.7	25.6	39.0	54.3	26.9
42.5	35.8	40.7	58.8	32.4
46.3	36.2	42.1	60.1	33.5

(3) 社会教育施設の所管をめぐる動向

社会教育施設が備えている機能や特徴は、他の行政分野、とくに文化や地域振興などの行政分野と重なる部分もあることから、社会教育施設の所管を教育行政とするか首長部局とするかが今日的な課題となっている。

1990年代から国主導で取り組まれた地方分権改革の流れを受け、2007(平成19)年に地方教育行政の組織及び運営に関する法律が改正され、スポーツ、文化に関する事務については教育委員会から地方公共団体の長への事務の移管が可能となった。さらに、中央教育審議会における検討もふまえた2019(令和元)年の第9次地方分権一括法における一連の法改正で、社会教育法等が改正され、社会教育施設の設置、管理及び廃止に関する事務を教育委員会から地方公共団体の長へ移管することが可能となった。

地方公共団体の長への移管を可能とした理由としては、その施設において社会教育の事業と、まちづくりや観光などの関連行政分野の事業とが一体的に推進することが可能になることなど、社会教育施設の可能性が広がる理由が考えられている[12]。

12:この点については、2018(平成30)年の中教審答申「人口減少時代の新しい地域づくりに向けた社会教育の振興方策について」において具体的に述べられている。

（4）異種施設との複合化をめぐる動向

　社会教育施設の複合化事例は全国に数多くある。こうした集合・複合化にはどのようなメリットがあるだろうか。

　一つ目には，それまで社会教育と無縁であった住民が社会教育の活動や社会教育施設を知る機会となる可能性がある。商業施設に来た住民が同一施設内にある公民館主催の講座等ポスターやチラシを見て参加を動機づけられるといったことである。

　二つ目には，人々の学習活動を豊かにする可能性がある。公民館を利用しているグループ・サークルが活動中に資料等が必要となった時に図書館が併設されていればある程度の資料や情報の収集が可能となる。また，ホールでミュージカルが上演される際に施設内の図書館でそのミュージカルの演目や出演者に関する図書資料等を企画展示することで，観客がミュージカルを「観る」ことから「知る」「学ぶ」へと転化するというようなことも考えられる。

　三つ目には，複数の施設が同一建物内に存在することで連携・協働がしやすくなる可能性がある。互いの所有する施設・設備，情報や資料などの資源を利用し合ったり，各施設と関係する専門的な団体等も含めて共催事業を企画したりしやすくなり，充実した社会教育事業が展開しやすくなる。

　社会教育施設の集合・複合化は，予算面の節約が目的ではなく，地域住民の生涯学習支援として個々の施設が目的達成に向けて，どのようなサービスを提供し，さらに他の施設と連携・協働してどのような機会を提供できるかという視点で検討されるべきである。そうでなければ互いに無関心・無関係の雑居になってしまい，建物全体が生涯学習支援の空間をつくりだすという新しい地域施設の姿をつくることにならないであろう。

　また，社会教育施設の範疇には入らないが，学校の施設も身近な社会教育活動の施設的空間として存在することを見逃してはならない。近年では，学校等が使用していない時間帯を，地域住民が生涯学習・スポーツ活動の場として利用できる複合施設型の学校施設が設置され，開放する取り組みも広がってきている。

（5）施設における個人学習支援

　個人学習とは，学習者が独自の計画，独自のペースで進める学習の形態である。各種のメディアを用いた通信教育による学習がその典型といえるが，図書館での読書や調べもの，博物館での展示見学のような学習も，この形態に分類される。図書館や博物館は学習者個人がそれぞれの興味・関心に応じて自由に書架や展示の利用を決定できることが前提であるし，このような個人学習に柔軟に対応できる点が，図書館や博物館の教育施設としての利点である。

　今日，人々の学習において個人学習の占める比重が大きくなってきているといえるだろう。この背景には，人々のライフスタイルが多様化し，学習においても学習者一人ひとりの状況に適した内容や方法が求められるようになったことがあげられる。また，カルチャーセンターや大学公開講座の講座など，学習機会の多様化と充実が図られてきたことも要因といえる。さらに，2020（令和2）年頃からの新型コロナウイルス感染症拡大の影響により，オンラインによる学習機会や動画サイトのコンテンツの充実・拡大をもたらした。今後は，学習者それぞれの興味・関心や必要に応じた内容を，ライフスタイルに合った方法を選択して学習できる可能性が広がっていくと考えられ，社会教育施設は個人学習をどのように支援するかが大きな課題である。

（6）情報化社会の進展をめぐる動向

　インターネットやオンラインの情報通信技術の急速な進展と，端末機器であるパソコンやスマートフォンの機能の高度化は著しく，日常生活にもほぼ欠かせない状況となってきている。

　これまで社会教育の主要な場面として考えられてきた社会教育施設や団体の活動は，直接的な人々の交流，たとえば「出会い　ふれあい　学び合い」というモットーが掲げられるなどして展開されてきた。図書館，博物館でも，実物，本物の図書館資料や博物館資料に触れることが想定されてきたといえる。

　情報化が進展し続ける今日では，社会教育施設もホームページやSNSで，施設情報や事業予定などの情報発信が一般化するなど，情報化の進展が著しい。

情報化の進展は，利便性が良い，または効率の良い学習支援として貢献するだろう。しかし，便利で労力が省ける学習ばかりで良いのか，また，体験や実験等を伴うプログラム，指導者や仲間などの他者との交流は期待できない。さらに，コンピュータやインターネットなどの習熟度や活用度の違いによって生じるデジタル・ディバイドの問題や，パソコンの使い方やインターネットを活用した調べものの仕方などのデジタルリテラシーの向上の問題は避けて通れない。情報化が進展する今日だからこそ，これまで社会教育施設が備えていた居場所のような空間や他者と出会う場所という意義と機能の検討が必要であるだろう。

以上のように，社会教育施設は，各施設の設置目的や意義をふまえて多様に展開されてきており，近年の社会の急速な変化に伴って，その多様化が一層進んでいる状況にある。建造物の「施設」があって足を運んで利用することから，足を運ばずにインターネットを通じて教材・資料，学習機会を利用できるなど，「非来館型で施設を利用」するという可能性が模索されている。社会教育施設がその役割を果たすために高度化する情報通信技術を活用することそのものは必要なことだと考えられる。

ただし，情報化の進展は日進月歩であり，今後の進展の予測は簡単なことではないが，これからの社会教育施設，そして各館種における教育的な意義と役割を検討していくことが必要であろう。

Ⅷ章　生涯学習支援組織論

1．社会教育の施設と団体

(1) 社会教育における学習支援

　生涯学習を支援する組織について考えるとき，その中心となる領域は社会教育であろう。生涯学習という言葉を文字どおり，人の一生涯にわたる教育や学習に関わる営み全体であると捉えれば，学校教育や家庭教育の場における学びも含まれるとみることは可能である。しかし，その支援を講じるには，生涯学習活動の中心を担う社会教育についての理解と考察が必要となる。

　人々が学ぶ場は多様である。ことに，社会教育・生涯学習の場における学習機会は，なにを学ぶか，どのように学ぶか，どこで学ぶかなど選択の幅は広い。学習機会の提供主体も，行政あり，企業あり，民間の非営利団体ありとさまざまである。学習者は，自覚する必要性を満たす学習を実行できたとき，最も効果的な学習経験が得られるとされるが，自覚している課題解決のみを満たせば学習が終わってよいとは限らない。

　社会教育の営みが人々に提供してきたものは，当然のことながら時代とともに変化してきている。今日の社会教育において学習者は，自主性や自発性を自由に発揮して，自ら学ぶ存在として位置づけられていることに疑いはなかろう。なにを，いつ，どこで，どのように学ぶのかについて，その学習内容も目的も方法も，学習者本人による選択と決定が可能である。そして，その学習方法には，個人での学び，集団・団体での学びなど，いくつもの選択肢が用意されている。さらに20世紀後半以降，インターネットの普及がもたらしたネットワ

ーク形成の多様化は，学習者の選択肢をより一層増やすことにつながっていると考えられる。

（2）非施設・団体中心という考え方

かつて碓井正久は，第二次世界大戦前の日本における民衆を対象とした社会教育の実態は，教育ではなく教化の対象として個々人や集団を位置づける「官府的民衆教化性」[1]をもつものであったと特徴づけた。碓井は，戦前の社会教育について，この官府的民衆教化性のほかにも，「非施設・団体中心性」「農村地域性」「青年中心性」を加えた4点を特質としてあげている。

この特質について碓井は，「日本経済の底の浅さのゆえに，物質的条件をじゅうぶんにともなわず，徒手空拳であたるに容易である民衆の団体の育成・利用というかたちをとり，欧米民衆教育のようには，民衆図書館その他の民衆教育施設の発達をうながすことがすくなかった。すなわち，民衆教育における施設未発達，団体中心性という性格を，みいだすことができよう。」[2]と記している。つまり，農村を中心として青年団をはじめとした各種の団体の組織化が進められていき，それら団体の連合組織を国家が統制する仕組みをもって，民衆を教化していったものとみることができる。現代では学習者一人ひとりの学習活動と成長を支援している社会教育であるが，この時代に行われていた社会教育は，国民統制の手段のひとつになっていたといえるのである。

また今日では，生涯学習を支援する社会教育施設をはじめとした人々の学習のための施設は，民間のものも含めて実に多様な展開がなされており，それら施設の利用に関しても，学習者自らが複数の選択肢のなかから選び取ることができるようになっている。しかし，第二次世界大戦前に，農村型の地域共同体を基盤としてつくられたさまざまな団体・集団[3]が行っていた活動は，総じて

1：碓井正久「社会教育の概念」長田新監修『社会教育』（教育学テキスト講座第14巻）御茶の水書房，1961，pp.37-38.
2：同上書。
3：集団，団体，組織という用語についてであるが，ここでは，集団とは人の集まり全般，団体とは共通の目的のために集まった集団，組織とは団体のなかで役割などが定まっているものと考える。

既存の社会秩序を維持，浸透，強化させるために使われていた。青年団のほかには地域婦人会なども行政とのパイプは太く，半官半民という性格をもつ団体であるが，こちらも各構成員への教育機会の提供機関として，国民統合を意図する国家の方針に従った存在であったとみることができよう。この時代，個々人の自由裁量に任された活動は望めるものではなかったのである。

（3）今日の社会教育施設の担う役割

碓井が施設未発達と表現した戦前の社会教育が置かれた状況への反省もふまえて，戦後は行政によって社会教育施設の充実が図られてきた。今日の社会教育施設とは，どれも広く一般に公開されていて，誰もが利用可能な施設である。具体的には公民館・図書館・博物館をはじめとして，青少年教育施設（青年の家・少年自然の家・青少年交流の家など）や女性教育施設（女性教育会館・女性センター・男女共同参画センターなど），社会体育施設（地方公共団体が設置した体育館・水泳プール・運動場など）・民間体育施設（独立行政法人または民間が設置した体育館・水泳プール・運動場など），文化施設などである。各施設は，それぞれ目的に沿った学習支援のための職員や諸機能を有し，事業や講座の実施といった学習機会の提供をする社会教育施設は，今日の社会教育が展開される重要な柱のひとつである。

社会教育施設をめぐっては，社会教育の発展を進めるために必要な環境の醸成のひとつとして，その設置・運営に必要な諸条件を整えることが，社会教育法第3条によって，国と地方公共団体に課されている。なお，「施設」が表すものは単に建物などのハード面だけではなく，社会教育活動を行うにあたり必要な備品や機能はもちろんであるが，そこにいる職員をはじめとして提供される講座・事業などの学習機会も含めた存在として意識されるべきであろう。

さらに多様な学習者を受け入れるために必要な考え方として，たとえば，車椅子での施設利用を妨げることのないようバリアフリー化することが，いつまでも「配慮のいき届いた」施設であっては不十分なのである。バリアフリー化はどの施設に行こうと標準仕様となって初めて誰にとっても十全な学習環境が整うことになるのであろう[4]。運営への住民参加の仕組みなどについても，整

えられる必要があるといえる。

2．集団の意味の両義性

（1）相互扶助組織としての地域団体

　社会教育が行われる集団・団体についてみていくと，まず地域には，地縁団体・地域団体（緩やかな地縁によってつながる人々の関係をもとに結成されたもの）があり，その代表的なものとしては地域青年団，地域婦人会，子ども会とその親等によって構成される育成会，町内会（町会あるいは自治会などの名称も使われる），老人会などがあげられる。これらの団体は，当該地域の自治や地域振興に関する活動を住民が主体となって長年継続してきている団体である。地域に密着したこのような団体の活動は，同一地域に住む者同士の共通の課題解決や目的のために，相互扶助の意識を基盤として営まれてきた。かつてのように，地域住民の関係が密接であったところでは，ある意味で人々を「拘束」する存在ではあったが，共有する地域課題・生活課題への対応にも，地域団体の担っていた役割は大きなものであったと思われる。狭義の意味における教育機能を発揮する団体とは言い難いものだが，上の世代の者が次世代を育成する機能や，地域の伝統文化を継承する機能などを有する存在である。

　いずれの団体も，地域コミュニティの結びつきの希薄化が懸念される現代にあって衰退傾向を示しており，とりわけ地域青年団や地域婦人会においては，その傾向が著しいといわれている。新規会員の加入が振るわず，メンバーの固定化が進むうえ，婦人会では会員の高齢化も重なり活動そのものの不活性化や停滞が指摘できる。これらの団体は，網羅性に富み前例踏襲の活動が中心であり，個々人の創意工夫が活かされてきた団体とは言い難い。だが，それは同時に，当該地域に住む者同士が例外なく会員となる仕組みであるともいえ，誰にでも無条件で居場所を提供する仕組みであるとみることもできよう。加えて，

4：このあたりについては，津田英二「特別な配慮を要する人々の学習」小池茂子・本庄陽子・大木真徳編著『生涯学習支援の基礎』学文社，2022，pp.159-172 を参照されたい。

地域コミュニティが抱える今日的な課題，近年頻発する自然災害への不安，地域の活性化や安心安全なまちづくりが望まれる現代，地域活動の核たり得るこれらの団体の存在と役割は，きわめて重要になっていることも事実であり再評価されつつある。

　もちろん，これらの団体のもっている人々の結びつきに果たす役割を再評価するということが，これまで同様に前例踏襲重視の活動を継続することで，維持されていくことは不可能である。地域団体として，今日的な課題への問題意識を共有しつつも，活動は自由闊達に，個々の会員の創意工夫を認め合うことができなければ，団体への新規加入を検討する者が増えはしないはずである。

（2）地域性をもたない団体の可能性

　他方，地域という枠を超えて共通の活動目的や関心のために集まる人々によって構成される団体も数多くある。急激に広がったSNSを活用した勧誘を行えば，理論上世界中の人々とつながることさえ可能になっている。単発の課題解決のためだけに，ごく短期間結成される団体といったものの可能性も十分あり得る。これからは，活動目的に応じた団体のあり方も多様になっていくと思われる。先にみた第二次世界大戦以前の団体が，地域を基盤として強制的に人々を取り込む存在であり，いわば人々を拘束する仕組みであったことを思うと，活動目的によって団体を選択できるうえに，入会も退会も自由意志で行えるようになったことは喜ばしい変化であるといえる。一方で，団体側にとっては構成メンバーの多様性や安定性への配慮が必要になるなど，運営手腕が求められることになるだろう。また，情報入手が困難な者や諸事情を抱えて活動に参加できない者などを切り捨てることにもなりかねない側面を有することも忘れてはなるまい。望ましい集団・団体のあり方がこの先も問われていくと思われる。

（3）集団の規模と学習支援 ― 「個人学習」と「集合学習」

　学習支援の方法について社会教育の領域では，学習形態を「個人学習」と「集合学習」に分けて考えることが行われてきた。一般に規模の大きな集団は

ど，学習者自身の参加度は低くなる傾向が強く，講師などの指導者が専門知識を授けるスタイルの学習方法になる。この方法は，限られた時間内に効率よく体系的な知識を得ることが可能であるといったメリットはあるものの，得てして受動的な学習方法になりがちである点に留意と工夫が必要である。

集合学習は集まる人数によって，①不特定多数の聴衆を対象とした講演会やシンポジウム，音楽会のような単発の学習機会である「集会学習」，②一定数の継続的な学習者を対象とする「学級・講座」，③話し合える人数（3～10名程度）で対話しながら学習する「小集団学習」とわけることができる。集団の性質は，人数だけでなく年齢層や男女比，目的意識によってもつくりだされるものが異なってくる。講演会やシンポジウム，音楽会など単発の学習機会に集まる不特定多数の聴衆集団と，一定数の継続的な学習者で構成される集団の違いは言うまでもないだろう。

個人学習は，学習者本人が定めた学習内容や学習目標をもとに，学習方法などを選択しつつ，一人ひとりがマイペースで学習を進めていくものである。社会教育施設をはじめとした各種施設を個人で利用する学習方法や，書籍・雑誌，テレビ・ラジオといったメディアを使う方法がオーソドックスなものといえるだろう。このところのインターネットの飛躍的な普及状況に加え，2020年からのコロナ禍を経過した今日では，オンライン学習という形態も一般化し，入手可能なコンテンツやアクセス可能な学習機会は，今後ますます地域や国をも超えた広がりが容易に想定できる。しかし，SNSをはじめとしたインターネット上にあふれる情報のなかには，意図的に誤ったもの・悪意のものなどが混在している現状をみると，個人学習で学ぶ学習者への支援としては，確かな学習情報の提供や学習相談の充実が重要だと考えられる。

同一メンバーが複数回継続的に集まる学級・講座での学習や，学習者同士の対話が可能な小集団学習は，学習者自身の参加度が高まる。特に，小集団学習は，相互に学び合うことで共通の理解や価値観を創造していくことが可能な学習方法といえる。1950年代頃の青年団や婦人会では，身近な生活課題をテーマに話し合いを進める「話し合い学習」「共同学習」が盛んになった。これは，学習者の自主性を刺激する能動的な学習方法といえるが，小集団を構成するメ

ンバーの個性や能力などの影響を強く受けることになることは、先にあげた集会学習において講師など外部から専門知識を得る場合と比較するとわかりやすいであろう。

3．制度としての社会教育関係団体

（1）社会教育関係団体と地方公共団体

　日本における戦前までの社会教育が半官半民の諸団体を使い、国民的統合の一手段として展開されていたことは前述したが、今日の社会教育活動を行っている諸団体と地方公共団体（行政）との関係はどうなっているだろうか。

　今日の社会教育活動を行う諸団体は、民間の営利団体・非営利団体を含め、実に多様性に富んでおり単純化した把握は困難なのであるが、一般にこれらの団体は自律的な社会教育活動を行う存在として位置づいているものとみることができる。団体の性質に関する明確な規定はないのであるが、「社会教育関係団体」という社会教育法上の規定概念も生まれ、社会教育活動を実施する民間団体と地方公共団体の「距離」の置き方を重視した学習支援のあり方が模索され続けている。

　社会教育関係団体とは、社会教育法第10条により「法人であると否とを問わず、公の支配に属しない団体で社会教育に関する事業を行うことを主たる目的とするものをいう」と定められているものである。その代表的な例としては、地域を成立母体とした子ども会とその育成会、PTA、地域青年団や地域婦人会、ボーイスカウト・ガールスカウトなどをあげることができる[5]。

　社会教育法の施行にあたっては、特に「公の支配に属しない団体」であることが重視されていた。現代の社会教育関係団体に対して社会教育行政は、団体からの求めに応じて指導や専門的な助言を与えることができるようになっているのだが、それにはいかなる場合においても不当な統制的支配や干渉を加えて

5：地域との密着度は下がることになるが、ここにあげた諸団体の国・県・市町村規模の連合会や協議会、その他文化協会や体育協会なども社会教育関係団体と位置づけられる。

はならないことが確固たる前提としてある。これらのことは，かつて半官半民の団体を利用して国民を統制していた戦前の社会教育の歴史をふまえたうえで再読すると，国や地方公共団体が，民間団体との距離をどう置くかという点を重視して定めた規定であることが再認識できるであろう。

（2）サポートとコントロール

「ノーサポート・ノーコントロール」とは，国や地方公共団体は社会教育を行う団体に対して，サポートもしないがコントロール（支配や統制）もしないという原則を表している用語なのだが，これは公金その他公の財産を，公の支配に属さない教育事業に対して支出してはならないとする規定（日本国憲法第89条）に基づいたものである。社会教育法が制定された1949(昭和24)年当時は，第13条によって補助金の支出を禁止，第12条によって不当な統制や事業への干渉が禁止されていた。このことは，行政の役割をあくまでも社会教育関係団体からの求めに応じて専門的技術的な指導や助言を与えること（第11条）に厳しく限定した原則といえる。

この「ノーサポート・ノーコントロール」の原則は，1959(昭和34)年の社会教育法改正によって，「教育の事業に該当しない事業」[6]に対しては補助金の支出が可能となる規定（「サポート・バット・ノーコントロール」の原則）へと変更されたのだが，この変更には社会教育関係団体の自主性・自律性が後退したのではないかという議論がないわけではない。そこで，補助金の支出に際しては，国の場合は政令で定める審議会，地方公共団体においては社会教育委員の会など，何らかの審議会の意見を聞いて行われることとし，民間団体である社会教育関係団体の自律性の確保に充分配慮することになっている。

そもそも社会教育行政は，社会教育を促進するための機能をもつ組織であり，そのための条件整備を行うことと環境の醸成を図る役割がある。そのための学習支援の一環として，社会教育関係団体へは，補助金支出による支援以外にも，地方公共団体のもつ社会教育施設の優先使用や利用料免除・減免措置といった

6：「教育の事業」を狭義に捉えることで，教育以外の事業に対する補助金の支出を憲法違反ではないとした結果，社会教育関係団体への補助金支出を可能とした。

優遇策を行っているところもある。だがこうした社会教育関係団体への優遇策は，社会教育関係団体以外の団体や個人学習者への学習機会の提供という観点からすると公平性に欠くのではないかという指摘もされるところである。

　また，本来地方公共団体が自ら実施すべき事業を，関係団体などに任せる「連携」が盛んである。たとえば，PTAは地方公共団体・教育委員会から，家庭教育学級の委託を受けることも多い。しかし，主に学校を拠点として活動を行うPTAの会員が教育を学校と切り離して考えることは難しい。しかも，「学校のお手伝い機関」のように認識されがちであるPTAでは，学校教育の補完的な家庭教育についての関心が高まることが予想される。

　PTAは社会教育関係団体を代表する任意団体であるが，実際には子どもの入学時に全家庭が「自動的に入会」していることも多く，その存在意義や活動内容が繰り返し議論される団体になっているが，これは，会員のほとんどがPTAを学校に付属するお手伝い団体といった間違った認識でみているからであろう。家庭教育学級を委託する行政や教育委員会に加えて，PTA自身がPTAとは自律した団体・機関であって，独自の役割をもっていることを自覚する必要があろう。子どもの教育に関して，学校と家庭が協力することは必要であるが，家庭教育には家庭教育だけが担える機能・役割があることを見失ってはならないはずである。

4．NPOの台頭と期待される役割の変化

（1）「新しい公共」の考え方とその担い手

　「新しい公共」とは2000（平成12）年の「21世紀日本の構想」懇談会の報告書「日本のフロンティアは日本の中にある-自立と自治で築く新世紀-」において示された考え方である。また，内閣府による「新しい公共」の定義では，「『新しい公共』とは，『官』だけではなく，市民の参加と選択のもとで，NPOや企業等が積極的に公共的な財・サービスの提案および提供主体となり，医療・福祉，教育，子育て，まちづくり，学術・文化，環境，雇用，国際協力な

どの身近な分野において共助の精神で行う仕組み,体制,活動など」[7]となっている。人口減少や高齢化の著しい進展といった社会構造の変化,あるいは個人の価値観の多様化などから,解決すべき課題も多様化している現代において,それまでと同じように行政による「官から民へ」といった一元的・画一的で硬直化した判断による公共サービスだけでは,多様化・個別化した課題を把握・解決することは,難しくなったという状況の変化が背景にある。

　そこで,それまでは,行政(官)のみが担っていた公共サービスを,市民自らの参加・参画・選択をベースにして見直すことで,民間の自律的で公共性を担う提供主体が求められるようになった[8]のである。その担い手として,個人はもちろん,NPOや民間企業などが,官とともに財・サービスの提供主体となるのである。新しい公共の活動分野は,医療・福祉,教育,子育て,まちづくり,学術・文化,スポーツ,環境,国際協力,災害救助・復興支援など多方面に広がり,協働・共助の精神で行われる。

　新しい公共の取り組みが住民をうまく巻き込んで実施されると,現代の希薄化してきているといわれる地域の人々の結びつきを再構築することによる伝統の継承や,地域の活性化,「公共」意識の育成と共有などに大きな効果があるといわれる。その活動に際しては地域の実情をふまえた事業立案,きめ細かいサービスなどにも期待が寄せられる一方で,一般市民が意思決定に関わることから,事業内容や対象を決定する際の公平性,正当性,合理性などに課題があるとされる。さらに,公共サービスを行う団体がNPOなどの民間の市民団体であるときは,団体の人材確保や活動資金の脆弱性などからくる活動における質の保証と継続性を不安視する声も根強くあり,担い手となり得る団体の育成が強く望まれるとともに,新しい公共が担うに適した事業分野の見直しなども

7：内閣府「新しい公共支援事業の実施に関するガイドライン」2011(平成23)年2月。
8：こうした市民によるボランタリーな活動への理解と広がりは,1995(平成7)年の阪神・淡路大震災における市民ボランティア活動が契機となったといわれる。それまで,日本ではボランティアは一部の篤志家の行うこと(奉仕活動)という認識が一般的であったが,阪神・淡路大震災では,全国から多くの一般市民がボランティアのために被災地に駆けつけたのである。ここからボランティアに対する意識が変化したとされ,この年を日本における「ボランティア元年」と称することもある。

必要であると考えられている。

（2）NPO の性格

　近年では，多様化する課題解決に向けて，企業による社会貢献[9]も顕在化しているが，活動する団体として以前からある民間のボランティア団体とともに，NPO と称される団体も人々に広く注目され，認知される存在になったといえる。

　ここまでみてきたように，社会教育関係団体などの活動が，往々にして停滞するなかにあって，活動の場を広げてきたのが NPO である。

　NPO とは，Non-Profit Organization または Not-for-Profit Organization の略称で，主として社会貢献活動を行う民間の団体のことである。NPO では，団体の行う活動により収益を生むことは認められているが，その収益を構成員で配分することを目的としない点が営利企業と大きく異なっており，活動で得られた収益はさらなる社会貢献活動に充てることが求められている。

　NPO による社会貢献活動の領域は上述したように広く，福祉の増進，社会教育の推進，環境保全，まちづくりの推進や地域の安全活動といった身近なものから，国際協力，人権擁護など非常に多様性に富んでいる[10]。

　表Ⅷ-1 は，内閣府 NPO ホームページをもとにしたものである。これをみると，保健，医療や福祉の推進，社会教育の推進，子どもの健全育成やまちづくりの推進といった社会全体で取り組む活動と，職業能力の開発，人権擁護や平和活動の推進など，社会に関わることの中でも，個々人の取り組みに寄り添うものへのニーズが高いことがみてとれる。課題が多様化・個別化したために個人や行政だけでは対応しきれない課題解決のため，NPO がこれほど多岐にわたる活動を繰り広げていることは一見頼もしくもあるのだが，あくまでも民間

9：企業による社会貢献活動は，環境問題への取り組みの事例が多くある。「ソニーの森」や「トヨタの森」，朝日新聞社が無料で教材配布と出張授業を提供する環境教育プロジェクト「地球教室」などが有名である。

10：NPO といえば，特定の課題解決のために市民中心でボランティア活動を行う団体をイメージすることが一般的であろうが，社会に貢献する活動を行っている組織（団体）を総称して NPO とするので，生活協同組合，労働組合，互助会，自治会・町内会，PTA，各種業界団体なども，幅広く NPO に含まれることに注意が必要である。

表Ⅷ-1　特定非営利活動の種類と法人数（定款に記載された活動）

No.	活動の種類	法人数
1	保健，医療又は福祉の推進を図る活動	29,386
2	社会教育の推進を図る活動	25,200
3	まちづくりの推進を図る活動	22,891
4	観光の振興を図る活動	3,796
5	農山漁村又は中山間地域の振興を図る活動	3,296
6	学術，文化，芸術又はスポーツの振興を図る活動	18,679
7	環境の保全を図る活動	13,202
8	災害救援活動	4,458
9	地域安全活動	6,519
10	人権の擁護又は平和の活動の推進を図る活動	9,261
11	国際協力の活動	9,223
12	男女共同参画社会の形成の促進を図る活動	4,934
13	子どもの健全育成を図る活動	25,075
14	情報化社会の発展を図る活動	5,587
15	科学技術の振興を図る活動	2,759
16	経済活動の活性化を図る活動	8,937
17	職業能力の開発又は雇用機会の拡充を支援する活動	13,072
18	消費者の保護を図る活動	2,839
19	前各号に掲げる活動を行う団体の運営又は活動に関する連絡，助言又は援助の活動	24,039
20	前各号で掲げる活動に準ずる活動として都道府県又は指定都市の条例で定める活動	374

出典：「内閣府 NPO ホームページ」（2024 年 8 月 19 日現在，https://www.npo-homepage.go.jp/about/toukei-info/ninshou-bunyabetsu，（参照 2024-08-19）.
（注 1）一つの法人が複数の活動分野の活動を行う場合があるため，合計は全法人数の 49,944 法人にはならない。
（注 2）No.14 から No.18 までは，平成 14 年改正特定非営利活動促進法（平成 14 年法律第 173 号）施行日（平成 15 年 5 月 1 日）以降に申請して認証された分のみが対象。
（注 3）No.4，No.5，及び No.20 は，平成 23 年改正特定非営利活動促進法（平成 23 年法律第 70 号）施行日（平成 24 年 4 月 1 日）以降に申請して認証された分のみが対象。

の活動であるゆえの質の保証と継続性への不安は拭えない。これも繰り返しになるが，新しい公共の担うべき事業分野や活動内容等の見直しが不可欠である。

　団体の規模は大小さまざまであり，メンバー構成や活動の頻度，活動エリアなども団体ごとに個性的である。法人格をもたないNPOは，少人数の有志でも比較的簡単に設立可能であり，いってみれば誰でも設立可能な社会貢献活動を行う団体であるといえる。その自由度は高く，活動目的に即した迅速な対応も可能であるなどの利点も多くあるが，法律上は個人の集まりとして存在するため，契約や団体の財産の所有などは代表者（個人）が行うことになり，トラブルが発生したときの個人負担が大きいといえる。さらに今日では，メンバー募集時だけでなく活動に際しても，インターネット上のつながりで成立することもあり得るので，活動の自由度は過去の比ではないであろう。

(3) 法人格をめぐる議論

　法人格を持たずに，任意団体として活動しているNPOの実数はわからないが，法人格を取得したNPO団体数の増加から推察すると，NPOの存在が社会的に認知されていることが十分に理解できる。内閣府ホームページのデータによると，1998（平成10）年に23だった認証法人数は，2002（平成14）年に10,664となって1万を超え，その後2006（平成18）年には31,115，2010（平成22）年には42,385，2014（平成26）年には50,086と大台を更新していった。

　NPOのうち特定非営利活動促進法（NPO法）[11]に基づき法人格を取得した法人のことを，「特定非営利活動法人（NPO法人）」として区別されることがある。法人格の有無は，実際の活動への影響は小さいとされているが，活動の信用性・信頼性が増すともいわれ，補助金・助成金の申請や委託事業の受注に際して，法人格を有する団体であることが条件とされる場合もある。団体の活動のために安定したに活動資金を得たいと願うことは当然であるが，補助金・助成金を得て安定を図ることと，団体の自律性や自由を優先することのバラン

11：特定非営利活動促進法（NPO法）に定める「ボランティア活動をはじめとする市民が行う自由な社会貢献活動」（第1条）の分野は，当初12であったが，2003（平成15）年の法改正で17に，さらに2012（平成24）年からは20分野となっている。

スのとり方は，悩ましいところであろう。

　法人格を取得すると，団体名義での契約締結や銀行口座の開設，土地の登記などが可能になり，団体名義において権利義務の関係を処理することができる。活動によって発生した法人としての債務や責任と，会員（個人）の債務や責任の区分が明確に分離できる，税制上の優遇措置を受けられる，職員の雇用が可能になるといった利点がよくあげられる。しかし，法人格の取得には，当然のことながら審査を受けて承認される必要がある。その審査基準には，活動の目的，構成員の人数，役員の比率なども含まれるほか，定款を定める義務を負うなどの負担もある。また，法人格を取得すると，事業報告書や決算書類などを毎年作成・公開することが義務化されたり，NPO法や法人定款に沿った活動を行うことが必須になったりするので，活動内容を変更する場合には定款変更の手続きを取る必要が生じるといった義務を負うことになるなど，活動面というよりも運営面における負担が非常に大きいといわれている。そこで，団体設立時にNPO法人格よりも迅速に取得できるといった理由から，同じ非営利団体でもNPO法人としてではなく，一般社団法人として法人格を取得して，社会課題解決に取り組む団体も増加傾向にある。

　また，NPO法人の解散も相次いでおり，2020（令和2）年にはその数は2万を超えている。解散の理由として，会員の高齢化，後継者不在・育成課題，活動資金調達の持続性がよくあげられる。しかし，これらの課題はかねてから懸念されていたことであり，それが放置され続けてきたとみるならば，民間の「善意」だけに頼った相互扶助は立ち行かなくなることも致しかたあるまい。活動の安定を図ることと団体の自律性や自由を維持することを両立させるためには，十分な配慮をしたうえでの行政による支援も望まれるといえるだろう。

（4）学習機会提供者としてのNPO

　NPOの活動については社会教育の学習機会提供者・学習支援者としてのNPOについても検討する必要があろう。そもそも，社会貢献活動を通じて公共的な課題の解決を目指すのがNPOであるから，その活動に教育・学習支援活動が含まれることはごくあたりまえのことといえる。NPOの提供する学習

機会がしばしば注目されるのは，人々の学習ニーズにいち早く対応したテーマを提供している即時性に優れている点が指摘できるだろう。「今，学びたいことが学べる」ことは，学習活動に弾みをつけるし，課題の存在を広く知らしめることや解決に結びつけば，学習効果を実感できる利点もある。その点，これまでの行政が提供してきた学習機会は，安定感はあるが目新しさには欠ける。NPOによる社会貢献活動の領域が広がるほど，提供される学習機会の扱う課題は個別化・多様化・細分化されていき，新しいテーマが浮かびあがってくる可能性がある。

しかし，NPOを軸とした市民の相互扶助の学習方法が盛んになっていくと，これまでのように行政が中心になって職員の専門性を活かして開かれてきた従来の方法が減少していくことになるのではないだろうか。そうであれば，特定の関心テーマに基づいてつくられた集団であるNPOという存在がどこまで継続的，全面的に社会教育の主体となりうるのかについての見極めが必要となる。というのは，社会教育として提供すべき学習機会には，NPOが得意とする学習者の関心や時代を反映する学習ニーズに呼応する学習機会とは別に，いつの時代にあっても，また，たとえ関心を寄せる学習者が少なくても，学び続ける必要のある課題も存在するからである。NPOをはじめとした民間団体が提供する社会教育・生涯学習支援の学習機会と，行政・専門的職員が提供するものの違いが認識されつつ，両者があって然るべきなのである。

加えて，人々の関心の個別化・多様化の観点からみれば，学習者のニーズそのものが，これまでどおりの枠組みに収まらなくなっているのが現状であり，今後であろう。あらゆる学習機会の提供主体が，それぞれの立場や機能を充分に把握して独自の役割を果たしつつも，同時に既存の枠組みにとらわれ過ぎず，学習支援を行っていくことが望まれている。

さらにいえば，社会教育・生涯学習支援の場に限らず，社会課題解決のためには，活動の主体が誰であるかということ以上に最も重要なのは，支援を必要としている人に支援の手が届くということである。その意味では，活動主体がボランティア団体であっても，NPOであっても，社団法人であってもよいのであろう。だが，そこには，活動する団体の自主性や自律性を充分に尊重しつ

つも，国や行政といった公的な立場からの安定的で継続的なサポートが不可欠であることを忘れてはならないはずである。

IX章　生涯学習機関としての学校

1．学校教育の存在と社会教育

（1）明確な学校教育と曖昧な社会教育

　教育は法律上，大きく学校教育と社会教育に分けられる。学校は，学校教育法第1条で，「学校とは，幼稚園，小学校，中学校，義務教育学校，高等学校，中等教育学校，特別支援学校，大学及び高等専門学校とする。」と定義されており，これら「一条校」と呼ばれる学校の範囲が明確であるため，学校教育の範囲も明確である。一方，社会教育は，社会教育法第2条で「学校教育法又は就学前の子どもに関する教育，保育等の総合的な提供の推進に関する法律に基づき，学校の教育課程として行われる教育活動を除き，主として青少年及び成人に対して行われる組織的な教育活動をいう。」と定義されており，組織的な教育活動全体から学校教育を除外するという曖昧なかたちで規定されているため，社会教育のイメージは漠然としてつかみがたい。社会教育はその曖昧性のゆえ存在感が薄くなりがちであり，また，社会教育を受けてもそれが社会教育であると認識されない場合さえある。

（2）学校はどのくらい「存在」しているか？

　学校は，イメージが明確なことに加え，社会教育関係の施設と比べて実際に身近に多数存在している。最初に一条校がどのくらい存在しているか具体的にみてみたい[1]。

　まず幼稚園[2]であるが，15,819園，在学者数1,685,104人，教員数（本務者。

以下も同じ）は227,713人である。5歳時点では43.2%が幼稚園に通っており，保育園の40.7%と拮抗した数字になっている（平成30年度）。

次に初等中等教育段階であるが，小学校は，18,980校，在学者数6,049,685人，教員数424,297人，中学校は，9,944校，在学者数3,177,508人，教員数247,485人，高等学校は4,791校，在学者数2,918,501人，教員数223,246人である。これらに義務教育学校，中等教育学校，特別支援学校を加えると，初等中等教育段階の合計は，35,157校，在学者数は全人口の約1割に相当する12,406,918人，教員数は100万人に迫る993,174人で，その数字の大きさからも学校が身近に存在することが理解できる。

また，一条校である高等教育機関の合計は，1,171校，学生数3,088,864人，教員数202,391人であり，その内訳は，大学810校，在学者数2,945,599人，教員数191,878人，短期大学303校，在学者数86,689人，教員数6,529人，高等専門学校58校，在学者数56,576人，教員数3,984人となっている。これらの高等教育機関への進学率は62.1%[3]であり，進学率の上昇と相まって高等教育機関についても身近に多数存在していることがわかる。なお，高等教育機関の生涯学習機関としての役割については，この後触れる。

さらに，一条校ではないが重要な役割を果たしている施設として，専修学校，各種学校が存在している。専修学校は，学校教育法第124条で，一条校以外の「職業もしくは実際生活に必要な能力を育成し，または教養の向上を図る」教育施設であると定義され，入学資格によって，専門課程，高等課程，一般課程に分けられる。

専門課程の入学資格は高等学校卒業等であり，専門学校と称することができる。社会のニーズに応えた高度な専門的技術・技能等に関する教育を行っており，2,693校，在学者数555,342人，教員数35,893人であり，高等教育機関として大学に次ぐ規模を有している。修業年限2年以上等の要件を満たす専門学校の修了者には大学への編入学資格が，修業年限4年以上等の要件を満たすと

1：以下，特に示さない限り，「令和5年度学校基本調査」より。
2：幼保連携型認定こども園を含む。
3：後述する専門学校を含めた全高等教育進学率は84.0%。

大学院入学資格が与えられる。

　高等課程の入学資格は中学校卒で，386校，在学者数33,150人，教員数2,395人である。就業年限3年以上等の要件を満たす高等専修学校卒業者は，大学入学資格を得ることができる。

　一般課程については特に入学資格は定められておらず，140校，在学者数19,459人，教員数1,055人となっている。これらの課程では，社会で即戦力となる技能や実務の教育を重視している。

　各種学校は，同法134条で一条校や専修学校，他の法律に規定のある施設を除く「学校教育に類する教育を行うもの」と定められており，授業時数，教員数等の基準を満たす場合，都道府県の認可を受けて設置されている。その数は1,015校，108,171人，教員数8,491人である。

　一条校に比べて専修学校，各種学校は設置・運営上の基準が緩やかであるが，その分職業や生活に必要な知識，教養を学ぶための実践的で自由な教育を柔軟に行うことが可能である。人々の学習ニーズは多様であり，専修学校，各種学校には生涯学習機関として一条校に勝るとも劣らない役割がある。

（3）生涯学習機関としての大学等の役割

　日本では，諸外国に比べて一度社会に出てから大学等で学ぶ学生の比率がきわめて少ないが[4]，大学等の高等教育機関には，より高度な専門知識・技術の習得等の社会人の学習ニーズにこれまで以上に対応することが期待されている。また，仕事と学びの繰り返しや循環を意味するリカレント（recurrent）教育によって，新たな知識やスキルを得て転職や起業をしたり，新たな分野の知識を求めて仕事を一旦辞めて，または在職したまま学び続けるうえでも，高等教育機関は大きな役割を果たす。

　放送大学学園法（1981年）に基づいて1985(昭和60)年に学部生の受入れを開始した放送大学は，2002(平成14)年に修士課程，2014(平成26)年に博士課

4：OECD Education at a grance（2017）および「平成27年度学校基本調査」によると，25歳以上の「学士」課程への入学者の割合は，OECD諸国平均16.6％に対し，日本はわずか2.5％にとどまる。

程を開設したほか，従来の放送授業，面接授業に加え 2015（平成 27）年からはオンライン授業を開始し，社会人の学習ニーズに応えるための体制を整えている。学位に関係なく学生が興味のある内容を選んで履修する科目等履修生等のコースを含め 2024（令和 6）年度 1 学期の在学生数は，教養学部 78,746 人，修士課程 3,441 人，博士課程 87 人であり，学ぶ場所や時間を選ばない高等教育機関としての存在感を増している。

また，他の高等教育機関においても，9 割以上で公開講座を実施し約 125 万人が学習している[5]ほか，面接や小論文中心の社会人特別選抜や，社会人の通学上の利便のため夜間に授業を行う夜間開講制等を実施する等，社会人が学びやすくする仕組みを整えている大学も多い。

さらに，高度専門職業人養成に特化した実践的教育を行う大学院として，2003（平成 15）年に専門職大学院が創設され，法科大学院や教職大学院等として，理論と実践を兼ね備えた教育を行っている。

このように，高等教育機関は，本来有する教育・研究機能を基にした社会人向けの各種のメニューを揃え，社会人が学びやすいよう工夫している。

（4）社会教育はどこに「存在」しているか

存在が明確な学校教育と比べると，社会教育の存在はわかりにくい。社会教育の存在が最も明確なのは，教育委員会の社会教育や生涯学習担当部局が行う活動である。社会教育施設を設置して住民に対し学習の場を提供したり，これらの施設等で各種の講演会，セミナー，講座等を実施することで住民の学習の機会を提供する等の活動であり，狭義の社会教育である。

以下では，「令和 3 年度社会教育調査」を基に，社会教育施設の存在状況についてみていく。公民館（類似施設含む）は 13,798 館であり，数的には充実しているようにみえるが，指導系職員である公民館主事の配置はわずか 11,795 人にとどまる上，公民館数は年々減少している。図書館は（同種施設含む）3,394 館，司書（司書補含む）が 22,055 人，博物館は 1,305 館，学芸員（学芸

5：文部科学省「令和 4 年度開かれた大学づくりに関する調査研究」2022（平成 30）年 6 月。

員補含む）が 6,059 人，博物館類似施設 4,466 施設，学芸員（学芸員補含む）4,022 人となっている。図書館，博物館数は調査開始以来最多で増加傾向ではあるが，すべての市町村に設置されているわけではない。

　また，青少年に自然体験活動や集団宿泊訓練等を提供する青少年教育施設は 840 施設，指導系職員は 2,720 人，生涯学習に関する総合的な事業を行う生涯学習センターは 496 施設，指導系職員 907 人であり，これらの施設を合計すると 24,299 施設，指導系職員数は 47,558 人である。施設数では約 35,100 校の初等中等教育段階の学校の 7 割程度存在するが，指導系職員数は約 100 万人を擁する教員数の 1/20 以下であり，社会教育関係の人的資源が圧倒的に乏しいことがよくわかる。

　なお，社会教育調査ではこれらの施設に加え，女性教育施設，社会体育施設，劇場・音楽堂も対象にしており，調査対象の全施設の合計では 101,968 施設である。

　社会教育調査が対象にしているもの以外にも，実は各種の社会教育に関する活動は多数存在している。まず，教育委員会以外のさまざまな行政部門が実施する住民向けの情報提供や啓発活動等があげられる。たとえば，保健担当部局が行う健康増進に関する事業や，防災担当部局が行う災害時の避難に関する事業等である。さらに，民間企業やNPOが実施している各種の講演会，セミナー等も広義の社会教育に含まれる。これらは通常，社会教育関係のイベントと題されていないうえ，主催者が社会教育担当以外の部局や民間団体であるため，社会教育として認識されることは少ないが，学校教育以外の組織的な教育活動である点で社会教育法上の社会教育に当てはまる。このように社会教育は，人々からはその存在に気付かれにくいが，身の回りに広く「存在」しているのである。

（5）学校の教員の役立て方

　学校が生涯学習機関としての役割を果たすためには，学校教育が有する，社会教育に比べて圧倒的に豊富な人材を生涯学習支援のために活用することが最も有効であり，それは学校が，学校教育以外の領域つまり社会教育の領域も含

めた役割をも果たすことを意味する。そのための具体的な方法としては，特定の教員を学校と地域の連携に深く関わらせる方向と，より広い教員の間に学校と地域の連携に関する理解を広く浸透させる方向とがある。

　前者の例としては，社会教育主事の仕組みがある。社会教育主事は，社会教育法第9条の2第1項により，都道府県，市町村の教育委員会事務局に置かれる専門的職員であり，社会教育主事講習規程に定められた講習[6]等を受け，かつ教育委員会から社会教育を進めるための職に任命された職員である。社会教育主事は，都道府県の場合は学校の教員出身者が大部分であり，また，市町村の場合は教育委員会その他の行政職員が多い。教員が社会教育主事講習を受けた後，一定期間，社会教育行政に携わり，学校に戻ってから地域との連携に関わることができる仕組みとなっている。

　また，派遣社会教育主事は，都道府県がその事務局の職員を社会教育主事として市町村に派遣する制度である。1959(昭和34)年の社会教育法改正で，市町村の教育委員会に社会教育主事の設置が義務付けられたが，人口1万人未満の町村は，当分の間，設置義務が猶予された。小規模自治体における社会教育主事の設置を促進するため，1974(昭和49)年に，都道府県が町村の求めに応じて社会教育主事を派遣する場合，国が都道府県に対して必要な財政的援助を行う補助制度が設けられ，地域格差解消に貢献した側面があるが，1998(平成10)年に同補助制度は廃止され地方交付税措置に組み込まれた。派遣社会教育主事は町村に派遣されて地域密着の活動を行うため，教員出身者にとっては，通常の社会教育主事以上に具体的・実戦的な経験を積むことができた。

　また，後者の例としては，教職免許法等で定められている教職課程のなかで，学校と地域の連携を取り上げること等が含まれる。たとえば，2017(平成29)年に改正された教育職員免許法施行規則に基づき，翌々年から実施されている教職課程の「教育に関する社会的，制度的又は経営的事項」のなかで，学校と

6：受講要件は，①大学・短大等を卒業，②教員免許を所有，③社会教育関係の職に2年以上従事，④学校に4年以上勤務のいずれかであり，文部科学省が指定する大学等の実施機関が実施する「生涯学習概論」「生涯学習支援論」「社会教育経営論」「社会教育演習」の講習を受講する。

地域の連携についての内容が扱われている。教員という大規模な人的資源の入り口において、学校と地域の連携について必要な知識や関心をもつための課程が組み込まれていることの意義は大きい。

2. 学校教育と社会教育の連携・協力

(1) 学社連携による学校の社会教育への接近

　学校が、生涯学習機関として社会教育との連携を進めてきたのが、学社連携、学社融合、学校支援地域本部、学校運営協議会、地域学校協働本部等の取り組みである。これらは、地域における学校の役割をより広く捉えようとしている点は共通しているが、必ずしもそれぞれの施策ごとに固有の形態の活動があるわけではない。たとえば、同様の活動でも学校支援地域本部として行われたり、学社融合のための活動で行われたりすることがある。また、学校支援地域本部として活動を開始し、その後活動の幅を広げ地域学校協働本部として発展する場合もあり、活動の企画・実施にあたっては柔軟に考えておけばよい。

　学校教育と社会教育の連携については、すでに1971(昭和46)年に、社会教育審議会答申「急激な社会構造の変化に対処する社会教育のあり方について」において「家庭、学校及び社会で行われる教育が、それぞれ独自に役割を発揮しつつ全体として調和を保つて進められることがきわめて重要である」と述べられている。

　また、1974(昭和49)年の社会教育審議会の建議「在学青少年に対する社会教育の在り方について：家庭教育、学校教育と社会教育との連携」でも「従来の学校教育のみに依存しがちな教育に対する考え方を根本的に改め、家庭教育、学校教育、社会教育がそれぞれ独自の教育機能を発揮しながら連携し、相互に補完的な役割を果し得るような総合的な視点から教育を構想することが重要である」とし、学校教育と社会教育の「両者がその特質を発揮しつつ相互に積極的に協力し合うことによって、その教育効果の著しい向上が期待できる」とした。

地域の社会教育施設には，学校教育に活用できる素材が豊富である。博物館や図書館は，学校ではカバーできない豊富な郷土関連の資料を保有し，青少年教育施設は，自然体験活動等のための環境やノウハウを有している。これらの施設を学校が授業のなかで継続的に活用し，また，社会教育施設側も，展示内容や書籍の配置等を工夫することで一層学校との連携が進むことにつながる。

学社連携の取り組みでは学校が社会教育施設を活用することが多く，言い換えると狭義の社会教育が学校教育を支援する方向での連携が多く，逆の「学」から「社」への支援は考慮されることが少なかったものの，少なくとも学校教育と社会教育間の距離が縮まる効果はあったということができる。

（2）学社融合による学校の社会教育との一体化の模索

1990年代半ばからは，学校教育と社会教育をさらに一体的に進める学社融合が必要であると主張されるようになった。1995(平成7)年の国立青年の家・少年自然の家の在り方に関する調査研究協力者会議「国立青年の家・少年自然の家の改善について：より魅力ある施設に生まれ変わるために（報告）」では，「これからの生涯学習社会においては，学校と学校外の教育がそれぞれの役割を分担したうえで連携を図っていくということだけでなく，それ以上に，相互がオーバーラップしつつ，融合したかたちで行われていくことが必要であり，また，むしろ自然でもある。」として，国立青少年教育施設の役割に関する議論のなかではあるが，学社融合の必要性が述べられた。

さらに，1996(平成8)年の生涯学習審議会答申「地域における生涯学習機会の充実方策について」では，学社連携とは「学校教育と社会教育がそれぞれ独自の教育機能を発揮し，相互に足りない部分を補完しながら協力しようとするもの」であり，学社融合は「学校教育と社会教育がそれぞれの役割分担を前提とした上で，そこから一歩進んで，学習の場や活動など両者の要素を部分的に重ね合わせながら，一体となって子供たちの教育に取り組んでいこうという考え方であり，学社連携の最も進んだ形態と見ることもできる」と，学社連携との比較から学社融合の定義を行い，社会教育・文化・スポーツ施設などが学校と連携して，自然や日常の生活のなかでの体験活動のための事業を展開すべき

であると提言した。学社連携から一歩進んで，学校教育でもあり社会教育でもある活動を行っていこうというものである。たとえば，学校の授業に地域の方も参加したり，博物館が主催する一般向けの講座を学校の授業に位置づけたりすることをイメージするとわかりやすいだろう。

　学社融合は進んだ概念であるといわれるが，理念的にわかりにくく，また，理解のある行政のトップや現場の推進者の存在，事業を実施するための財源を含めた行政のサポート等の多くの条件が満たされたときにはじめて本来の意味での学社融合が成立すると考えられる。さらに，通常，教育委員会内の学校教育と社会教育の担当は分かれているため，行政組織内の縦割りを解消する必要もある。学社融合においても，「社」の部分には理念的には広義の社会教育も含まれるが，学社連携と同様に実際の活動では社会教育施設を中心とした狭義の社会教育が念頭に置かれることが多かった。

（3）学校支援地域本部事業による連携の制度化

　2003（平成15）年に東京の公立中学校に初の民間出身の校長が誕生し，保護者と地域が協力して子どもたちの学びを豊かにするための組織としての地域本部の設置などが全国的に注目された。地域本部は，教員志望の大学生を核とするボランティアが子どもたちの自主的な勉強を支援する土曜寺子屋や，図書室の改造・運営，学校の緑化活動など，教員の負担軽減を図りつつ学習環境の改善のための取り組みを行った。

　また，学校と地域の連携・協力にとって法制面の追い風になったのは，2006（平成18）年の教育基本法の抜本的な改正（平成18年法律第120号）であり，第13条として「学校，家庭及び地域住民その他の関係者は，教育におけるそれぞれの役割と責任を自覚するとともに，相互の連携及び協力に努めるものとする。」が新たに規定された。学校には体系的かつ組織的な教育を行うという役割，家庭にはすべての教育の出発点として豊かな情操や基本的な生活習慣，基本的な倫理観などを養うという役割，地域には地域社会の構成員としての社会性，規範意識や豊かな人間性などを養うという役割があり，これらすべての関係者がそれぞれの役割を果たしたうえで，相互に連携・協力を行うことを促

進するための条文である。努力規定ではあるが、教育関係の法令の根本ともいえる法律に、三者の連携・協力が明記されたことおよび学校と連携・協力するパートナーが狭義の社会教育関係者のみではなく、地域の居住者、企業、行政機関、NPO等すべての関係者からなる地域住民であることを内容とする規定が新設された影響力は大きい。

このような先行事例や法改正を受け、地域住民が学校を支援する取り組みを全国に広げるための検討がなされ、2008(平成20)年の中央教育審議会答申「教育振興基本計画について～『教育立国』の実現に向けて」では、「学校と地域の連携・協力体制を構築し、地域全体で学校を支え、子どもたちを健やかにはぐくむことを目指し、『学校支援地域本部』をはじめ、地域住民のボランティア活動等による積極的な学校支援の取り組みを促す」とされ、2008(平成20)年度に学校支援地域本部事業（当初は委託事業、2011年度からは補助金事業）が始められた。学社連携・融合を含むさまざまな取り組みの経験を活かしつつ、学校と地域の連携をより体系的・継続的にするための体制整備を図ることが強調された。

教育基本法改正に続いて行われた2008年の社会教育法改正で新設された第5条第15項の規定（社会教育における学習の機会を利用して行った学習の成果を利用して学校、社会教育施設その他地域において行う教育活動その他の活動の機会を提供する事業の実施及びその奨励に関すること）は、学校支援地域本部事業を念頭に置いており、地域住民が社会教育の成果を発揮することが学校支援につながることが法的に示されたといえる。

また、同法改正では第9条の3に、社会教育主事の職務として、学校に対してその求めに応じて必要な助言を行うことができることが追加されたが、学校支援地域本部事業等の地域と連携して行う活動の際に、社会教育主事がこれまで以上に大きな役割を果たすことが期待されている。

(4) 学校評議員、学校運営協議会による地域の学校運営への参加

2000(平成12)年の学校教育法施行規則の改正により、地域に開かれた学校づくり推進のため、設置者から委嘱された保護者や地域住民等が校長の求めに

応じ学校運営に関し意見を述べる学校評議員を置くことができることとされた。校長は学校評議員の意見に拘束されないなど，その役割は限定的であることを考慮しても，地域住民が公立学校の運営に参画することを法令で規定したことの意義は大きい。

さらに，2004（平成16）年には，地方教育行政の組織及び運営に関する法律が改正され，合議制の機関としての学校運営協議会（コミュニティスクール）が導入された[7]。学校と地域住民が協力して学校の運営に取り組むために，教育委員会が地域住民，保護者，社会教育関係者等からなる学校運営協議会を設置し，協議会は①校長が作成する学校運営の基本方針を承認，②学校運営に関する意見を教育委員会又は校長に述べる，③教職員の任用に関し教育委員会規則に定める事項について教育委員会に意見を述べる，こととなっている。また，2017（平成29）年の同法の改正により（第47条の5），教育委員会の学校運営協議会の設置が努力義務とされた。地域の声を学校運営に取り入れることを制度化することで，地域が学校の外から連携を行うのみでなく，学校の運営に直接関与する仕組みであるといえる。

（5）地域学校協働本部事業による「学校」の地域づくりへの参画

地域学校協働活動とは，「地域の高齢者，成人，学生，保護者，PTA，NPO，民間企業，団体・機関等の幅広い地域住民の参画を得て，地域全体で子供たちの学びや成長を支えるとともに，『学校を核とした地域づくり』を目指して，地域と学校が相互にパートナーとして連携・協働して行う様々な活動」であり[8]，学校の役割を地域づくりの中核に広げることを企図している。

まず2015（平成27）年の中央教育審議会答申「新しい時代の教育や地方創生の実現に向けた学校と地域の連携・協働の在り方と，今後の方策について」で，「学校支援地域本部の機能を基盤として，引き続きその活動を発展させながら，徐々に，①コーディネート機能を強化し，②より多くの，より幅広い層の活動

7：2023（令和5）年には設置数が18,135校となり，公立学校の半数を越えている。文部科学省「2023年度コミュニティ・スクール及び地域学校協働活動実施状況調査」。
8：文部科学省「地域学校共同活動の推進に向けたガイドライン」2017（平成29）年4月25日。

する地域住民の参画を得て，活動の幅を広げ，③継続的な地域学校協働活動を実施していくことで，地域学校協働本部へと体制が発展していくことが期待される。」と提唱した。また，この活動は，郷土学習・地域行事・学びによるまちづくりや，放課後子ども教室・家庭教育支援活動等多岐にわたり，学校支援地域本部等の活動を行っていない地域が一から行おうとするとハードルが高いため，同答申は，「これまでに学校支援地域本部や放課後子供教室等の活動が行われていない地域においては，まず最初の一歩として，地域と学校が連携・協働して学校支援活動，放課後の教育活動や地域活動等のいずれか実施する基盤づくりを加速し，地域学校協働活動を開始していくことが重要である。」としている。

　これを受け，2017（平成29）年の社会教育法改正により，教育委員会の事務として地域学校協働活動の推進が新たに規定され（社会教育法第5条および第6条），教育委員会が地域学校協働活動の機会を提供するにあたって，地域学校協働本部の整備のための支援等，地域住民等と学校の連携協力体制を整備することとされた。このように地域学校協働活動により，それまでの学校と地域の連携の取り組みをより総合的・組織的に実施しつつ，それらの活動を通して，学校が地域から支援されるだけの存在ではなく，地域づくりの核となることまでを狙っている点が，従来の活動と異なる点である。

3．生涯学習社会における学校の役割

（1）学校教育と社会教育の異同

　学校教育，特に初等中等教育はその枠組み・内容の多くが法令等で決められているという点で，社会教育と大きな違いがある。

　地方教育行政の組織及び運営に関する法律第30条で，地方公共団体は学校，図書館，博物館，公民館その他の教育施設を設置することとされており，この条文だけみると学校教育と社会教育に差異はない。ただし，小中学校は市町村に設置義務がある（学校教育法第38条等）ほか，高等学校については都道府

県が「その区域内の公立の高等学校の配置及び規模の適正化に努めなければならない」（公立高等学校の適正配置及び教職員定数の標準等に関する法律第4条）と定められており，事実上都道府県が高等学校の適正配置を担っている。一方，社会教育関係の施設は，公民館は市町村が設置することと規定され（社会教育法第21条第1項），図書館については図書館法に，博物館については博物館法に，公立図書館および公立博物館を前提にした規定が存在するが，いずれも法令上設置義務があるとまでは言えない。

　教材については，学校教育では，国が定めた学習指導要領に沿った教科書を使用して授業を行うことになっているのに対し，社会教育では，全国的に共通の教科書や教育内容の基準は存在しない。

　対象者については，学校教育は基本的には決められた年齢の児童・生徒が対象であるが（うち小中学校段階は保護者に子の9年の普通教育を受けさせる義務がある（学校教育法第16条）），社会教育の対象者の年齢は幅広く，また，いずれにも参加しない者も多い。

　教える者については，学校教育では教育職員免許法により中等教育段階までの教員は免許状を有することが求められるのに対し，社会教育では実際の教育現場で教えるための基準や資格は設定されていない。

　財政基盤については，学校教育の場合，公立学校は法令に基づいて国や地方公共団体が負担する経費によって運営され，私立学校についても国や地方公共団体からの補助が行われているのに対し，社会教育の場合，社会教育法第5条および第6条で都道府県や市町村の社会教育に関する事務を列挙しているが，「当該地方の必要に応じ，予算の範囲内において」行うこととなっており，法令上必須の事務であるとまでは言えない。

　このような違いは，学校教育では日本中どこでも一定の水準の教育を提供することを目指しているのに対し，社会教育では地域や学習者の事情によって多様性・柔軟性をもつ教育を行うことを目指していることから生じている。学校教育からみると社会教育は曖昧でよくわからないし，社会教育からみた学校教育は融通の利かない堅物にみえてしまうが，両者が連携・協力するには，それぞれの原理が異なることをまず理解する必要があるだろう。

（2）生涯学習社会において学校の特性はどう活かせるか

　学校教育の特性としてまず挙げられるのは，誰もが定められた内容を学ぶということにある。社会教育が，教育基本法第12条で「個人の要望や社会の要請にこたえ，社会において行われる社会教育は，国や地方公共団体によって奨励されなければならない」と規定されているように，個人の多様な要望や地域によって異なる課題解決を重視している点と対照的である。

　誰もが学ぶ場であるという特性を発揮し，学校において，生涯学ぶ意欲をもち続けることや，学習情報や施設のアクセス法等のノウハウといった生涯学習の基礎を教えることで，その後の生涯にわたる学習の基盤が形成される。具体的にはたとえば，学校教育法第30条第2項で，小学校の教育では「生涯にわたり学習する基盤が培われるよう」知識技能の習得をすることとされている（同主旨は中学校，高等学校にも適用されている）。また，学習指導要領（2017年3月告示）では，育成すべき資質・能力の3つの柱として「知識・技能」「思考力，判断力，表現力等」と並んで「学びに向かう力・人間性等」を掲げ，学び方の観点として，「主体的・対話的で深い学び」を実現することで「生涯にわたって能動的（アクティブ）に学び続けることができること」が達成されるとしている。このように，学校教育の課程全体を通して，生涯学習の基礎を身につけるという方向が明確に位置づけられている。

　また，授業のなかで社会教育施設の意義を学んだり，実際に利用することで，将来にわたって社会教育施設を活用することに結びつく。社会教育施設の側も，授業のなかで利用しやすいことを意識した活動を行うことが有効なことは言うまでもない。

　学校教育の第2の特性は，先に触れたように，量的な面で社会教育を上回っていることである。図書館や博物館等の社会教育施設が設置されていない市町村も多いが，学校は設置されている。大きな資源を有している学校を，児童生徒のためだけの特別の存在として捉えるか，地域の一員として積極的に住民に活用してもらおうと考えるのかで，学校教育と社会教育の連携のスタンスは大きく変わる。前者の考え方では，校舎や体育館が空いている時間に地域の方が

「使わせていただく」という意識になりその結果学校の敷居が高くなるのに対し，後者の考え方では学校を地域の住民共通の財産と考えるので，地域と学校の連携が進みやすい。

　第3の特性としては，学校は地域におけるシンボリックな存在としての性格を有することである。地域の住民のなかにはわが地域の子どもたちのためなら「一肌脱ごう」という方も多く，そのような方々の熱意や知識・経験が学校支援地域本部や，学校運営協議会，地域学校協働活動等の活動を支えている。また，地域の子どもたちのための活動を行うことは賛同を得やすく参加しやすいが，それをきっかけにはじめた何らかの活動が基になって，地域課題解決や地域づくりの活動のためのより継続的・体系的な学習に発展することもあり，学校がもつイメージは地域で思わぬ成果をもたらす可能性のある財産である。

（3）学校教育と社会教育は連携・協力できるか

　教育基本法第3条が目指すべきと規定している生涯学習社会の実現のためには，学校教育と社会教育が連携・協力することが求められているが，本当にそれは可能なのだろうか。注意深い読者は気が付かれたであろうが，これまで「学校教育と社会教育の異同」と言いながら，異なる点ばかりを多々述べ，同じ点を述べてこなかった。

　学校教育と社会教育は車の両輪といわれながらも，社会にはまだ，教育は一条校をはじめとする「学校」という特別の場で行われるものであるという意識が存在し，実際両者に投入される資源には大きな差が存在する。

　水と油のように異なるように見える両者がそれぞれの役割を果たしつつ連携・協力できるのは，ある共通点があるからである。それは，どちらも教育であるという一点である。教育であるからには，教え育むために，教える内容があり（学習指導要領等で内容が示されているか否かにかかわらず），教える人と教わる人が存在する（正式な教員免許を有する教員の存在の有無にかかわらず）。対照的にみえる両者であるが，それでも教育である点が共通しているからこそ，教育基本第13条が示しているように学校と地域が，教育におけるそれぞれの役割を果たし連携・協力することにつながり，またそうすることで相

乗的に教育効果が上がるのである。

　一見，正反対の性格をもつようにみえる学校教育と社会教育であるが，両者の特性をうまくかみ合わせ，特に，従来は学校教育のための施設と考えられていた学校が社会教育との連携を深め，生涯学習機関としての役割を十分に果たすことができれば，生涯学習社会の実現という目標に一歩近づくことになるだろう。

X章　生涯学習とSDGs

1．国際社会における持続可能性への注目

（1）1970年代から1980年代の国際社会における持続可能性への着目

　国際社会において、「持続可能性（sustainability）」への注目が起こったのは、1970年代から1980年代にかけてである。

　1970年代は、1960年代の東西冷戦下における国際社会による過激な開発競争のひずみに衆目が集まり、対策が協議されはじめる時代である。

　たとえば、レイチェル・カーソン（Carson, R.L.）が生態系を破壊する開発のあり方に警鐘をならした『沈黙の春（Silent Spring, 1962）』が世界中で多くの人々の支持を集め、その後の環境に関わる政策の機運を醸している。

　また、対立が激化していた国際社会を反省し、共生や平和といったテーマで調和をはかりながら、人間性の回復が目指されるようになる。

　1973年1月27日には、パリ和平協定が結ばれ、10年にわたり戦われていたベトナム戦争に終止符が打たれた。

　教育界においても、一人ひとりを尊重する傾向が強まり、自由選択を積極的に導入した教育方法が展開され、オープンスクールやフリースクールといった画一的な教育に対する革新的取り組みが登場した。

　ユネスコ（UNESCO；国連教育科学文化機関）では、1965年にラングラン（Lengrand, P.）がユネスコ本部の「成人教育推進国際委員会」において提唱した「生涯教育」の考え方を、1970年代においては、社会の新しいあり方を模索しながら展開しようとしている。一例として、「教育開発国際委員会」（フ

ォール（Faure, E.）委員長）による報告書「未来の学習（*Learning to be: The world of education today and tomorrow*, 1972)」では，ハッチンス（Hutchins, R. M.）が1968年に新しい社会のあり方として学習社会論を発表して，生涯教育を推奨していくことを提唱している[1]。

ハッチンスが提唱する学習社会とは，「すべての成人男女に，いつでも定時制の成人教育を提供するだけでなく，学習，達成，人間的になることを目的とし，あらゆる制度がその目的の実現を指向するように価値の転換に成功した社会」[2]とされている。学習社会論の主張には，ハッチンスが，1949年の「ゲーテ誕生200年祭」で行った講演「対話の文明をもとめて」において示した人格教育と相互理解・相互尊重の精神に依拠した対話の文明への希求が根幹にあり，「教育の人間性」の追求に向かおうとするハッチンスの姿勢の表れとも理解できる。

以上のような1970年代の社会の動向を反映して，国際社会において，議論の中核に位置づけられるもののひとつとして，「持続可能性」というテーマが登場してきた。

国際連合では，1972年にストックホルムで「国連人間環境会議」を開催し，環境と開発についての議論を行い，「国連環境計画 UNEP」を設立した。さらに1984年に「環境と開発に関する世界委員会」（ブルントラント（Brundtland, G.H.）委員長）を設置し，同委員会による報告書 *Our Common Future*（1987）において「持続可能な開発（sustainable development: SD)」の概念「将来の世代が自らのニーズを充足する能力を損なうことなく，今日の世代のニーズを満たす開発」を提示した。これ以降，「持続可能性」は，教育も含め国際社会における政策に関わる議論において中核的テーマのひとつとなっていく。

1：Faurera, Edgar 等著，教育開発国際委員会編，国立教育研究所内フォール報告書検討委員会（平塚益徳代表）訳『未来の学習』第一法規出版，1975.
2：新井郁男訳「ラーニング・ソサイエティ」新井郁男編集・解説『ラーニング・ソサイエティ』（現代のエスプリ No.146）至文堂，1979，pp.22-23.

（2） 持続可能な社会に向けた1990年代の議論の流れ

　1990年代になると，国際社会において，「持続可能性」をメインテーマとする議論が盛んとなり，国際的な政策が次々と展開されていく。その流れの出発点となったのは，1992年にブラジル・リオデジャネイロで開催された「国連環境開発会議（UNCED）」（地球サミット）である。

　「地球サミット」には，開催当時の国連加盟国ほぼすべての182カ国が参加し，そのうち116カ国は，政府代表者が出席するという大規模な開催となった。

　サミットの審議では，1970年代以降注目されてきた地球環境問題（地球温暖化に伴う環境問題，森林開発による生物多様性の危機など）をふまえて，環境保全と持続可能な開発の実現に向けて議論を行い，「環境と開発に関するリオ宣言」や「気候変動枠組み条約」「生物多様性条約」「森林原則声明」といった21世紀につなげる持続可能な開発の実現に向けた宣言や条約が承認され，今後国際社会が取り組むべき行動計画をまとめた「アジェンダ21」が採択された。「アジェンダ21」では，第36章「教育，人々の認識，訓練の推進」において，「持続可能な開発のための教育（Education for Sustainable Development: ESD）」の重要性が指摘され，取り組みに向けた指針が盛り込まれている。

2. 持続可能な社会に向けた国際政策の基盤としての生涯学習とSDGs

（1） 国際社会での生涯学習への注目

　国際社会において，「生涯学習」の名称で教育・学習について議論されるようになるのは，1970年代からである。

　経済協力開発機構（OECD）は，学校を卒業し，社会に出てからも，人は学習することが重要であるとし，社会人が，企業内教育以外の教育と，労働などの諸活動を交互に行う独自の生涯学習方策として「リカレント教育」を提唱し，

1973年に報告書「リカレント教育：生涯学習のための戦略」を公表した。

　さらに，1990年代には，国際社会において，各国の首脳や行政の代表者が正式に集う場で，持続可能な開発と教育・生涯学習が主テーマとして話し合われるようになった。その最初のものとしては，1999年開催のケルンサミット（先進国首脳会議／主要国首脳会議）をあげることができる。

　主要8カ国（G8：英・米・仏・独・伊・加・日・露）首脳および欧州委員会委員長が集ったケルンサミットでは，「ケルン憲章：生涯学習の目的と希望」が採択された。ケルン憲章では，国際社会の特徴が，工業化社会から知識社会へと移行しているという認識にたち，知識社会において柔軟に変化に対応できる力量を培う教育，特に生涯学習が「流動性へのパスポート」となると宣言している。

　ユネスコでは，1996年に「21世紀教育国際委員会」（ジャック・ドロール（Delors, J.）委員長）により報告書「学習：秘められた宝（*Learning: The Treasure within*）」が出された。この報告書では，21世紀に向けた教育分野において鍵となるものとして「生涯学習」をあげ，基本となる学習の4本柱を次のように提唱している[3]。

学習の4本柱
　① Learning to know　知ることを学ぶ
　　いかに学ぶかを学ぶ。幼少期から，学校教育以降においても，生涯を通じて学び続けられるようにする。
　② Learning to do　為すことを学ぶ
　　知識をいかに実践に結びつけるかを学ぶ。学習を将来の仕事にも結びつける。
　③ Learning to live together, Learning to live with others　他者と共に生きることを学ぶ
　　紛争の絶えない現代社会にあって，紛争の原因となる偏見を打開する異

3：ユネスコ編，天城勲監訳『学習：秘められた宝：ユネスコ「21世紀教育国際委員会」報告書』ぎょうせい，1997．

文化理解(他者を知ると同時に己も知る),非暴力(潜在的な紛争回避),共通の目標を持ち,生涯にわたり社会における態度や行動の仕方を習得する。紛争の平和的解決にもつながる教育を探求する。

④ Learning to be　人間として生きることを学ぶ

個人の全面的な発達(精神,肉体,知性,感性,美的感覚,責任感,倫理観など)に寄与する学びを行う。社会,文化,経済,美術,芸術,スポーツなど,様々な分野における学びを行う。

2000(平成12)年には,7月のG8九州・沖縄サミット開催に先立ち,4月にG8教育大臣会合・フォーラムが東京・沖縄で開催された。G8の教育大臣および欧州委員会教育担当委員,さらにユネスコ(UNESCO)とOECDがオブザーバーとして一堂に会して教育をテーマに協議したのは,この時がはじめてである。

2000年のG8教育大臣会合における議長サマリーでは,生涯学習に関して,社会と個人両方にとって有意義であり,開発に関わる経済・社会や文化の分野において基盤となるということについて,次のように意見の一致をみたことが示された[4]。

　　生涯学習はすべてのひとにとって高い優先課題となっている。
　　知るための学習,(何かを)するための学習,(何かに)なるための学習,共に生きるための学習という4つの柱に基づいて,生涯学習は知識社会に完全に参画するための十分な機会を与えてくれる。
　　生涯学習は国家開発の基礎であり,経済・社会の発展の基礎を築き,個々人がその発展に貢献し,またその発展から利益を得るための能力を培う。
　　また,一人ひとりの文化と国家の総体的な文化の両方を維持・発展させ,

4：文部科学省「16　G8教育大臣会合・フォーラム　議長サマリー(仮訳)」https://www.mext.go.jp/b_menu/shingi/chukyo/chukyo8/gijiroku/020901hp.htm,(参照2024-10-15)。

文化の違いを越えた相互の尊敬と理解を深める。

　さらに，同議長サマリーでは，生涯学習が効果的に実施されるためには，単独の政策として行うだけでは，不十分であり，雇用などの経済の分野や，科学，技術，情報，コミュニケーションなどに関する政策とも連動して実施することや，学校教育との連携も含め，社会全体や地域コミュニティと協働することなど，総合的なアプローチが重要であるとしている。

　生涯学習が社会の開発の基盤をつくり，経済・社会・文化といった領域との深い関わりのなかで総合的に国際的な政策を展開することの重要性を提言した姿勢は，その後の持続可能な社会に向けた国際的な教育政策のあり方を方向づけるものとなっているといえる。

　時期を同じくして，日本では，2006（平成 18）年に教育基本法が改正され，新たに，第 3 条で生涯学習の理念について明記されている。

（2）ESD の展開

　1992 年開催の「地球サミット」において採択された「アジェンダ 21」第 36 章「教育，人々の認識，訓練の推進」では，持続可能な開発に向けた教育として，人と環境との関わりについて理解を深め，行動を促すために，地域・家庭・学校・企業や自然環境などのさまざまな場において，生涯を通じた環境教育・環境学習を進め，人々の意識啓発を行い，研修を充実するなどの生涯学習の重要性が提言されている。これ以降，国際社会において，国連およびユネスコを中心に「持続可能な開発のための教育（ESD）」についての議論が深まっていく。

　「地球サミット」から 10 年後の 2002 年には，南アフリカ共和国・ヨハネスブルグにおいて「持続可能な開発に関する世界首脳会議（ヨハネスブルク・サミット　リオ＋10）」が開催され，日本の提案による「持続可能な開発のための教育の 10 年（Decade of Education for Sustainable Development：DESD 2005 年〜2014 年）」の案が合意された。

　続いて 2003 年の国連総会では，日本が筆頭となって DESD の決議案を提出

し，可決された。また，DESD のリードエージェンシー（推進機関）としてユネスコが認定され，2005 年 9 月には，ユネスコによる DESD 国際実施計画が策定されている。

DESD 提案国である日本国内でも，2005（平成 17）年 12 月に DESD 関係省庁連絡会議が内閣に設置され，翌 2006（平成 18）年 3 月には DESD 国内実施計画が策定され，DESD の政策推進が始まった。

なお，「持続可能な開発のための教育（ESD）」について，日本の DESD 国内実施計画では，ESD の定義・領域・目標について，次のように述べられている[5]。

ESD の定義

持続可能な開発は，私たち一人ひとりが，日常生活や経済活動の場で，意識し，行動しなければ実現しません。まず，私たち一人ひとりが，世界の人々や将来世代，また環境との関係性の中で生きていることを認識し，行動を変革することが必要であり，そのための教育が ESD です。

ESD の領域

持続可能な開発のための教育の「教育」については，学校等の公的教育のみならず社会教育，文化活動，企業内研修，地域活動などあらゆる教育や学びの場を含みます。

ESD の目標

ESD の目標は，すべての人が質の高い教育の恩恵を享受し，また，持続可能な開発のために求められる原則，価値観及び行動が，あらゆる教育や学びの場に取り込まれ，環境，経済，社会の面において持続可能な将来が実現できるような行動の変革をもたらすことであり，その結果として持続可能な社会への変革を実現することです。

5：「国連持続可能な開発のための教育の 10 年」関係省庁連絡会議『我が国における『国連持続可能な開発のための教育の 10 年』実施計画（ESD 実施計画）』平成 18 年 3 月 30 日決定，平成 23 年 6 月 3 日改訂。

国際社会では，サミットの場においても，引き続き「持続可能な開発のための教育（ESD）」について議論され，2008（平成20）年7月開催の「G8北海道洞爺湖サミット」における首脳宣言でも，次のようにESDの促進について明示されている[6]。

持続可能な開発のための教育
　　我々は，より持続可能な低炭素社会の実現につながるような国民の行動を奨励するため，持続可能な開発のための教育（ESD）の分野におけるユネスコ及びその他の機関への支援及び，大学を含む関連機関間の知のネットワークを通じて，ESDを促進する。

　「国連ESDの10年（DESD）」の中間年にあたる2009年3月には，ドイツ・ボンで「持続可能な開発のための教育（ESD）世界会議」がユネスコとドイツ教育省の共催で開催された。この会議では，これまでのDESDの成果と課題について協議を行い，成果文書「ボン宣言」が採択された。「ボン宣言」には，DESD最終年（2014年）にDESDを総括する国際会議をユネスコと日本とが共催で開催することについて歓迎の意が示された。これは，持続可能な社会に向けた教育推進において，これまで日本がリーダーシップをとってきたことについて，国際社会が承認していることのあらわれといえる。
　「国連持続可能な開発のための教育（ESD）の10年（DESD）」最終年2014（平成26）年には，DESDのとりまとめとなるESD世界会議が，日本（岡山と名古屋）で開催された。

（3）SDGsに向けた国際社会の議論

　「持続可能な開発目標（Sustainable Development Goals: SDGs）」に向けた具体的な議論は，「地球サミット」から20年後の2012年6月にブラジル・リオデジャネイロで開催された「国連持続可能な開発会議（リオ＋20）」におい

6：「G8北海道洞爺湖サミット首脳宣言」2008年7月8日。

て始まったといってよい。

「リオ＋20」には，当時の国連加盟各国やオブザーバー（EU，パレスチナ，バチカン），国際機関，行政や民間企業，市民など約3万人が参加し，これまでの国連会議で最大級のものとなった。さらに，先進国だけでなく，開催地ブラジルをはじめ，中進国・発展途上国が積極的に持続可能な社会に向けた課題（メインテーマは，貧困撲滅とグリーン経済）について意見を述べ議論に参加したことが大きな特徴となっている。

また，「リオ＋20」では，「持続可能な開発目標（SDGs）」に関する政府間交渉プロセスを立ち上げ，国際社会での「持続可能な開発」に向けた新たな議論の場として，「持続可能な開発委員会（CSD）」にかわる「ハイレベル政治フォーラム」を設置することや，SDGsについて「ミレニアム開発目標（Millennium Development Goals: MDGs）」（2000～2015年）との統合を図ることが合意された。

日本は，東日本大震災の教訓をふまえ，防災や持続可能な都市づくりについて提案している。

以上については，会議の成果文書「私たちが望む未来（The Future We Want）」において明記されている。

（4）SDGsの登場と生涯学習

近年では，2030年あるいは2050年といった将来を目標にした持続可能な社会に向けた教育・学習についての議論が，国際社会において進んでいる。

2015年，国連本部において開催された「国連持続可能な開発サミット」では，2014年の「ESD世界会議」の議論をふまえ，「我々の世界を変革する：持続可能な開発のための2030アジェンダ」が採択され，そのなかで2015年から2030年までを目標達成期間とする「持続可能な開発目標（SDGs）」が示された。SDGsは，「誰一人取り残さない（leave no one behind）」ことをポリシーとし，以下の17のゴール（目標）と，さらに目標の下部に位置づけられる169のターゲットにより構成されている[7]。

SDGs 17 のゴール（目標）

1. 貧困をなくそう（あらゆる場所あらゆる形態の貧困を終わらせる）
2. 飢餓をゼロに（飢餓を終わらせ，食料安全保障及び栄養の改善を実現し，持続可能な農業を促進する）
3. すべての人に健康と福祉を（あらゆる年齢のすべての人々の健康的な生活を確保し，福祉を促進する）
4. 質の高い教育をみんなに（すべての人に包摂的かつ公正な質の高い教育を確保し，生涯学習の機会を促進する）
5. ジェンダー平等を実現しよう（ジェンダー平等を達成し，すべての女性及び女児のエンパワーメントを行う）
6. 安全な水とトイレを世界中に（すべての人々の水と衛生の利用可能性と持続可能な管理を確保する）
7. エネルギーをみんなに そしてクリーンに（すべての人々の，安価かつ信頼できる持続可能な近代的なエネルギーへのアクセスを確保する）
8. 働きがいも経済成長も（包摂的かつ持続可能な経済成長及びすべての人々の完全かつ生産的な雇用と働きがいのある人間らしい雇用〔ディーセント・ワーク〕を促進する）
9. 産業と技術革新の基盤をつくろう（強靭〔レジリエント〕なインフラ構築，包摂的かつ持続可能な産業化の促進及びイノベーションの推進を図る）
10. 人や国の不平等をなくそう（国内及び各国家間の不平等を是正する）
11. 住み続けられるまちづくりを（包摂的で安全かつ強靭〔レジリエント〕で持続可能な都市及び人間居住を実現する）
12. つくる責任 つかう責任（持続可能な消費生産形態を確保する）
13. 気候変動に具体的な対策を（気候変動及びその影響を軽減するための緊急対策を講じる）

7：国際連合広報センター「持続可能な開発目標」https://www.unic.or.jp/activities/economic_social_development/sustainable_development/sustainable_development_goals/, （参照 2024-10-15）．

14. 海の豊かさを守ろう（持続可能な開発のために，海洋・海洋資源を保全し，持続可能な形で利用する）
15. 陸の豊かさを守ろう（陸域生態系の保護，回復，持続可能な利用の推進，持続可能な森林の経営，砂漠化への対処ならびに土地の劣化の阻止・回復及び生物多様性の損失を阻止する）
16. 平和と公正をすべての人に（持続可能な開発のための平和で包摂的な社会を促進し，すべての人々に司法へのアクセスを提供し，あらゆるレベルにおいて効果的で説明責任のある包括的な制度を構築する）
17. パートナーシップで目標を達成しよう（持続可能な開発のための実施手段を強化し，グローバル・パートナーシップを活性化する）

近年では，SDGsの目標について，より把握しやすくするため，人々が一人ひとりで自由に目標同士の関連性やつながりについて考え，自由に分類するなどして，関心を深めることが推奨されている。

一例をあげると，ユニセフ（UNICEF）は，SDGsの17の目標を，各自が大事だと思う順に並び替えたり，目標同士に共通することをみつけて分類したりすることで，目標をより身近に感じてもらうことを目指して，次の様な目標の分類例をホームページに例示している[8]。

①5つのPに分ける
・People（人間）：目標1，2，3，4，5，6
・Prosperity（豊かさ）：目標7，8，9，10，11
・Planet（地球）：目標12，13，14，15
・Peace（平和）：目標16
・Partnership（パートナーシップ）：目標17
②目標17（パートナーシップ）を頂点にして，他の目標を3つの階層に分ける

8：ユニセフ「持続可能な開発目標（SDGs）」より編集。https://www.unicef.or.jp/sdgs/concept.html，（参照 2024-10-15）．

・一番下の層（自然・資本）：目標 6，13，14，15
・二番目の層（社会）：目標 1，2，3，4，5，7，11，16
・三番目の層（経済）：目標 8，9，10，12

また，SDGs では，目標 4 において，教育・生涯学習について明示され，そのターゲットのひとつに，ESD が掲げられている（ターゲット 4.7）[9]。

SDGs　目標 4　ターゲット 4.7
　2030 年までに，持続可能な開発のための教育及び持続可能なライフスタイル，人権，男女の平等，平和及び非暴力的文化の推進，グローバル・シチズンシップ，文化多様性と文化の持続可能な開発への貢献の理解の教育を通して，全ての学習者が，持続可能な開発を促進するために必要な知識及び技能を習得できるようにする。

さらに，ESD は，SDGs の目標 4 に限定されず，SDGs の全目標達成において必要不可欠であることが，2019 年の国連総会において採択された新たな国際的枠組み「Education for Sustainable Development: Towards achieving the SDGs（ESD for 2030　持続可能な開発のための教育：SDGs 達成に向けて）」において示されている。「ESD for 2030」は，「持続可能な開発のための教育の 10 年（DESD）」の後継プログラム「ESD に関するグローバル・アクション・プログラム（GAP）」（2013 年 11 月ユネスコ総会採択，2014 年 12 月国連総会承認）をさらに引き継ぎ展開するものである。

2021 年 5 月には，ドイツ・ベルリンで「ESD for 2030」の開始に向けた「持続可能な開発のための教育（ESD）に関するユネスコ世界会議」（ユネスコとドイツ政府主催）が開催され，「ESD に関するベルリン宣言」を採択し，SDGs 達成に向けて ESD を推進するとともに，環境問題に関する国連気候変

9：外務省「JAPAN SDGs Action Platform ＞グローバル指標＞ 4：質の高い教育をみんなに」https://www.mofa.go.jp/mofaj/gaiko/oda/sdgs/statistics/goal4.html，（参照 2024-10-15）．

動枠組条約締約国会議（COP）の議論などもふまえて，活動を推進する姿勢が示されている。

2021年11月には，ユネスコにおいて，2050年を到達目標の時期において，持続可能な社会に向けた教育・学習について，「教育の未来国際委員会」（委員長サーレ・ワーク・ゼウデ（Zewde, Sahle-Work）エチオピア大統領）が検討した報告書「私たちの未来を共に再考する－教育のための新しい社会契約（Reimagining Our Futures Together – A'new social contract for education）」（「教育の未来報告書2021」）が公表されている。この報告書では，今日の世界の状況について，環境，人権や民主主義，デジタル，人間中心の働き方，などに焦点を当てて課題を抽出しながら，これからの持続可能な社会に向けて教育刷新を行うことを検討している。取り上げられている内容は，学校教育に主軸が置かれているが，視野には，すべての人々を入れており，今後，持続可能な社会に向けた生涯学習についてのさらなる検討が期待される。

3．ESD・SDGsに係る実践例

国際社会におけるESDやSDGsに係る実践は，今や世界中で展開されている。一例をあげると，「ユネスコ／日本ESD賞」に応募した活動をあげることができる。「ユネスコ／日本ESD賞」は，持続可能な社会に向けた世界の優れたESD・SDGsに係る教育・学習の活動・実践に対して，ユネスコが表彰するもので，日本が財政支援を行っている。当初は，開催期間を2015年から2019年の5年間としていたが，さらに，「ESD for 2030」の下部事業として位置づけられたことから，2025年まで開催されることとなっている。以下に，受賞実践をいくつか紹介する[10]。

なお，この賞の選考基準は，次の3点である。
1. 社会的な変化を促す取り組みがなされている
2. 社会・経済・環境の3分野を一体的に取り扱っている

10：文部科学省「ユネスコ／日本ESD賞」より編集。https://www.mext.go.jp/unesco/004/1370106.htm，（参照2024-10-15）。

3. イノベーションを促すアプローチを採用している

ユネスコ／日本 ESD 賞受賞者

- World Vision Ghana（ガーナ）2021 年：持続可能性の核となる能力である批判的思考に焦点を当てた識字能力の開発に対する総合的アプローチを促進。
- Media Development Center of the Birzeit University（パレスチナ）2021 年：ビルシャイト大学メディア開発センター（パレスチナ）による「持続可能な社会のためのメディアと情報リテラシー」プロジェクト。
- Kusi Kawsay School（ペルー）2021 年：インカ帝国の聖なる谷の地において土着の人々の権利，文化，価値観及び生活の保護及び保存，コミュニティのウェルビーイングなどを促進。
- Sustainable Amazon Foundation（ブラジル）2019 年：「遠隔地のアマゾン・コミュニティにおける持続可能な開発のための適切な教育」プロジェクト（森林での収入源創造，環境保護，能力開発など）。
- Free and Hanseatic City of Hamburg（ドイツ）2019 年：幼稚園から大学まで，さらにノンフォーマル教育分野における教材，緑化行事から成る，「ハンブルクはサステナビリティを学んでいる-ESD を通じて気候変動と闘う」プログラム。
- Hard Rain Project（イギリス）2017 年：展示や本，映画等を活用し，著名な芸術家や科学者等と連携しながら，アート，科学，教育を通じて貧困や気候変動といった地球規模課題への啓発を行う。
- 岡山 ESD プロジェクト（日本）2016（平成 28）年：市民団体，NPO，教育機関，企業及び行政等の機関からなる ESD 推進協議会が実施主体となり，地域に根ざした ESD を市全体で推進。公民館や学校を拠点としたコミュニティにおける ESD の実践をはじめとして，ESD コーディネーター研修，ESD 大学生インターンシップ，ESD 岡山アワード等，自治体全体で取り組む「ホール・シティ・アプローチ」を実践。

なお，ESD岡山アワード2023（2023年度）には，56カ国・地域から108件の応募があり次の2事業が受賞している[11]。

①バルセロナ市議会による「より持続可能な学校ネットワーク」（スペイン）
＊関連するSDGsゴール：3, 4, 7, 11, 12, 13, 15, 17
＊事業内容（一部抜粋）：2001年「持続可能性へのバルセロナ市民コミットメント」宣言の枠組みの中で，教育を通して持続可能な社会の実現に貢献し，学校を変革の担い手とするために「より持続可能なネットワーク」を設立。

②「グリーン・スクール」ワラ・ウィ・キャン（チュニジア共和国）
＊関連するSDGsゴール：1, 2, 3, 4, 5, 6, 7, 8, 10, 12, 13, 17
＊事業内容（一部抜粋）：子どもたちが栄養のある食事が取れ，安心して生活・学習のできる環境づくりを目指し2016年に開始。再生可能エネルギーの利用と持続可能な農業の実践により「社会的連帯経済」をつくることで，貧困地域の労働層や家族・コミュニティの自立を助け，女性や若者をエンパワーすることにも焦点を当てている。

今日の国際社会において，「持続可能性」は，生涯学習の分野において中核的テーマとなっており，特にESDやSDGsの実現に向けた政策や議論において，目標達成には，生涯学習が基盤となることが指摘されている。

近年では，持続可能な社会づくりにおいて，生涯学習による人づくりが不可欠であることが国際社会の共通認識となってきていると言っても過言ではない。

本章に密接に関連した文献として，次の三点を挙げることができる。随時参照されたい。

- 西井麻美「『持続可能性』を追求する人づくりに向けた生涯学習の展開」『日本生涯教育学会年報』(2), 2021, 21-40.
- 西井麻美・池田満之・治部眞里・白砂伸夫編著『ESDがグローバル社会の未来を拓

11：岡山市「ESD岡山アワード2023受賞事業が決定しました！」より編集。https://www.city.okayama.jp/kurashi/0000054093.html，（参照 2024-10-15）．

く：SDGs の実現をめざして』ミネルヴァ書房，2020.
- 西井麻美・藤倉まなみ・大江ひろ子・西井寿里『持続可能な開発のための教育（ESD）の理論と実践』ミネルヴァ書房，2012.

XI章　生涯学習とキャリア形成

1．生涯学習の視点でみる「キャリア」

(1)「キャリア」という言葉の多義性

　「キャリア（career）」の語源になったのはラテン語の「carrus（二輪の車）」であり，そこから「車輪の通った跡」，そして，「人がたどった足跡や経歴」を意味するようになったといわれている。スーパー（Super, D.E.）に代表されるキャリア発達研究は，「キャリア」を，職業能力を獲得していく過程として，職業的発達の側面を捉えたキャリア概念として知られているが，キャリア発達の視点には，「職業」に限定されず，個人の生活の役割，場面，出来事の統合による，「人生」という視点に拡張した概念もある。「キャリア」を，時間的次元（生涯にわたる連続過程で，そのなかには過去から現在に至る経歴と現在から未来にかけての進路）と空間的次元（教育，職業，余暇，ライフスタイルなど）で把握しようとする見方があり，広義には，生まれ育った家庭環境や，学業，結婚や子育てなどのライフイベント，地域活動における経験を含んで捉えている[1]。

　「キャリア」とは，個人の生涯にわたる「経歴」と現在から未来にかけての「進路」の道筋であり，教育と産業，ライフスタイル（生き方・生活様式）など，人々がその人生において辿る社会的地位と役割の系列を意味しており，「キャリア」の言葉には多義性があり，用いられる場面や文脈によって多様に

1：「キャリア」を広く捉え，多様な視点から概観するものとしては，吉田あけみ編著『ライフスタイルからみたキャリア・デザイン』ミネルヴァ書房，2014 などを参照されたい。

使われる。大別して,「職業キャリア」と「(職業を含めた)人生キャリア」の意味があるが,一般的には,「キャリア」と表現した場合には,「職業キャリア」の意で用いられることが多くみられる。

(2)「キャリア」を取り巻く変化

「キャリア」を取り巻く状況は,社会とともに変化している。

職業キャリアでいえば,次のような変化がある。産業構造の変化により,労働市場の流動性は高まっている。高度経済成長期に経験した右肩上がりの経済の伸びはもはや期待できない。そして,高度経済成長期以降に定着してきた日本的雇用慣行(新卒一括採用,終身雇用,年功序列,企業内教育など)を採ることの必要性が失われつつある。また,ワーク・ライフ・バランスが注目されるなかで,柔軟な働き方の導入も進んでいる。女性の労働力率を示す,いわゆるM字カーブの谷が浅くなる傾向が示されている。つまり,結婚や出産を機に離職する割合が減り,勤務を継続する傾向にあるということである。さらには,非正規雇用やフリーター,若年無業者(いわゆるニート)の増加も問題視されている。加えて,長時間労働やパワーハラスメント等の職場環境の課題もみられる。このようななか,2019(令和元)年末からの感染症流行による,いわゆる「コロナ禍」を超えて,時間や場所に囚われない働き方の多様性は一層広がりをみせるようになっている。

人生キャリアでいえば,衣食住に伴うライフスタイルや,結婚や子育てなどのライフイベントのあり方が多様化していることがあげられる。たとえば,「熟年離婚」や「円満離婚」などという言葉が社会的認知を得ているが,パートナーとの婚姻関係を,いわば計画的,選択的に解消していくというイメージを印象づけてもいるようである。社会的圧力に生き方を定められる封建的な時代は遠いものとなりつつあり,いつ,どこで,誰と,どのように生活を営むかは,個々人の主体的な選択に委ねられる時代を迎えている。核家族化や高齢化に伴う,子育てや介護の役割をどう担うのかについても,個々人のライフスタイルのバランスのなかで,社会資源の活用を図りながら,選択していくことになる。子育てや介護は職業キャリアを阻害するものとしてみなされることが多

いが，職業生活におけるキャリア形成への寄与（段取り力，コミュニケーション力，マネージメント力の向上，多様な価値観の醸成等）としても，一定の評価を得ている[2]。また，人生キャリアのなかで抱えた困難な体験を，社会活動や地域ビジネスのように発展させる事例はよくみられ，生活のなかで生じた課題をどのようにキャリア形成に活かしていくかは，本人次第である[3]。

このように，「キャリア」を取り巻いてさまざまな変化が起きている。変化の速い社会では，過去の世代の生き方はロールモデルになりにくく，また，選択肢が多いことは，一方で，悩みや戸惑いを生じさせることにもなる。生涯にわたって，人生全体のイベント，転換点ごとにキャリアを見直すことは必要であり，キャリアについての学びが求められている。

2. キャリア教育：学校教育・社会教育のなかで

(1) 学校教育のキャリア教育

学校教育のなかで，「キャリア教育」がはじめて登場したのは，1999(平成11)年のことである。中央教育審議会答申「初等中等教育と高等教育との接続の改善について」において，学校と社会，学校間の円滑な接続に向けて小学校段階から発達段階に応じてキャリア教育を実施する必要があることが示された。ここではキャリア教育を，「望ましい職業観・勤労観及び職業に関する知識や技能を身に付けさせるとともに，自己の個性を理解し，主体的に進路を選択する能力・態度を育てる教育」と定義している。

キャリア教育へ大きな期待が向けられた背景には，1990年代に若年層にフリーター志向や早期離職傾向がみられたり，ニートなどの就業的に自立しない若者が増えてきたりしたことを社会課題として，若者がスムーズに就業できる

2：男女共同参画会議「男性の暮らし方・意識の変革に向けた課題の方策〜未来を拓く男性の家事・育児への参画〜」2017(平成29)年3月，p.11．
3：たとえば，病気療養児や障害児の親が居場所づくり事業をスタートしたり，自身の産後うつの体験から産後ケアの会社を起業したりするなど，数多くの事例が存在する。

ように就業観や職業観といわれる価値観の育成が重視されるようになったことがある。また、「生きる力」で表現されるように、変化が激しい現代社会で活躍できる人材になるために必要な汎用性のある能力を育成することも提唱され、これらの教育目標を主なミッションとして実践、研究されてきた。

　キャリア教育を通して育成が目指されている汎用性のある能力とは、2011(平成 23)年の中央教育審議会答申「今後の学校におけるキャリア教育・職業教育の在り方について（答申）」において、「基礎的・汎用的能力」を構成する要素として、「人間関係形成・社会形成能力」「自己理解・自己管理能力」「課題対応能力」「キャリアプランニング能力」の 4 つがあげられ、職種に関わらず、社会的・職業的自立に向けて基盤となる能力であるとして示された。そして、それらを身につける授業展開が、初等中等教育では、おもに職業体験や社会人ゲストを招いた取り組みなどの方法で、また、高等教育ではインターンシップなども取り入れながら実践されている[4]。

　しばしば、「キャリア教育」と「職業指導」や「進路指導」の関係がみえにくいことがあるので、整理をしておきたい。学校教育に職業指導が導入されたのは、1927(昭和 2)年の文部省訓令「児童生徒ノ個性尊重及ビ職業指導ニ関スル件」が出されて以降である[5]。第二次世界大戦前後には、職業指導は国家の戦時動員の色合いが強まり、大きくゆがめられたが、戦後は、復興のための職業指導や職業教育の必要性が認識され、新たなスタートとなった。そして、1957(昭和 32)年の中央教育審議会答申「科学技術教育の振興方策について」において、「進路指導」が公に登場し、1958(昭和 33)年の学習指導要領改訂によって「職業指導」は「進路指導」と言い改められるようになり、以降、学校教育のなかで定着してきた。このことにより、「職業に関連した」という性質が薄れ、就職や進学といった出口の部分に集中した教育活動に変質してしまい、学業成績による「選択」に重きを置いた指導という性格を帯びることになってい

4：実践例は、日本キャリア教育学会編『新版　キャリア教育概説』東洋館出版社、2020 などを参照されたい。

5：キャリア教育成立以前の職業指導や職業教育の流れについては、三村隆男『キャリア教育入門：その理論と実践のために』実業之日本社、2004、pp.17-32 に詳しい。

ったという見方がある。「勤労観・職業観」の理解については，その後のキャリア教育の登場で，その役割が引き継がれたことになる。

1996（平成8）年第15期中央教育審議会「21世紀を展望したわが国の教育の在り方について（第一次答申）」で「生きる力」が取り上げられ，変化の多い社会のなかでも主体的に生き抜く資質や能力が求められ，これが，キャリア教育が希求するものとつながっていく。キャリア教育は，1999（平成11）年の答申で定義されているとおり，進路指導を含み込んだ，より包括的な概念であるが，進路指導をしていればキャリア教育をしていることになるという理解が教師に共有されてしまい，同一視されてしまったとの指摘もある[6]。

キャリア教育は，従来の日本型雇用方式や環境を基準としてきた就業観，職業能力育成の教育というねらいが見直され，多様な働き方を含めた「広義のキャリア」として捉え直されているものの，その教育的な目標やねらいが曖昧でもあり，これからその研究や実践が待たれるところである。とりわけ，大学におけるキャリア教育は，職業キャリアに特化した狭義のキャリア教育の傾向が強く，卒業後すぐの就業的なキャリアビジョンに焦点化され，就職活動支援がその中心であるともいえるが，徐々にキャリア教育を単純な就業観，職業能力育成教育とは捉えず，人がもつ社会的な役割全体を統合していく人生キャリアが重視される傾向にあり，「キャリア」がより広い意味を含むものに拡大している様子もある[7]。

（2）社会教育としてのキャリア教育

「キャリア」を，狭義の「職業キャリア」と考えると，社会教育，とりわけ，

6：金山喜昭・児実川孝一郎・武石恵美子編『キャリアデザイン学への招待：研究と教育実践』ナカニシヤ出版，2014，pp.23-31．

7：温山陽介「大学におけるライフ・キャリアのキャリア教育の実践とその可能性：生涯学習との関係性に注目した予備的検討」『琉球大学地域連携推進機構生涯学習推進部門研究紀要』(2) 2018,47-62．学生たちが，生涯での就業・家庭・社会生活上で主体的に学ぼうとする人生想定をもち，主体的に自らの学習や経験を計画し，実践できることを目指し，キャリアデザインシートを作成していくなかで「人生イメージ」や「生涯学習に向けたビジョン」を記述しているが，授業が進むごとに補足したり，修正したりしながら，変容する様子が報告されている。

社会教育行政や社会教育研究の領域では，その関心は，低いものであると言わざるをえない。

　日々の生活にとって，そして人生にとって，労働することは大きな意味を占めるものであり，また，人の成長や発達にも多様な関わりをもつものである。社会教育は，人生や生活を取り巻くさまざまな課題のなかで実践されるものであり，労働者に対する教育もそのひとつの領域である。社会教育法においては，第5条（市町村の教育委員会の事務）には，「職業教育及び産業に関する科学技術指導のための集会の開催並びにその奨励に関すること。」が定められている。しかしながら，社会教育行政や社会教育学研究では，職業や労働に関わる教育実践も研究も低調である。その理由として，大きく二つの点があげられよう。

　一つ目は，社会教育が生涯学習のなかの一領域として，役割を担うという位置づけで実践や研究を重ねるなかで，生涯学習は労働に関わる領域に踏みこめない立ち位置で推移してきたことによるものがある。これは，そもそも戦後の社会教育草創期に一般行政と社会教育行政との間で労働者教育をめぐって役割分担が行われたことによって，労働尊重の精神の涵養や一般的教養という部分以外の，労働者特有の属性に関することは社会教育行政の枠外に置かれてきたという背景がある。

　そして，1965（昭和40）年にユネスコで提唱された生涯教育の概念は，「教育」が学校制度の枠から抜け出し，人間活動のあらゆる場で機能していくことを意識づけ，労働者を含む成人の学習に影響を与えるものであったが，職業技術や労働問題に関わる領域については労働省（現厚生労働省），生涯学習の推進は文部省（現文部科学省）が中心となって行われてきたことが，労働に関わる領域と生涯学習の結びつきを弱いものにしてしまったと考えられる。

　二つ目に，社会教育の性質にあると考えられる。社会教育は，自主的，自己決定的な学びを基調としている。職業訓練や企業内教育は大きく社会教育の範疇に入るが，「生産性の向上といった最大の効率を得るためにおこなわれる教育という企業内教育の性質のため，学習においては自らの意志で学習内容・方法を決定し，実行するという点をとくに重視する立場の社会教育研究とは相容

れない部分があった[8]」と考えられる。

　しかし，まったく実践や研究がなかったわけではない。社会教育が，職業や労働に関わって正面から向き合ったものとして，「勤労青少年」と「女性」の分野があげられる。

　勤労青少年を対象とした教育実践や研究は，農村や都市部で取り組まれたサークル活動や小集団での学習活動として実践されてきた。勤労者青年教育論を展開した宮原は，働く青年の学習過程には，学習そのものの意味の問いと疑いが繰り返され，学習集団内で話し合われ，共通の問題とされていくというあたりまえのことが存在し，青年たちが「権利としての教育の感覚」がつくられていることを見いだし，勤労青年の学習活動を通して，青年教育を再編成するための基本的な筋道を構造的に捉えている[9]。勤労青少年に対しては，1953（昭和28）年に社会教育法の精神に基づいて「青年学級振興法」が成立し，青年学級などの社会教育事業が展開された。これは，義務教育修了後に就職する青少年が多かった時代に，教育の機会均等を具現化する方策として，実際生活に必要な職業または家事に関する知識および技能の習得と，一般的教養を向上させることを目的とした市町村の社会教育施策であった。この「青年学級振興法」は，高校進学率が上昇したことで，1970（昭和45）年以降は，農村部においても都市部においても，社会教育行政における勤労青少年教育の役割は縮小し，1999（平成11）年に廃止となった。その後は，社会教育行政における青少年教育は，在学青少年が主たる対象となり，労働やキャリアに結びつく教育の機会は，自然体験やボランティア体験，職業体験などの体験活動を通じた施策が実施されていくこととなっている[10]。

　また，女性のライフサイクルが変化するなかで，1985（昭和60）年に「男女雇用機会均等法」が成立し，1990年代には夫婦共稼ぎ世帯の存在が顕著とな

8：谷茂岡万知子「職業能力開発・自己啓発の技法」鈴木眞理・永井健夫編著『生涯学習社会の学習論』（シリーズ生涯学習社会における社会教育4）学文社，2003，p.181．
9：宮原誠一編『青年の学習：勤労青年教育の基礎的研究』国土社，1960，pp.2-10．
10：このあたりについては，青山鉄兵「社会教育におけるキャリア教育・職場学習の支援」鈴木眞理編集代表『社会教育の学習論：社会教育がめざす人間像を考える』（講座転換期の社会教育Ⅳ）学文社，2016，pp.140-142を参照されたい。

るなど，女性と職業の関係が大きく転換してきた。そのような時代背景を受け，女性を対象とした職業に関わる学習の機会が実践されはじめたことは，女性教育の視点での社会教育実践として位置づいている。

3．労働の場における職業キャリアの形成

（1）職業能力開発の制度

　わが国の職業能力開発は，公共の職業訓練と企業内教育訓練の二つに大別され，学校教育との関係も合わせて概念的に示されたものが図XI-1である。

　公的な職業訓練は，①学卒者を対象とする養成訓練（新卒者訓練），②在職者を対象とする向上訓練（在職者訓練），③求職者を対象とした能力再開発訓練（離職者訓練）の3種類である。これらの公共職業訓練も重要な役割を果たしているが，職業能力の中心的役割は企業内教育訓練である。

　企業内教育訓練は，①職場での仕事を通じて行われる訓練であるOJT（On-the-Job Training），②企業の指示に基づき，一時的に職場を離れて行われる訓練であるOff-JT（Off-the-job Training），③読書や学習教材の利用などを通して自主的に行う訓練である自己啓発に分けることができる。企業が提供する教育訓練の中心は，OJTであり，職場や担当する職務のニーズに即応した技能を習得するために効果的である。担当する職務に直接かかわる技能を身につける機会であるため，教育訓練を受ける意義が明確であり，学習への動機づけを得やすい。Off-JTは，一般的には集合形式で行われ，階層別（新入社員や役職など），職能別（技術部門や管理部門など），目的別（企業倫理やライフプランなど）などに大別できる。短期的な知識の整理や習得に役立ち，職務経験を通じて積み重ねた知識を体系化，理論化する機会になる。企業が特定の目的を達成するために，直接的に教育訓練を実施するという性質が反映されているのは，計画的に行うOff-JTである。企業内教育訓練は，学習者となる社員が企業活動をよりよく行えるように，OJT，Off-JTを効果的，効率的に活用し，さらに，自己啓発の支援を組み合わせて実施されている。

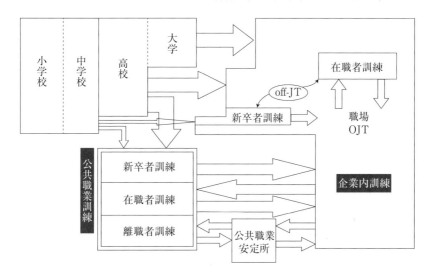

図XI-1　日本における学校教育と職業訓練との関連図
出典：田中萬年・大木栄一編著『働く人の「学習」論：生涯職業能力開発論』学文社，2005，p.21．

（2）職業能力開発のこれまでとこれから

　職業訓練は，明治期に整備されはじめたものである[11]。古くから存在した徒弟制度は，組織立った教育の仕組みももたず，低賃金労働を強いるものでもあったため，明治期にそれを是正するものとして整備されはじめ，教育機会に恵まれなかった徒弟に就学機会を与えることを目標にしたものなどがあった。大正期には労働者保護の視点から，失業者の再訓練を目的とした短期指導の職業訓練があったが，慈恵政策の域をでなかった。第二次世界大戦の戦時下では，軍需要請に応える技能者養成や訓練所が整備されたものも，戦後になると，失業者対策や戦災復旧を担う職種のための職業訓練所として再出発した。1947（昭和22）年の職業安定法，労働基準法の制定で，徒弟制度に残存する封建的な色合いを払拭し，労働者の保護と養成が規定され，職業訓練体系の大枠が成

11：職業訓練の歴史的経緯については，前掲5のほか，田中萬年・大木栄一編著『働く人の「学習」論：生涯職業能力開発論』学文社，2005あたりを参照されたい。

立した。1958(昭和33)年には，労働基準法による「企業内での中学校卒業者訓練」と，職業安定法による「失業者訓練」を統合して，職業訓練法が制定された。高度経済成長期を迎えると，就業構造の近代化が進み，労働人口の移動，賃金・所得水準の上昇，高校への進学率の上昇などで，技能労働者の不足が深刻化したことがその背景にある。この「職業訓練法」は，その後の改正を経て，1985(昭和60)年に名称が改められ，「職業能力開発促進法」となった。

　職業能力開発促進法制定の背景には，1985(昭和60)〜87(昭和62)年の臨時教育審議会（第1〜4次）の答申の提言での指摘があった。答申では，戦後の学歴社会の偏重による弊害などの問題に対して，学校教育の改革や生涯学習社会への移行を通して，改革を進めることが提言された。そして，改革を進める視点として，個性を重視すること，学校中心の考え方をあらためて生涯学習体系への移行を主軸とする教育体系の総合的再編成を図ること，国際化・情報化への対応を図ることが指摘されている。これは，技術革新や産業構造の変化によるホワイトカラー業種の増大などに対応するためには，従来の技能労働者養成や公共職業訓練やOJT中心の企業内教育では十分でないと意識されたということである。その後，2001(平成13)年に改正され，労働者の自発的な職業能力開発を促進するために企業が講ずべき措置の明確化が図られた。さらに，2016(平成28)年には，労働者に自身のキャリア開発についての責任を課し，企業がその開発支援を行うことが定められた。企業は，組織の目標を達成するために，組織内でその組織において必要とされる知識やスキルを身につける教育訓練を実施する役割を果たすだけでなく，労働者自身が職業生活の設計と能力開発に対する責任を負い，事業主はその支援をするというかたちである。従来からの企業主導の職業能力開発に加えて，労働者の主体性に基づいた個人主導の取り組みを支援する必要性が重要視されたのである。職業訓練は，社会や経済の実態を反映していくなかで，企業は労働者の教育訓練を会社の責任としながら，少しずつ個人の責任を求めるようになってきていることがうかがえる。

　教育訓練の主導が，「企業」から「個人」へと移ると同時に，もう一つの変化も起きる。「雇用保障」から「教育保障」へのパラダイム転換である。終身雇用制などが崩壊するなかで，企業が労働者の雇用そのものを保障できなくな

ることに代わって，労働者の能力を労働市場で価値あるものに高めるための教育を保障するという考えである。そこで注目されるのが「エンプロイアビリティ」である。エンプロイアビリティとは，Employ（雇用する）と Ability（能力）を組み合わせた言葉で，「雇用されうる能力」と訳される。厚生労働省の研究[12]によると，①職務遂行に必要となる特定の知識・技能などの顕在的なもの，②協調性，積極的等，職務遂行に当たり，各個人が保持している思考特性や行動特性に係るもの，③動機，人柄，性格，信念，価値観等の潜在的な個人的属性に関するもの，の3つで構成されていると定義している。労働市場価値を含んだ就業能力，即ち，労働市場における能力評価，能力開発目標の基準となる実践的な就業能力と捉えることができる。労働者は常に自身のキャリア形成を念頭に置いたうえで，エンプロイアビリティの向上のための努力が求められると同時に，企業側は労働者個々人のエンプロイアビリティを高めるための支援の役割を担うことが求められている。

4．キャリアと生涯学習のこれから

（1）人生100年を見通したキャリア形成

「人生100年時代」という言葉は，2017（平成29）年に官邸主導で構想会議が立ち上がったことで，広く社会に浸透してきた。この会議のなかで紹介された，リンダ・グラットン氏の「ライフ・シフト」という考え方が話題となり，これまで年齢に応じて「教育」「仕事」「引退」という，おおよそ3つのステージといわれてきた人生行路は，今後は明確に区切られるステージではなく，そこを行き来するような生き方が求められるようになることが指摘された[13]。長寿化がもたらしたのは，単純に就労期間が延長するということではなく，その時々

12：厚生労働省職業能力開発局「エンプロイアビリティの判断基準等に関する調査研究報告書」2001（平成13）年7月。
13：会議にて取り上げられ，人生設計の新しい考え方を提案する「ライフ・シフト」については，リンダ・グラットン，アンドリュー・スコット著『ライフ・シフト』，東洋経済新報社，2016を参照されたい。

でそのステージが絡み合うマルチステージで人生を考える必要があるということである。

技術革新が目覚ましい現代社会では，AIやロボティクスなどの新しい技術が産業界で導入されていくに伴って，職種やビジネスモデルのなかには「寿命」を終えるものが現れることも想定される。テクノロジーと共存し，機械に置き換えられない能力を見いだし，それを発揮して，職務を切り拓いていく力が必要である。そのなかで雇用形態や働き方が変わることは，もはや必然であり，一つの企業内で限定的な能力を習熟させるだけでは，キャリアの維持・発展を図ることは難しく，一つの会社を定年まで勤めあげるというモデルも成り立たなくなるだろう。

また，人生100年時代という視点では，そこで求められる「社会人基礎力」が示されている。「社会人基礎力」とは，「前に踏み出す力」「考え抜く力」「チームで働く力」の3つの能力（12の能力要素）から構成されており，「職場や地域社会で多様な人々と仕事をしていくために必要な基礎的な力」として，経済産業省が2006(平成18)年に提唱したものである[14]。能力を発揮するにあたって，自己を認識してリフレクション（振り返り）しながら，目的，学び，統合のバランスを図ることが，自らキャリアを切りひらいていくうえで必要と位置づけられている。近年では，この「社会人基礎力」をベースにした企業研修などが数多く展開されている。

そして，人生100年時代では，職業キャリアのみならず，人生キャリアも含めた総合的なキャリア形成が必要であり，従来のマッチング理論的な就職支援論だけでなく，若者層から高齢者層までを含めて幅広く考えていくべきであるという指摘は多い。若者のレジリエンスの力（逆境や困難から立ち直る力）や自己肯定感の育成への取り組み，成年層が自分史を作成して前半の人生を振り返る取り組み，中高年層が定年退職後の経済的基盤と社会的つながりと健康が

14：「人生100年時代の社会人基礎力」については，経済産業政策局産業人材政策室のホームページ https://www.meti.go.jp/policy/kisoryoku/index.html．（参照2024-03-07）に提示されている資料を参照されたい。3つの能力と12の能力要素とは，「前に踏み出す力（主体性，働きかけ力，実行力）」「考え抜く力（課題発見力，計画力，想像力）」「チームで働く力（発信力，傾聴力，柔軟性，情況把握力，規律性，ストレスコントロール力）」。

調和した計画を立てる取り組みなど、人生100年時代には、すべての世代で、これまでとは異なる人生キャリア支援を考えていく必要がある[15]。

（2）キャリア形成のキーワード：キャリアオーナーシップ

2023（令和5）年の総務省調査（労働力調査）では、就業者に占める雇用者の割合は、90.1％となっており、現代では、労働者のほとんどが組織のなかで雇用されるという状況にある。長期雇用を前提とした日本型雇用では、組織は個人の雇用を保障し、個人は組織に忠誠を保つという相互に依存する形態で、個人と組織の関係が保たれてきた。そのなかでは、組織主導のキャリアモデルが設定され、労働者が主体的に自身のキャリアを選択して積み上げていくという土壌は生まれにくい。しかし、雇用の流動化や技術革新に伴う要求能力の多様化、また、日本的雇用慣行の崩壊とともに依存型の関係がゆらぐと、個人が組織から自立することが求められている。そして、前述したとおり、企業の保障が「雇用」から「教育」へというシフトチェンジが加速していくなか、労働者が自分の意志でキャリア選択していくこと、つまり、キャリアオーナーシップ（キャリアを主体的に考え、選択すること）が重要となってくるのである。

そのためには、キャリアを主体的に形成していく意義を学校教育の段階から自覚することが一層重要になってくる。職業教育の必要については、教育学研究者からもその必要性が論じられており、これまで教育の職業的意義がきわめて硬く厳密に、かつ狭く捉えられがちであることが批判されている[16]。学校教育におけるキャリア教育が、勤労観・職業観という意識や態度の形成を重視しながらも、どのように職業能力の形成に寄与できるのかは、産業界と教育界との学際的な連携が必要であろう。

さらに、職業を通じて、労働者が自律的にキャリア形成を図るための支援の

15：取り組みの具体については、渡部昌平「人生100年時代のキャリア支援に関する探索的検討：高齢者に限らないライフ・キャリア形成支援の変化の必要性」『秋田県立大学総合科学研究彙集』(20), 2019,11-16 を参照されたい。渡部はまた、グループ・キャリア・カウンセリングの視点から、がん経験者やDV被害者など、困難な経験をした人同士の語りが促進されることも関係することを指摘している。

16：本田由紀『教育の職業的意義：若者、学校、社会をつなぐ』ちくま新書, 2009.

仕組みが欠かせない。「社会人の学び直し」となるリカレント教育の重要性が認識されているが，大学・大学院におけるリカレント教育では，学習要求と学習提供内容がマッチングしていない現実が報告されている[17]。社会人学生が「最先端のテーマ」「研究推進能力を身に付ける」カリキュラムを重視するのに対して，大学院は必ずしもそれらを重視しておらず，また，社会人学生が大学院において，「事例研究・ケーススタディ」「実務経験のある教員・教師」による教育手法を重視するのに対して，大学院は必ずしもそのような教育手法を重視していない。大学・大学院が，リカレント教育の場として十分な機能を持ち得ていないともいえ，今後の課題であろう。

　そもそも，生涯学習の構想のひとつであるリカレント教育は，その重要性が語られながらも，日本の産業界では制度導入が進んでいないといわれている。そのひとつの背景には，職業能力開発が個別企業の OJT と Off-JT が中心的役割になっていて，労働者に必要な職業能力は企業で開発されるものであるため，学校という教育の場に回帰して能力開発をするという必要性が高まらなかった，ということが考えられる。ゆえに，職業能力開発の仕組みに変化や揺らぎが生じてくるなかでは，労働者本人の主体性がますます求められることになろう。企業に所属していれば何らかの安定を得られた会社員としての生活から一転し，自分自身が企業内外の学習資源を活用しながら，職業能力開発をデザインすべきものに変わりつつあるからである。

　近年では，職業能力の再開発，再教育を意味する「リスキリング」にも注目が集まり，とりわけデジタル社会のイノベーション人材の養成において，時代が求める新たな専門能力の獲得が目指されている。職業キャリアにおいては，これまで以上に，「学び続けること」が重要な時代を迎えている。

　そして，生涯という視点に立てば，職業キャリアだけではない，人生を包括したキャリア・デザインが求められることになる。多様に移りゆく社会のなかで，自分がたどってきた足跡や経歴を認知し，受容したうえで，向かうべき筋道を描きだすという営みが，生涯にわたって求められるのである。

17：文部科学省平成 27 年度先導的大学改革推進委託事業「社会人の学び直しの実態把握に関する調査研究報告書」2016(平成 28)年 3 月。

XII章　あらためて「生涯学習」を考える

1．「生涯学習を考える」とはどういうことであるか

　本書では、「生涯学習」という事柄について、初心者を念頭に置きながら、さまざまな観点で論及してきている。ところで、そもそも、なぜ、「生涯学習」について考えなければならないのだろうか、考えると何かよいことがあるのだろうか。いや、社会教育主事や司書・学芸員の資格を取るのには「生涯学習概論」という科目が必要になっているから、という回答を期待しているのではない。あ、社会教育士という「称号」を「使える」という「メリット」もあるか。かといって、そうでもなければ、生涯学習を考えるなどという奇特な人はいないのであろうが。

　生涯教育という観点からの発想があって、それを基礎にしながら生涯学習という概念が出てきたということは、すでに本書でも示されてきている。また、社会教育という概念から生涯学習という概念が派生してきたと考えることもできるということも示されている。そもそも「生涯学習」ということ自体が、数行で記述できるような簡単なことではないことも理解されているところであろう。

　ここでは、「生涯学習」を考える際の大前提として、社会教育の領域での問題として考察することにしたい。それは、日本の研究や教育の流れのなかで、「生涯学習」は「社会教育」の、類似の、さも後継の概念かのように現れてきたこと、それに関連して特に教育行政の流れのなかでその傾向が強かったことを意識してのことでもある。別に、それを肯定しているわけではないが、無視するわけにはいかないのである[1]。なお、「生涯学習」と「社会教育」の概念は、

まったく異なるものであるということは，あとでキチンと説明することにする。ただ，このかん，行政の世界では，学校については考え方の大きな変更はないものの，社会教育の領域であれこれの変更がなされてきているということは，確認しておくべきであろう。教育の領域で問題が出てきたら，学校教育自体には手をつけないで，できるだけ社会教育の領域で解決するという方法がとられてきたということなのであろう。

さて，生涯学習を考える際には，社会教育の領域で考える，ということにするのだが，その際，注目する観点は，学習活動の支援ということでは，施設・団体・職員について，その活動支援の原理的な面でいうなら参加と連携ということになり，人間ということでは，学習者と支援者（職員等）ということになるだろう。このなかで，役所・行政による社会教育，その制度的な面で考える際には，「参加」という概念が基礎になるものといえるのであろう。

注目する観点として羅列してみたが，これらは，社会教育の研究や実践のなかで，すでにさまざま議論されてきたことである。ただ，近年，さまざまな制度的変更が急であり，また整合性のとれない変更もあり，表面的なことに目が行き，なかなか，深い考察が困難になっているという現実もある。

2．あらためてこれまでの発想を考えてみると

（1）社会教育の領域で考えるということ

生涯学習ということを，社会教育の領域で考えるということは，どういうことなのであろうか。

博物館を例にすると，理解しやすいだろう。博物館は，制度的には博物館法という法律によって規定されている。また，その博物館法は，基本的には社会教育法のもとにあると位置づけられてきている。社会教育法は，教育のさまざ

1：「生涯学習」支援のための専門的な行政職員は社会教育主事のままであるが，社会教育主事養成の必修科目は，シカとして「社会教育概論」から，「生涯学習概論」に変更されてきた，という滑稽ともいえる事実もある。

まな事柄を規定している法律群の総称である教育法の一部であるのだから，博物館も，教育のための施設であるということになる[2]。

　いや，しかし，誰も，教育を受けに博物館に行くというわけではないということが，よく言われる。いや，それは，しかし，博物館に行く人間の側から考えるのではなく，博物館を設置し運営する側から考えての発想で，教育のための施設であると考えられているということなのである。そのあたりを理解しないと，議論が混乱する。こういうように考えれば，博物館は教育のための施設であるということも理解できるであろう。教育を受けていると考えるかどうかは，問題ではないのであって，教育を受けてもらおうと考えて設置されているという点を重視するわけなのである。もちろん，単なる楽しみの場，デートの場，憩いの場，カフェやレストランで飲食・語らいをする場，であると考えることもできるであろう。そちらを重視すれば，観光施設とか娯楽施設・集客施設・交流施設という位置づけをして，違う領域の法律での規定をすればよいのである。ただ，現在の日本では，過去の経緯もあって，教育のための施設であるという位置づけになっている，ということなのである。このことを意識してさまざまな施策が展開されるのならよいが，まったく何も考えないかのように行政が動くということがあれば，大きな問題であると考えられる。博物館は，教育・社会教育のための重要な機関であるのだから。

（2）教育として考えるか，学習として考えるか

　示したことは，生涯学習ということは，教育ということと同じであるということではない，ということでもある。観光施設・娯楽施設・集客施設・交流施設などと位置づけられるところでも学習は行われるわけで，生涯学習を広く拡散して考えるか，学習をより意味あるものにするための意図に注目して狭く考えるか，ということでもある。この場合の狭く考えるということは，教育の系で考えるということなのである。人間の形成のための意図的な営み，その営み

2：近年の博物館法の改正で，別な法律のもとにもあることになったが，そのあたりの緻密な議論はまったくというほどなかったことも理解しておく必要があろう。博物館の関係者，行政関係者の認識・行動様式が問われるのかもしれない。

で何を・どういう価値を伝えるかということが意識されているかどうかという点が、教育という系で考えるということなのである。意図的な営み、教育的価値の介在、ということが教育の概念をかたちづくる重要な要素なのであって、この発想で考えるかどうか、教育を重視して考えるかどうかが問われるのである。

ここでの立場は、もちろん、生涯学習ということを、教育を重視して考えるという立場であることを理解していただきたい。そのような観点からは、そこでの教育的意図に関する課題と、教育的価値に関する課題とを考えることが重視される。一方、学習を重視して考えるという立場からは、学習者の意思に関する課題を考えることが重視されるということになろう。教育の方法を考えるか、学習支援の方法を考えるか、という問題設定につながることである。

（3）制度論で考えるか、学習論で考えるか

このことは、社会教育を制度論的に考えるか、学習論的に考えるか、という問題にも関連する。制度論的か、学習論的かというのは、研究の世界でも、意識されてきたことである。古い話なのであるが、日本社会教育学会創設後30年ほどを経過した1980年代に学会の理事会において当時の小川利夫会長（なんて書いても、意味も人物もわからない人が圧倒的多数なんだろうな、でも書いておこう）が、『学会年報』のテーマ設定の議論の際に、「この学会では、制度論的な、いわばハードの面の内容と、学習論的ないわばソフトの面の内容とを交互に『年報』のテーマにしてきた」という発言をしていた。実際、『学会年報』のテーマを調べればわかることであるが、ある時期まで、交互とまではいわないとしても、小川の指摘は当たっていると考えられる。（というか、そのような編集方針があったということなのだ。）

ところで、社会教育に関する議論をする時、よく取り上げられてきた文書等がある。社会教育の領域における「水戸黄門の印籠」といえるのだが、「水戸黄門の印籠」に解説が必要な時代であるので、そこからいこう。民放のテレビドラマで「水戸黄門」というものがあったが、それは、史実とは異なるが、江戸時代に水戸光圀が「介さん格さん」をお供に「諸国漫遊」の旅に出て、地域

の「悪党」を懲らしめるという「勧善懲悪」の1回1時間完結のドラマである。光圀が「悪党」に負けそうになり窮地に陥ると、お供が光圀の印籠を取り出し「この印籠が目に入らぬか、このお方は先の副将軍水戸光圀公であるぞ、控えろ」と「悪党」どもをたじたじにしてしまい、ハッピーエンドに終わる、という、わかりやすいドラマであった。

社会教育の領域の「水戸黄門の印籠」は、『社会教育』に寄稿するような「体制派」の人々にとっては中央教育審議会の答申であり、『月刊社会教育』に寄稿するような「反体制派」の人々にとっては、「ユネスコ学習権宣言」であるという、きわめてわかりやすい状況があった。「中央教育審議会の答申では」あるいは「ユネスコ学習権宣言では」と、自らの主張の正当性の根拠づけが行われたのである。この場合、両者とも制度論的に考えたということなのであろう。内容が問題なのではなく、どういう機関の文書なのかということを正統性の根拠としたのであり、イデオロギー的なものの見方ということもできるわけである。(当時の文部省の位置づけ、ユネスコの位置づけが、関係者の間でどうなっていたかを理解しているのが前提の話なのであるが。)

(4) 制度論と学習論をテキストでみると

制度論と学習論に関して、「社会教育」を学びはじめる大学生向けのテキストの構成をみてみると、いろいろ示唆されることがある。

小川利夫・倉内史郎編『社会教育講義』(明治図書)という大学生用のテキストがある。1964年刊行の同書は、現在の大学生はまったく歯がたたないような内容の本である。当時の大学生がどれだけ理解できたかは別にして、そのような本がテキストだと考えられていた社会は、現在では想像もできない。学生だけでなく、教員もすっかり変わってしまっている。さて、同書の構成は、「Ⅰ　社会教育の概念」(橋口菊)、「Ⅱ　社会教育の組織と体制」(小川利夫)、「Ⅲ　社会教育の内容と方法」(碓井正久)、「Ⅳ　学校と社会教育」(倉内史郎)、「Ⅴ　社会教育の施設」(宮坂広作)、「Ⅵ　社会教育関係団体」(大蔵隆雄)となっている。この構成は、一部に学習論的立場を取り入れているものの、基本的には、制度的立場での構成であるということができよう。

碓井正久編著『社会教育』(第一法規出版, 1970) は,「教育学叢書」の一巻として刊行されているのが, 大学生用の良質なテキストとして用いられてきたものであるといえよう。その構成は,「序説　社会教育の教育学」(碓井正久)「第一章　社会教育の発展過程」(碓井正久),「第二章　学習者の理解」(室俊司),「第三章　社会教育内容論」(碓井正久・倉内史郎・藤岡貞彦・宮坂広作),「第四章　社会教育の計画論」(千野陽一・倉内史郎・藤岡貞彦・神山順一・小川剛)のとおりである。

　稲生勁吾編著『社会教育概論』(樹村房, 1985) は「社会教育の方法と内容に意を用いて」(はしがき) 構成されたもので,「第Ⅰ章　社会教育の意義」(稲生勁吾),「第Ⅱ章　社会教育の歩み」(佐々木正治),「第Ⅲ章　社会教育施設とその経営」(岡本包治・常盤繁・鈴木眞理),「第Ⅳ章　社会教育の方法」(高村久夫),「第Ⅴ章　生涯の各期における社会教育」(稲生勁吾),「第Ⅵ章　社会教育行政」(鈴木眞理) という章構成となっている。意識的に「社会教育の方法と内容に意を用いて」としていることからは, 出版されている他の概論が, 制度論に傾斜し, 学習論的に弱いという編者の判断が示されていると考えることができる。

　碓井正久・倉内史郎編著『新社会教育』(学文社, 1986) は, その後の社会教育の基本的なテキストとなったものであり, それなりにバランスのとれた平易な表現で重要な課題を網羅している本であったが, その構成は,「第1章　現代世界と社会教育」(碓井正久・松村憲一・倉内史郎),「第2章　多様な学習機会」(倉内史郎・神山順一),「第3章　学習者の理解」(室俊司・鈴木眞理),「第4章　社会教育の内容と方法」(鈴木眞理・室俊司),「第5章　社会教育の法と行財政」(酒匂一雄),「第6章　社会教育施設」(鈴木眞理・常盤繁),「第7章　新しい世紀に向けて」(倉内史郎・室俊司・酒匂一雄・鈴木眞理) となっている。制度論を基本にしながらも, 学習論にもスペースを割いている質の高いテキストであった。

　島田修一・藤岡貞彦編著『社会教育概論』(青木書店, 1982) は, 宮原誠一を師と仰ぐ研究者によって編まれた, 確固とした信念をもつ執筆者が分担して執筆されたものである。その構成は,「第一章　社会教育の概念と歴史」(島田

修一・佐藤一子)、「第二章　社会教育の組織と計画」(小野征夫・井上英之・深井耀子・荒井邦昭)、「第三章　社会教育の内容と方法」(藤岡貞彦・南里悦史・村上博光)、「第四章　学校教育と社会教育」(太田政男・依田有弘)、「第五章　社会教育学の研究課題」(藤岡貞彦・島田修一・南里悦史・佐藤一子)である。一定の価値観を前提としているわけで、「主張」の背景がわかれば、きわめてスッキリした内容になっているが、もちろん制度論が前提になっており、学習論も「制度」に対置される「運動」という観点からの記述になっているという特色がある。

　小川利夫・新海英行編著『新社会教育講義』(大空社、1991) は、『社会教育講義』の編者の一人小川利夫が、自身の門下生や「国民の自己教育運動」に親和性をもつ同じ考え方の執筆者によって書かれている。多人数の分担によるものであるが、その構成は、「人間の形成と社会教育の発達」(小川利夫)、「社会教育の思想と歴史」(山田順一・真野典雄・新海英行)、「ユネスコ学習権宣言と社会教育」(岩橋恵子)、「現代社会(情報化社会)と社会教育・生涯学習の計画化」(松田武雄)、「社会教育の法と行政——社会教育法の理念と「改正」問題の現段階——」(姉崎洋一)、「学校と社会教育」(遠藤由美)、「社会教育関係団体論」(末本誠)、「社会教育施設論」(上野景三・山口源治郎・伊藤寿朗・森川貞夫・三浦嘉久・荒井邦昭)、「社会教育実践をめぐる問題状況と課題」(新海英行)、「社会教育実践の現代的課題」(望月彰・小林平造・佐口眞朗・新田照夫・高橋正教)、「社会教育の内容と方法」(久田邦明)、「社会教育実践と住民の自己教育運動」(笹川孝一) というものであるが、小川のいう制度論に傾斜している内容になっていると位置づけられるだろう。

　ここで取り上げたテキストは、制度論と学習論に、やや重点の置き方の違いはあるものの、それなりに全体的なバランスをとることを意識してきたものであると考えられる。大学生向きのテキストとは思えない、格調高い内容の、今でも十分に通用する（それゆえ、今の学生には「難解」で使えない）テキストも存在していた。ところがここ15年ないし10年ほど前からの、いわば近年のテキストについては、そのバランスが崩れつつあり、学習論への傾斜といえる傾向がみられると考えてもよい状況であり、すぐに現場で使える内容を親切に

示したものが多くみられるようになっている。

　たとえば、『生涯学習概論ハンドブック』（国立教育政策研究所社会教育実践研究センター編，2005）という社会教育主事の講習受講者を主たる対象としたテキストの構成は、次のようになっている。「第Ⅰ部　生涯学習の意義と生涯学習社会の構築」「第1章　生涯学習の意義」「第2章　生涯学習の観点に立った家庭教育」「第3章　生涯学習の観点に立った学校教育」「第4章　生涯学習の観点に立った社会教育」「第5章　生涯学習振興施策の立案と推進」、「第Ⅱ部　社会教育の意義」「第1章　社会教育の意義」「第2章　わが国の社会教育の歴史」「第3章　諸外国の生涯学習・社会教育」、「第Ⅲ部　社会教育行政」「第1章　社会教育行政」「第2章　関係法令と行政組織」「第3章　社会教育関連の委員と職員」「第4章　社会教育の予算」、「第Ⅳ部　社会教育の内容・方法と指導者」「第1章　学習者の特性」「第2章　社会教育の内容」「第3章　社会教育の方法・形態」「第4章　学習成果の評価と活用」「第5章　社会教育の施設」「第6章　社会教育の活動団体」「第7章　社会教育の指導者」「第8章　社会教育における行政評価について」。

　同書は、「ハンドブック」というタイトルが示唆しているとおり、「読み物」としての存在というより、必要な関連情報を提供しようとするところに目的があるようで、ここでの検討には不向きだったかもしれない。しかし、このようなテキストが求められている、行政機関から提供されるようになっているということが示されるということで、重要なものとして位置づけることができるのであろう。

　なお、これまで取り上げてきた文献について、きわめてシンプルにいえば、学習論は文部省・文部科学省的スタンスからの発想、制度論は反文部省的スタンスからの発想ということになろう。

（5）制度論的関心から学習論的関心へ

　社会教育主事の養成に関する科目の大幅な変更が2020（令和2）年度大学入学者からを対象として実施されたが、そこでは、大雑把な言い方をすれば、旧来の「社会教育計画」という科目を「社会教育経営論」という科目と「生涯学習

支援論」とに分割・再編している。これまでの社会教育主事養成科目を修得すれば「社会教育士」という称号を名乗ることができるという触れ込みで、社会教育関係者の社会的位置や評価を高めようとする施策であり、民間の団体等で「社会教育士」の称号を活用する方策だと考えられる。「経営論」さらには、「支援論」では、制度論より学習論への傾斜が目立つのは、当然のことである。この「社会教育士」は、教育委員会事務局に置かれる社会教育主事を想定しているというより、社会教育施設や民間団体等の、具体的な学習場面における活動を想定したものなのであろう。

　この社会教育主事資格取得のための科目の変更、社会教育士という「称号」を名乗るに必要な科目の設置の動きは、さまざまな関係者・識者を交えた十分な議論がなされたとはとうてい考えられないようななかで進められたものであるともみえる。そもそも法で規定されている社会教育行政における専門的職員である社会教育主事の役割と、さまざまな学習場面で役割を期待される社会教育士の役割との異同など、基本的な検討が充分ではないまま、これまでの社会教育職員論の研究経過や研究成果などを、しっかりふまえた研究者の議論もなく進められたもののようであり、研究者・研究者集団の無力さも露呈されているものである。社会教育主事は制度論的な流れから、社会教育士は学習論的な流れから、それぞれ深く検討をすることが必要だったのであろう。

　さて、制度論で考えるか、学習論で考えるか、ということに戻れば、学習論で考えるということが、現在では主流になっているといえるだろう。この学習論への傾斜は、「木を見て森を見ず」ということにもなりかねず、学習の意味・位置づけがわからないままの単なる技法の重視につながるおそれもあり、社会教育に求められる教育的「価値」の軽視につながりかねないというのは、杞憂であろうか。そういうような発想自体がなくなっている、希薄になっているという状況になっているのである。そういうことを指摘する「まっとうな」研究者がいなくなっているのだろうし、それに耳を傾ける「まっとうな」行政職員がいなくなっているということでもあろう。

3．注目すべきテーマとしての「参加」

（1）制度論的文脈での「参加」

　社会教育を制度論的に考えるか，学習論的に考えるかということは，その両方の考え方の底流に，自発性の重視という，社会教育の領域における前提があるということなのである。その自発性の発現形態として社会教育における参加というテーマがある。いまごろ「参加」かと言われそうだが，実は社会教育の領域では，根本的なテーマなのであろう。

　参加を制度的な文脈で考えてみると，どういうことがいえるのであろうか。学校教育の領域では，このかん，地域住民の学校教育への参加ということが，注目されてきたことは，すでに常識に近くなっている。まず，第二次世界大戦後の社会状況のなかで教育行政全体に関して，住民の意見を教育行政に取り入れるために，教育委員会制度ができ，公選による教育委員会が設置された。それが，任命制に変更されて，今日まで続いているわけである。教育委員会制度は，社会教育行政に関しても，その範域に含んでいるわけであるが，社会教育関係者からは，「学校教育委員会」と「陰口」を叩かれることもあるように，学校教育中心になっているのは否めない。しかし，社会教育そのものが，行政がすべてを包み込むような性格ではないこともまた，留意しておかなければいけないことでもある。

　学校に目を向ければ，相対的に近年になって，学校評議員制度，地域運営学校（コミュニティスクール），などの仕組みが創設されたり，学校支援地域本部，地域学校協働本部などの補助金施策が展開されてきた。教育基本法第13条（学校，家庭及び地域住民等の相互の連携協力）「学校，家庭及び地域住民その他の関係者は，教育におけるそれぞれの役割と責任を自覚するとともに，相互の連携及び協力に努めるものとする。」を基礎にした具体的な施策であると位置づけられるが，学校を中心とした地域を前提にする発想でもあり，地域住民等は，学校の運営が効率的効果的に遂行されることに協力する存在になっ

ていると考えるのは、いささか、悪意があると言われるのだろうか。

　考えてみると、社会教育の領域では、住民の参加ということは、第二次世界大戦後に社会教育行政が成立した頃から、意識され制度的な配慮がなされてきたのである。学校教育の領域より早く、参加ということが意識されてきているのである。社会教育委員が設置され、公民館には公民館運営審議会が、図書館には図書館協議会、博物館には博物館協議会が、想定されていた。さらに、青年学級振興法には、運営委員会の設置も「奨励」されてもいた。それは、学習者の自発的な営みとしての学習を基礎にしているという社会教育の原理的な面から発想されていることでもあるし、学校教育のように、国家が重要な関心を示すものであり、その制度を住民に委ねるということより専門家の手によって運営することが必要であると考えられたからでもあるといえるだろう。そんなに「意味があるわけではない」領域であると位置づけられたゆえに、住民の参加の領域が広がっていたと、逆説的に考えることもできるのである。学校教育の領域において「参加」が課題になっている状況は、社会教育の領域にずっと関係している人間からすると、何をいまさらという感じなのである。

　その学校教育は、制度が整備される時期には、「地域の拠点」「地域の学校」として、地域住民の有形無形の支援や行事への参加も、意識されることなく行われていた。学校の運動会が地域に開放されるということも、ごく自然のことであり、学校後援会が学校の環境整備、備品の寄付などをしていたというのも、希なことではない。第二次世界大戦後の学校に関する制度や考え方が新たになるに伴い、PTAという発想が導入されて、その活動を通じて民主的な活動が広がる基盤も形成されるということになり、PTAが学校への「参加」に関する重要な役割を演ずることにもなってきている。

（2）学習論的文脈での「参加」

　社会教育における「参加」は、学習論的な文脈における意味も存在し、そういう観点での検討も重要である。社会教育については、学校教育のように「義務教育」という発想はない。教育を受けることは、自ら選択しての行動なのであり、制度で「強い」られることはなく、むしろ権利として学習の機会の確保

が要求されるという筋での発想が，親和的であるといえる。もちろん，近代公教育では，学校教育も，権利として学習機会が保障されるということは前提になる考え方であるが，社会教育の方が，よりその色彩が強いということなのである。

　学習機会への「参加」ということに関して，なぜ，どのような条件が整えば学習活動が生起するか，というようなことは，大きな問題であるが，残念ながら，この系の研究は蓄積がほとんどない。それは，研究の困難さからくる研究の怠慢ということもあろうが，社会教育行政や施設，民間の団体などの学習機会の提供体が，事業の成果や効果の測定などに関心がないということに関連するものであろうし，それは，社会教育の学習機会がその程度の存在であるとみなされているということを示しているということでもあろう。人々が学習すれば，何かに影響を及ぼすとかいうことを説得的に示すデータが存在しているというわけでもなく，そのデータを使った施策が展開されているわけでもない。学習活動は，そのような功利的な類の活動に位置づけられるのかということについても検討が必要なことなのであろうが，それにしても，その種の発想に乏しいことには自覚的でなければ，行政施策としてのアピールはできないということもまた正しいのであろう。

　いわば「学習経験としての参加」という観点から，学習と「参加」についての検討は必要であろう。これは，「制度論としての参加」につながるものでもある。制度として，学習者が，何らかの社会的な活動へ参加した場合に，その参加の経験が学習経験として蓄積され，その後の活動に意味をもつことがあるが，そのことを「学習経験としての参加」と表現することができよう。すでにあげたが，PTAの活動は，子どもをもつ親にとっては，「格好の」参加経験をもたらすといえる。ジェンダーバイアスをもつ表現なのかもしれないが，それまで「家の中」にいた女性が，子どもの小学校入学によって，PTA活動に接し，同じ年齢の子どもをもつ女性と学習活動や組織運営のための活動など，さまざまな経験をし，行動範囲を広げ，PTAのみではなく地域活動一般にまで関心・行動が広がるということは，見受けられてきたことである。(このような女性像が一般論として語られることにも問題があるといえば問題なのだが。)

そこから地方議会の議員になったりすることも，そう希なことではなかった。PTAがさまざまな地域活動などの基礎になっているということは，経験的にもうなずけることであろう。

（3）社会教育委員という制度の存在の意味

「学習経験としての参加」を考える際に社会教育委員の存在は，きわめて重要な位置を与えられてよいと思われる。社会教育委員は，制度として存在しているのであるが，社会教育委員の活動は，PTAの活動と同様に，「学習経験としての参加」の典型的なものである。

社会教育委員は，社会教育法で規定されている，都道府県や市町村に置かれる，いわゆる行政委嘱委員であるが，その重要な役割は，「社会教育に関する諸計画を立案する」ことである。この社会教育委員は，かつては，「学校教育及び社会教育の関係者，家庭教育の向上に資する活動を行う者並びに学識経験のある者」から選ばれることになっていたが，現在は文科省の基準を「参酌」して委嘱することになっている。内容的には，その趣旨は変更されずに，地域において社会教育やその周辺の活動をしている人に，地域の社会教育の計画を立案してもらうための仕組み・住民の要望や意思や声の反映の仕組みであると理解してよいと考えられる。学識経験者も委員として想定されているが，そういう人が中心なのではなく，実際に社会教育の活動をしている人，活動に密接に関わっている人が中心として想定されているのである。

この社会教育委員は，地域の人々が学習しやすい環境を整えるために活動をする，「諸計画を立案する」ことが期待されているとともに，自らが活動のなかで学ぶという存在であるという，いわば二重の意味で「参加」しているとみることができるのだろう。社会教育委員は，自分たちが学習活動をするなかで考えて提案した環境整備の成果を享受しながら生活する，地域における学習者としても存在するわけである。関係者は，そのことの意味を十分に自覚すべきなのであろう。

社会教育委員に対する会議出席謝金や，研修への参加経費の負担なども，そういう視角で考えてみるということがあってもよいのだろう。そもそも，行政

委嘱員としての社会教育委員という存在そのものに矛盾はないのか，というところから考え直してみることも必要なのかもしれない。安閑としていると，この先の展開を見失い，これまで曲がりなりにも一定の意味をもってきた社会教育委員の制度そのものの存在が危うくなるのかもしれない。

4．あらためて社会教育の特質を確認する

　地域課題でもよい，現代的課題という表現でもよい，一般的な言い方をすれば，社会的課題・公共的課題は，社会教育が展開される際の基本的な学習課題である。社会教育が何のために存在するのか，なぜ必要なのか，なぜそれを行政が担う社会教育が意識しなければいけないのか，社会教育の目的論に関わる問題として，真剣に考えなければいけないことなのであろう。

　ここで，「持続可能な社会」「持続可能な地域」をつくるために，教育があり，社会教育があるのだということを確認しておかなければならないであろう。教育，その一形態の社会教育は，自律的な人間の形成に資するために存在するわけであるが，それによって，地域をつくり，社会をつくるということが想定される。そのような仕組みは，仕組み自体が維持され，継続的に行っていくことが必要になる。社会教育自体が「持続可能」でなければいけない，ということなのである。

　社会教育は，あれこれの特質をもつと考えられるが，「持続可能」ということに関連させれば，いくつかの論点があげられるだろう。それは，公共性をもつこと，継続性を前提にすること，当事者性を重視すること，などであろう。社会教育には持続可能性が内在しているともいえるのだろう。

　公共性をもつという点に関しては，学習課題としての必要課題への注目とその重視という観点で考えると理解しやすい。行政が担う社会教育は，まさにその典型であり，学習内容として，公共的テーマ・社会的テーマ，「現代的課題」等といわれる必要課題に即した内容が提供されることが求められているのである。要求課題は，民間の事業に任せることもできるのである。

　継続性を前提にすること，言い換えれば一過性ではないことは，これまでの

4. あらためて社会教育の特質を確認する | 199

社会教育のさまざまな実践をみても，明らかになっているといえる。事業は深められながら継続的に実施されているものも多いし，行政が講座を開き，修了後にその参加者の自主的な活動を支援するようなことも普通にみられる。公民館活動の評価なども注目されるようになっているが，これは，継続性あるいは発展を意識したことである。

関連しているのであるが，学習者の当事者性の尊重ということも，社会教育の特質のひとつといえるのだろう。福祉の領域で語られる当事者性は，課題のある人々が，自身の問題を自身で自覚し・考え・決定し，行政を含めた周囲はそれを支援するという発想であるといえるが，その発想を社会教育の領域にも適用することは，社会教育の本来のあり方を再認識するということなのであろう。社会教育法が1949（昭和24）年にできたとき，公民館への補助は，当該館の実績に応じて決定されていた。現在のように，中央で指定した特定の事業への補助という考え方でなく，「当事者」の判断を重視するかたちである。

昭和の終わりに，内閣総理大臣竹下登の発案になるといわれる「ふるさと創生事業」という施策があった。いわゆる「竹下一億円」というものである。人口規模や使途を問わず市町村に一億円ずつ「配る」という「画期的な」ものであった。評価は分かれるが，使途は自治体が自由に決めることができるという発想は，社会教育の領域でも十分に注目してもよいのであろう。（ただし，「業者」の活躍の場になっては意味がないのであって，まさに当事者の見識・能力が問われるということなのである。）社会教育委員という住民の声を反映できる仕組み，持続可能性を担保する仕組みもある。

社会教育の領域では，学校教育の発想にとらわれないで，どこでも同じでもなく，より自由な発想が求められてよいし，やろうと思う人を支援し，少なくともやろうと思う人をくじけさせるようなことはあってはならないのであろう。

明治後期から昭和初期にかけての教育学者・春山作樹によって「組織化の道程にある教育」と表現された社会教育は，その「持続可能性」のゆえに意味があるのであろう。

[資料1]

教育基本法

（昭和22. 3. 31　法律第 25号）
（改正　平成18.12.22　法律第120号）

前文

　我々日本国民は，たゆまぬ努力によって築いてきた民主的で文化的な国家を更に発展させるとともに，世界の平和と人類の福祉の向上に貢献することを願うものである。

　我々は，この理想を実現するため，個人の尊厳を重んじ，真理と正義を希求し，公共の精神を尊び，豊かな人間性と創造性を備えた人間の育成を期するとともに，伝統を継承し，新しい文化の創造を目指す教育を推進する。

　ここに，我々は，日本国憲法の精神にのっとり，我が国の未来を切り拓く教育の基本を確立し，その振興を図るため，この法律を制定する。

第1章　教育の目的及び理念

（教育の目的）
第1条　教育は，人格の完成を目指し，平和で民主的な国家及び社会の形成者として必要な資質を備えた心身ともに健康な国民の育成を期して行われなければならない。

（教育の目標）
第2条　教育は，その目的を実現するため，学問の自由を尊重しつつ，次に掲げる目標を達成するよう行われるものとする。

1　幅広い知識と教養を身に付け，真理を求める態度を養い，豊かな情操と道徳心を培うとともに，健やかな身体を養うこと。

2　個人の価値を尊重して，その能力を伸ばし，創造性を培い，自主及び自律の精神を養うとともに，職業及び生活との関連を重視し，勤労を重んずる態度を養うこと。

3　正義と責任，男女の平等，自他の敬愛と協力を重んずるとともに，公共の精神に基づき，主体的に社会の形成に参画し，その発展に寄与する態度を養うこと。

4　生命を尊び，自然を大切にし，環境の保全に寄与する態度を養うこと。

5　伝統と文化を尊重し，それらをはぐくんできた我が国と郷土を愛するとともに，他国を尊重し，国際社会の平和と発展に寄与する態度を養うこと。

（生涯学習の理念）
第3条　国民一人一人が，自己の人格を磨き，豊かな人生を送ることができるよう，その生涯にわたって，あらゆる機会に，あらゆる場所において学習することができ，その成果を適切に生かすことのできる社会の実現が図られなければならない。

（教育の機会均等）
第4条　すべて国民は，ひとしく，その能力に応じた教育を受ける機会を与えられなければならず，人種，信条，性別，社会的身分，経済的地位又は門地によって，教育上差別されない。

② 国及び地方公共団体は，障害のある者が，その障害の状態に応じ，十分な教育を受けられるよう，教育上必要な支援を講じなければならない。

③ 国及び地方公共団体は，能力があるにもかかわらず，経済的理由によって修学が困難な者に対して，奨学の措置を講じなければならない。

第2章　教育の実施に関する基本

（義務教育）
第5条　国民は，その保護する子に，別に法律で定めるところにより，普通教育を受けさせる義務を負う。

② 義務教育として行われる普通教育は，各個人の有する能力を伸ばしつつ社会において自立的に生きる基礎を培い，また，国家及び社会の形成者として必要とされる基本的な資質を養うことを目的として行われる

ものとする。
③ 国及び地方公共団体は、義務教育の機会を保障し、その水準を確保するため、適切な役割分担及び相互の協力の下、その実施に責任を負う。
④ 国又は地方公共団体の設置する学校における義務教育については、授業料を徴収しない。

（学校教育）
第6条　法律に定める学校は、公の性質を有するものであって、国、地方公共団体及び法律に定める法人のみが、これを設置することができる。
② 前項の学校においては、教育の目標が達成されるよう、教育を受ける者の心身の発達に応じて、体系的な教育が組織的に行われなければならない。この場合において、教育を受ける者が、学校生活を営む上で必要な規律を重んずるとともに、自ら進んで学習に取り組む意欲を高めることを重視して行われなければならない。

（大学）
第7条　大学は、学術の中心として、高い教養と専門的能力を培うとともに、深く真理を探究して新たな知見を創造し、これらの成果を広く社会に提供することにより、社会の発展に寄与するものとする。
② 大学については、自主性、自律性その他の大学における教育及び研究の特性が尊重されなければならない。

（私立学校）
第8条　私立学校の有する公の性質及び学校教育において果たす重要な役割にかんがみ、国及び地方公共団体は、その自主性を尊重しつつ、助成その他の適当な方法によって私立学校教育の振興に努めなければならない。

（教員）
第9条　法律に定める学校の教員は、自己の崇高な使命を深く自覚し、絶えず研究と修養に励み、その職責の遂行に努めなければならない。
② 前項の教員については、その使命と職責の重要性にかんがみ、その身分は尊重され、待遇の適正が期せられるとともに、養成と研修の充実が図られなければならない。

（家庭教育）
第10条　父母その他の保護者は、子の教育について第一義的責任を有するものであって、生活のために必要な習慣を身に付けさせるとともに、自立心を育成し、心身の調和のとれた発達を図るよう努めるものとする。
② 国及び地方公共団体は、家庭教育の自主性を尊重しつつ、保護者に対する学習の機会及び情報の提供その他の家庭教育を支援するために必要な施策を講ずるよう努めなければならない。

（幼児期の教育）
第11条　幼児期の教育は、生涯にわたる人格形成の基礎を培う重要なものであることにかんがみ、国及び地方公共団体は、幼児の健やかな成長に資する良好な環境の整備その他適当な方法によって、その振興に努めなければならない。

（社会教育）
第12条　個人の要望や社会の要請にこたえ、社会において行われる教育は、国及び地方公共団体によって奨励されなければならない。
② 国及び地方公共団体は、図書館、博物館、公民館その他の社会教育施設の設置、学校の施設の利用、学習の機会及び情報の提供その他の適当な方法によって社会教育の振興に努めなければならない。

（学校、家庭及び地域住民等の相互の連携協力）
第13条　学校、家庭及び地域住民その他の関係者は、教育におけるそれぞれの役割と責任を自覚するとともに、相互の連携及び協力に努めるものとする。

（政治教育）
第14条　良識ある公民として必要な政治的教

養は，教育上尊重されなければならない。
② 法律に定める学校は，特定の政党を支持し，又はこれに反対するための政治教育その他政治的活動をしてはならない。

（宗教教育）
第15条 宗教に関する寛容の態度，宗教に関する一般的な教養及び宗教の社会生活における地位は，教育上尊重されなければならない。
② 国及び地方公共団体が設置する学校は，特定の宗教のための宗教教育その他宗教的活動をしてはならない。

第3章 教育行政

（教育行政）
第16条 教育は，不当な支配に服することなく，この法律及び他の法律の定めるところにより行われるべきものであり，教育行政は，国と地方公共団体との適切な役割分担及び相互の協力の下，公正かつ適正に行われなければならない。
② 国は，全国的な教育の機会均等と教育水準の維持向上を図るため，教育に関する施策を総合的に策定し，実施しなければならない。
③ 地方公共団体は，その地域における教育の振興を図るため，その実情に応じた教育に関する施策を策定し，実施しなければならない。
④ 国及び地方公共団体は，教育が円滑かつ継続的に実施されるよう，必要な財政上の措置を講じなければならない。

（教育振興基本計画）
第17条 政府は，教育の振興に関する施策の総合的かつ計画的な推進を図るため，教育の振興に関する施策についての基本的な方針及び講ずべき施策その他必要な事項について，基本的な計画を定め，これを国会に報告するとともに，公表しなければならない。
② 地方公共団体は，前項の計画を参酌し，その地域の実情に応じ，当該地方公共団体における教育の振興のための施策に関する基本的な計画を定めるよう努めなければならない。

第4章 法令の制定

第18条 この法律に規定する諸条項を実施するため，必要な法令が制定されなければならない。

附 則〔抄〕

（施行期日）
1　この法律は，公布の日から施行する。

[資料２] 生涯学習の振興のための施策の推進体制等の整備に関する法律

(平成 2.6.29 法律第71号)
(改正：平成14.4.1 法律第15号)

（目的）
第１条 この法律は，国民が生涯にわたって学習する機会があまねく求められている状況にかんがみ，生涯学習の振興に資するための都道府県の事業に関しその推進体制の整備その他の必要な事項を定め，及び特定の地区において生涯学習に係る機会の総合的な提供を促進するための措置について定めるとともに，都道府県生涯学習審議会の事務について定める等の措置を講ずることにより，生涯学習の振興のための施策の推進体制及び地域における生涯学習に係る機会の整備を図り，もって生涯学習の振興に寄与することを目的とする。

（施策における配慮等）
第２条 国及び地方公共団体は，この法律に規定する生涯学習の振興のための施策を実施するに当たっては，学習に関する国民の自発的意思を尊重するよう配慮するとともに，職業能力の開発及び向上，社会福祉等に関し生涯学習に資するための別に講じられる施策と相まって，効果的にこれを行うよう努めるものとする。

（生涯学習の振興に資するための都道府県の事業）
第３条 都道府県の教育委員会は，生涯学習の振興に資するため，おおむね次の各号に掲げる事業について，これらを相互に連携させつつ推進するために必要な体制の整備を図りつつ，これらを一体的かつ効果的に実施するよう努めるものとする。
1　学校教育及び社会教育に係る学習（体育に係るものを含む。以下この項において「学習」という。）並びに文化活動の機会に関する情報を収集し，整理し，及び提供すること。
2　住民の学習に対する需要及び学習の成果の評価に関し，調査研究を行うこと。
3　地域の実情に即した学習の方法の開発を行うこと。
4　住民の学習に関する指導者及び助言者に対する研修を行うこと。
5　地域における学校教育，社会教育及び文化に関する機関及び団体に対し，これらの機関及び団体相互の連携に関し，照会及び相談に応じ，並びに助言その他の援助を行うこと。
6　前各号に掲げるもののほか，社会教育のための講座の開設その他の住民の学習の機会の提供に関し必要な事業を行うこと。

② 都道府県の教育委員会は，前項に規定する事業を行うに当たっては，社会教育関係団体その他の地域において生涯学習に資する事業を行う機関及び団体との連携に努めるものとする。

（都道府県の事業の推進体制の整備に関する基準）
第４条 文部科学大臣は，生涯学習の振興に資するため，都道府県の教育委員会が行う前条第１項に規定する体制の整備に関し望ましい基準を定めるものとする。

② 文部科学大臣は，前項の基準を定めようとするときは，あらかじめ，審議会等（国家行政組織法（昭和23年法律第120号）第８条に規定する機関をいう。以下同じ。）で政令で定めるものの意見を聴かなければならない。これを変更しようとするときも，同様とする。

（地域生涯学習振興基本構想）
第５条 都道府県は，当該都道府県内の特定の地区において，当該地区及びその周辺の相当程度広範囲の地域における住民の生涯学習の振興に資するため，社会教育に係る

学習（体育に係るものを含む。）及び文化活動その他の生涯学習に資する諸活動の多様な機会の総合的な提供を民間事業者の能力を活用しつつ行うことに関する基本的な構想（以下「基本構想」という。）を作成することができる。
② 基本構想においては，次に掲げる事項について定めるものとする。
　1　前項に規定する多様な機会（以下「生涯学習に係る機会」という。）の総合的な提供の方針に関する事項
　2　前項に規定する地区の区域に関する事項
　3　総合的な提供を行うべき生涯学習に係る機会（民間事業者により提供されるものを含む。）の種類及び内容に関する基本的な事項
　4　前号に規定する民間事業者に対する資金の融通の円滑化その他の前項に規定する地区において行われる生涯学習に係る機会の総合的な提供に必要な業務であって政令で定めるものを行う者及び当該業務の運営に関する事項
　5　その他生涯学習に係る機会の総合的な提供に関する重要事項
③ 都道府県は，基本構想を作成しようとするときは，あらかじめ，関係市町村に協議しなければならない。
④ 都道府県は，基本構想を作成しようとするときは，前項の規定による協議を経た後，文部科学大臣及び経済産業大臣に協議することができる。
⑤ 文部科学大臣及び経済産業大臣は，前項の規定による協議を受けたときは，都道府県が作成しようとする基本構想が次の各号に該当するものであるかどうかについて判断するものとする。
　1　当該基本構想に係る地区が，生涯学習に係る機会の提供の程度が著しく高い地域であって政令で定めるもの以外の地域のうち，交通条件及び社会的自然的条件からみて生涯学習に係る機会の総合的な提供を行うことが相当と認められる地区であること。
　2　当該基本構想に係る生涯学習に係る機会の総合的な提供が当該基本構想に係る地区及びその周辺の相当程度広範囲の地域における住民の生涯学習に係る機会に対する要請に適切にこたえるものであること。
　3　その他文部科学大臣及び経済産業大臣が判断に当たっての基準として次条の規定により定める事項（以下「判断基準」という。）に適合するものであること。
⑥ 文部科学大臣及び経済産業大臣は，基本構想につき前項の判断をするに当たっては，あらかじめ，関係行政機関の長に協議するとともに，文部科学大臣にあっては前条第2項の政令で定める審議会等の意見を，経済産業大臣にあっては産業構造審議会の意見をそれぞれ聴くものとし，前項各号に該当するものであると判断するに至ったときは，速やかにその旨を当該都道府県に通知するものとする。
⑦ 都道府県は，基本構想を作成したときは，遅滞なく，これを公表しなければならない。
⑧ 第3項から前項までの規定は，基本構想の変更（文部科学省令，経済産業省令で定める軽微な変更を除く。）について準用する。

(判断基準)

第6条　判断基準においては，次に掲げる事項を定めるものとする。
　1　生涯学習に係る機会の総合的な提供に関する基本的な事項
　2　前条第1項に規定する地区の設定に関する基本的な事項
　3　総合的な提供を行うべき生涯学習に係る機会（民間事業者により提供されるものを含む。）の種類及び内容に関する基本的な事項
　4　生涯学習に係る機会の総合的な提供に

必要な事業に関する基本的な事項
5　生涯学習に係る機会の総合的な提供に際し配慮すべき重要事項

② 文部科学大臣及び経済産業大臣は，判断基準を定めるに当たっては，あらかじめ，総務大臣その他関係行政機関の長に協議するとともに，文部科学大臣にあっては第4条第2項の政令で定める審議会等の意見を，経済産業大臣にあっては産業構造審議会の意見をそれぞれ聴かなければならない。

③ 文部科学大臣及び経済産業大臣は，判断基準を定めたときは，遅滞なく，これを公表しなければならない。

④ 前2項の規定は，判断基準の変更について準用する。

第7条　削除

(基本構想の実施等)

第8条　都道府県は，関係民間事業者の能力を活用しつつ，生涯学習に係る機会の総合的な提供を基本構想に基づいて計画的に行うよう努めなければならない。

② 文部科学大臣は，基本構想の円滑な実施の促進のため必要があると認めるときは，社会教育関係団体及び文化に関する団体に対し必要な協力を求めるものとし，かつ，関係地方公共団体及び関係事業者等の要請に応じ，その所管に属する博物館資料の貸出しを行うよう努めるものとする。

③ 経済産業大臣は，基本構想の円滑な実施の促進のため必要があると認めるときは，商工会議所及び商工会に対し，これらの団体及びその会員による生涯学習に係る機会の提供その他の必要な協力を求めるものとする。

④ 前2項に定めるもののほか，文部科学大臣及び経済産業大臣は，基本構想の作成及び円滑な実施の促進のため，関係地方公共団体に対し必要な助言，指導その他の援助を行うよう努めなければならない。

⑤ 前3項に定めるもののほか，文部科学大臣，経済産業大臣，関係行政機関の長，関係地方公共団体及び関係事業者は，基本構想の円滑な実施が促進されるよう，相互に連携を図りながら協力しなければならない。

第9条　削除

(都道府県生涯学習審議会)

第10条　都道府県に，都道府県生涯学習審議会(以下「都道府県審議会」という。)を置くことができる。

② 都道府県審議会は，都道府県の教育委員会又は知事の諮問に応じ，当該都道府県の処理する事務に関し，生涯学習に資するための施策の総合的な推進に関する重要事項を調査審議する。

③ 都道府県審議会は，前項に規定する事項に関し必要と認める事項を当該都道府県の教育委員会又は知事に建議することができる。

④ 前3項に定めるもののほか，都道府県審議会の組織及び運営に関し必要な事項は，条例で定める。

(市町村の連携協力体制)

第11条　市町村(特別区を含む。)は，生涯学習の振興に資するため，関係機関及び関係団体等との連携協力体制の整備に努めるものとする。

附　則　(略)

[資料3]

社会教育法

(昭和24. 6.10　法律第207号)
(改正　令和 4. 6.17　法律第 68号)

第1章　総則

（この法律の目的）

第1条　この法律は，教育基本法（平成18年法律第120号）の精神に則り，社会教育に関する国及び地方公共団体の任務を明らかにすることを目的とする。

（社会教育の定義）

第2条　この法律において「社会教育」とは，学校教育法（昭和22年法律第26号）又は就学前の子どもに関する教育，保育等の総合的な提供の推進に関する法律（平成18年法律第77号）に基づき，学校の教育課程として行われる教育活動を除き，主として青少年及び成人に対して行われる組織的な教育活動（体育及びレクリエーションの活動を含む。）をいう。

（国及び地方公共団体の任務）

第3条　国及び地方公共団体は，この法律及び他の法令の定めるところにより，社会教育の奨励に必要な施設の設置及び運営，集会の開催，資料の作製，頒布その他の方法により，すべての国民があらゆる機会，あらゆる場所を利用して，自ら実際生活に即する文化的教養を高め得るような環境を醸成するように努めなければならない。

② 国及び地方公共団体は，前項の任務を行うに当たっては，国民の学習に対する多様な需要を踏まえ，これに適切に対応するために必要な学習の機会の提供及びその奨励を行うことにより，生涯学習の振興に寄与することとなるよう努めるものとする。

③ 国及び地方公共団体は，第1項の任務を行うに当たっては，社会教育が学校教育及び家庭教育との密接な関連性を有することにかんがみ，学校教育との連携の確保に努め，及び家庭教育の向上に資することとなるよう必要な配慮をするとともに，学校，家庭及び地域住民その他の関係者相互間の連携及び協力の促進に資することとなるよう努めるものとする。

（国の地方公共団体に対する援助）

第4条　前条第1項の任務を達成するために，国は，この法律及び他の法令の定めるところにより，地方公共団体に対し，予算の範囲内において，財政的援助並びに物資の提供及びそのあっせんを行う。

（市町村の教育委員会の事務）

第5条　市（特別区を含む。以下同じ。）町村の教育委員会は，社会教育に関し，当該地方の必要に応じ，予算の範囲内において，次の事務を行う。

1　社会教育に必要な援助を行うこと。
2　社会教育委員の委嘱に関すること。
3　公民館の設置及び管理に関すること。
4　所管に属する図書館，博物館，青年の家その他の社会教育施設の設置及び管理に関すること。
5　所管に属する学校の行う社会教育のための講座の開設及びその奨励に関すること。
6　講座の開設及び討論会，講習会，講演会，展示会その他の集会の開催並びにこれらの奨励に関すること。
7　家庭教育に関する学習の機会を提供するための講座の開設及び集会の開催並びに家庭教育に関する情報の提供並びにこれらの奨励に関すること。
8　職業教育及び産業に関する科学技術指導のための集会の開催並びにその奨励に関すること。
9　生活の科学化の指導のための集会の開催及びその奨励に関すること。
10　情報化の進展に対応して情報の収集及び利用を円滑かつ適正に行うために必要

な知識又は技能に関する学習の機会を提供するための講座の開設及び集会の開催並びにこれらの奨励に関すること。
11　運動会，競技会その他体育指導のための集会の開催及びその奨励に関すること。
12　音楽，演劇，美術その他芸術の発表会等の開催及びその奨励に関すること。
13　主として学齢児童及び学齢生徒（それぞれ学校教育法第18条に規定する学齢児童及び学齢生徒をいう。）に対し，学校の授業の終了後又は休業日において学校，社会教育施設その他適切な施設を利用して行う学習その他の活動の機会を提供する事業の実施並びにその奨励に関すること。
14　青少年に対しボランティア活動など社会奉仕体験活動，自然体験活動その他の体験活動の機会を提供する事業の実施及びその奨励に関すること。
15　社会教育における学習の機会を利用して行った学習の成果を活用して学校，社会教育施設その他地域において行う教育活動その他の活動の機会を提供する事業の実施及びその奨励に関すること。
16　社会教育に関する情報の収集，整理及び提供に関すること。
17　視聴覚教育，体育及びレクリエーションに必要な設備，器材及び資料の提供に関すること。
18　情報の交換及び調査研究に関すること。
19　その他第3条第1項の任務を達成するために必要な事務
②　市町村の教育委員会は，前項第13号から第15号までに規定する活動であって地域住民その他の関係者（以下この項及び第9条の7第2項において「地域住民等」という。）が学校と協働して行うもの（以下「地域学校協働活動」という。）の機会を提供する事業を実施するに当たっては，地域住民等の積極的な参加を得て当該地域学校協働活動が学校との適切な連携の下に円滑かつ効果的に実施されるよう，地域住民等と学校との連携協力体制の整備，地域学校協働活動に関する普及啓発その他の必要な措置を講ずるものとする。
③　地方教育行政の組織及び運営に関する法律（昭和31年法律第162号）第23条第1項の条例の定めるところによりその長が同項第1号に掲げる事務（以下「特定事務」という。）を管理し，及び執行することとされた地方公共団体（以下「特定地方公共団体」という。）である市町村にあっては，第1項の規定にかかわらず，同項第3号及び第4号の事務のうち特定事務に関するものは，その長が行うものとする。

（都道府県の教育委員会の事務）
第6条　都道府県の教育委員会は，社会教育に関し，当該地方の必要に応じ，予算の範囲内において，前条第1項各号の事務（同項第3号の事務を除く。）を行うほか，次の事務を行う。
1　公民館及び図書館の設置及び管理に関し，必要な指導及び調査を行うこと。
2　社会教育を行う者の研修に必要な施設の設置及び運営，講習会の開催，資料の配布等に関すること。
3　社会教育施設の設置及び運営に必要な物資の提供及びそのあっせんに関すること。
4　市町村の教育委員会との連絡に関すること。
5　その他法令によりその職務権限に属する事項
②　前条第2項の規定は，都道府県の教育委員会が地域学校協働活動の機会を提供する事業を実施する場合に準用する。
③　特定地方公共団体である都道府県にあっては，第1項の規定にかかわらず，前条第1項第四号の事務のうち特定事務に関するものは，その長が行うものとする。

（教育委員会と地方公共団体の長との関係）
第7条　地方公共団体の長は，その所掌に関

する必要な広報宣伝で視聴覚教育の手段を利用することその他教育の施設及び手段によることを適当とするものにつき，教育委員会に対し，その実施を依頼し，又は実施の協力を求めることができる。
② 前項の規定は，他の行政庁がその所掌に関する必要な広報宣伝につき，教育委員会（特定地方公共団体にあっては，その長又は教育委員会）に対し，その実施を依頼し，又は実施の協力を求める場合に準用する。
第8条　教育委員会は，社会教育に関する事務を行うために必要があるときは，当該地方公共団体の長及び関係行政庁に対し，必要な資料の提供その他の協力を求めることができる。
第8条の2　特定地方公共団体の長は，特定事務のうち当該特定地方公共団体の教育委員会の所管に属する学校，社会教育施設その他の施設における教育活動と密接な関連を有するものとして当該特定地方公共団体の規則で定めるものを管理し，及び執行するに当たっては，当該教育委員会の意見を聴かなければならない。
② 特定地方公共団体の長は，前項の規則を制定し，又は改廃しようとするときは，あらかじめ，当該特定地方公共団体の教育委員会の意見を聴かなければならない。
第8条の3　特定地方公共団体の教育委員会は，特定事務の管理及び執行について，その職務に関して必要と認めるときは，当該特定地方公共団体の長に対し，意見を述べることができる。

（図書館及び博物館）
第9条　図書館及び博物館は，社会教育のための機関とする。
② 図書館及び博物館に関し必要な事項は，別に法律をもって定める。

第2章　社会教育主事等

（社会教育主事及び社会教育主事補の設置）
第9条の2　都道府県及び市町村の教育委員会の事務局に，社会教育主事を置く。
② 都道府県及び市町村の教育委員会の事務局に，社会教育主事補を置くことができる。

（社会教育主事及び社会教育主事補の職務）
第9条の3　社会教育主事は，社会教育を行う者に専門的技術的な助言と指導を与える。ただし，命令及び監督をしてはならない。
② 社会教育主事は，学校が社会教育関係団体，地域住民その他の関係者の協力を得て教育活動を行う場合には，その求めに応じて，必要な助言を行うことができる。
③ 社会教育主事補は，社会教育主事の職務を助ける。

（社会教育主事の資格）
第9条の4　次の各号のいずれかに該当する者は，社会教育主事となる資格を有する。
1　大学に2年以上在学して62単位以上を修得し，又は高等専門学校を卒業し，かつ，次に掲げる期間を通算した期間が3年以上になる者で，次条の規定による社会教育主事の講習を修了したもの
　イ　社会教育主事補の職にあった期間
　ロ　官公署，学校，社会教育施設又は社会教育関係団体における職で司書，学芸員その他の社会教育主事補の職と同等以上の職として文部科学大臣の指定するものにあった期間
　ハ　官公署，学校，社会教育施設又は社会教育関係団体が実施する社会教育に関係のある事業における業務であって，社会教育主事として必要な知識又は技能の習得に資するものとして文部科学大臣が指定するものに従事した期間（イ又はロに掲げる期間に該当する期間を除く。）
2　教育職員の普通免許状を有し，かつ，5年以上文部科学大臣の指定する教育に関する職にあった者で，次条の規定による社会教育主事の講習を修了したもの
3　大学に2年以上在学して，62単位以上を修得し，かつ，大学において文部科学省令で定める社会教育に関する科目の単

位を修得した者で，第1号イからハまでに掲げる期間を通算した期間が1年以上になるもの
4　次条の規定による社会教育主事の講習を修了した者（第1号及び第2号に掲げる者を除く。）で，社会教育に関する専門的事項について前3号に掲げる者に相当する教養と経験があると都道府県の教育委員会が認定したもの

(社会教育主事の講習)
第9条の5　社会教育主事の講習は，文部科学大臣の委嘱を受けた大学その他の教育機関が行う。
②　受講資格その他社会教育主事の講習に関し必要な事項は，文部科学省令で定める。

(社会教育主事及び社会教育主事補の研修)
第9条の6　社会教育主事及び社会教育主事補の研修は，任命権者が行うもののほか，文部科学大臣及び都道府県が行う。

(地域学校協働活動推進員)
第9条の7　教育委員会は，地域学校協働活動の円滑かつ効果的な実施を図るため，社会の信望があり，かつ，地域学校協働活動の推進に熱意と識見を有する者のうちから，地域学校協働活動推進員を委嘱することができる。
②　地域学校協働活動推進員は，地域学校協働活動に関する事項につき，教育委員会の施策に協力して，地域住民等と学校との間の情報の共有を図るとともに，地域学校協働活動を行う地域住民等に対する助言その他の援助を行う。

第3章　社会教育関係団体
(社会教育関係団体の定義)
第10条　この法律で「社会教育関係団体」とは，法人であると否とを問わず，公の支配に属しない団体で社会教育に関する事業を行うことを主たる目的とするものをいう。

(文部科学大臣及び教育委員会との関係)
第11条　文部科学大臣及び教育委員会は，社会教育関係団体の求めに応じ，これに対し，専門的技術的指導又は助言を与えることができる。
②　文部科学大臣及び教育委員会は，社会教育関係団体の求めに応じ，これに対し，社会教育に関する事業に必要な物資の確保につき援助を行う。

(国及び地方公共団体との関係)
第12条　国及び地方公共団体は，社会教育関係団体に対し，いかなる方法によっても，不当に統制的支配を及ぼし，又はその事業に干渉を加えてはならない。

(審議会等への諮問)
第13条　国又は地方公共団体が社会教育関係団体に対し補助金を交付しようとする場合には，あらかじめ，国にあっては文部科学大臣が審議会等（国家行政組織法（昭和23年法律第120号）第8条に規定する機関をいう。第51条第3項において同じ。）で政令で定めるものの，地方公共団体にあっては教育委員会が社会教育委員の会議（社会教育委員が置かれていない場合には，条例で定めるところにより社会教育に係る補助金の交付に関する事項を調査審議する審議会その他の合議制の機関）の意見を聴いて行わなければならない。

(報告)
第14条　文部科学大臣及び教育委員会は，社会教育関係団体に対し，指導資料の作製及び調査研究のために必要な報告を求めることができる。

第4章　社会教育委員
(社会教育委員の設置)
第15条　都道府県及び市町村に社会教育委員を置くことができる。
②　社会教育委員は，教育委員会が委嘱する。
第16条　削除

(社会教育委員の職務)
第17条　社会教育委員は，社会教育に関し教育委員会に助言するため，次の職務を行う。
1　社会教育に関する諸計画を立案すること。

2　定時又は臨時に会議を開き，教育委員会の諮問に応じ，これに対して，意見を述べること。
　3　前2号の職務を行うために必要な研究調査を行うこと。
② 社会教育委員は，教育委員会の会議に出席して社会教育に関し意見を述べることができる。
③ 市町村の社会教育委員は，当該市町村の教育委員会から委嘱を受けた青少年教育に関する特定の事項について，社会教育関係団体，社会教育指導者その他関係者に対し，助言と指導を与えることができる。

（社会教育委員の委嘱の基準等）
第18条　社会教育委員の委嘱の基準，定数及び任期その他社会教育委員に関し必要な事項は，当該地方公共団体の条例で定める。この場合において，社会教育委員の委嘱の基準については，文部科学省令で定める基準を参酌するものとする。
第19条　削除

第5章　公民館

（目的）
第20条　公民館は，市町村その他一定区域内の住民のために，実際生活に即する教育，学術及び文化に関する各種の事業を行い，もって住民の教養の向上，健康の増進，情操の純化を図り，生活文化の振興，社会福祉の増進に寄与することを目的とする。

（公民館の設置者）
第21条　公民館は，市町村が設置する。
② 前項の場合を除くほか，公民館は，公民館の設置を目的とする一般社団法人又は一般財団法人（以下この章において「法人」という。）でなければ設置することができない。
③ 公民館の事業の運営上必要があるときは，公民館に分館を設けることができる。

（公民館の事業）
第22条　公民館は，第20条の目的達成のために，おおむね，左の事業を行う。但し，この法律及び他の法令によって禁じられたものは，この限りでない。
　1　定期講座を開設すること。
　2　討論会，講習会，講演会，実習会，展示会等を開催すること。
　3　図書，記録，模型，資料等を備え，その利用を図ること。
　4　体育，レクリエーション等に関する集会を開催すること。
　5　各種の団体，機関等の連絡を図ること。
　6　その施設を住民の集会その他の公共的利用に供すること。

（公民館の運営方針）
第23条　公民館は，次の行為を行ってはならない。
　1　もっぱら営利を目的として事業を行い，特定の営利事務に公民館の名称を利用させその他営利事業を援助すること。
　2　特定の政党の利害に関する事業を行い，又は公私の選挙に関し，特定の候補者を支持すること。
② 市町村の設置する公民館は，特定の宗教を支持し，又は特定の教派，宗派若しくは教団を支援してはならない。

（公民館の基準）
第23条の2　文部科学大臣は，公民館の健全な発達を図るために，公民館の設置及び運営上必要な基準を定めるものとする。
② 文部科学大臣及び都道府県の教育委員会は，市町村の設置する公民館が前項の基準に従って設置され及び運営されるように，当該市町村に対し，指導，助言その他の援助に努めるものとする。

（公民館の設置）
第24条　市町村が公民館を設置しようとするときは，条例で，公民館の設置及び管理に関する事項を定めなければならない。
第25条及び第26条　削除

（公民館の職員）
第27条　公民館に館長を置き，主事その他必要な職員を置くことができる。

② 館長は，公民館の行う各種の事業の企画実施その他必要な事務を行い，所属職員を監督する。
③ 主事は，館長の命を受け，公民館の事業の実施にあたる。
第28条　市町村の設置する公民館の館長，主事その他必要な職員は，当該市町村の教育委員会（特定地方公共団体である市町村の長がその設置，管理及び廃止に関する事務を管理し，及び執行することとされた公民館（第30条第1項及び第40条第1項において「特定公民館」という。）の館長，主事その他必要な職員にあっては，当該市町村の長）が任命する。

（公民館の職員の研修）
第28条の2　第9条の6の規定は，公民館の職員の研修について準用する。

（公民館運営審議会）
第29条　公民館に公民館運営審議会を置くことができる。
② 公民館運営審議会は，館長の諮問に応じ，公民館における各種の事業の企画実施につき調査審議するものとする。
第30条　市町村の設置する公民館にあっては，公民館運営審議会の委員は，当該市町村の教育委員会（特定公民館に置く公民館運営審議会の委員にあっては，当該市町村の長）が委嘱する。
② 前項の公民館運営審議会の委員の委嘱の基準，定数及び任期その他当該公民館運営審議会に関し必要な事項は，当該市町村の条例で定める。この場合において，委員の委嘱の基準については，文部科学省令で定める基準を参酌するものとする。
第31条　法人の設置する公民館に公民館運営審議会を置く場合にあっては，その委員は，当該法人の役員をもって充てるものとする。

（運営の状況に関する評価等）
第32条　公民館は，当該公民館の運営の状況について評価を行うとともに，その結果に基づき公民館の運営の改善を図るため必要な措置を講ずるよう努めなければならない。

（運営の状況に関する情報の提供）
第32条の2　公民館は，当該公民館の事業に関する地域住民その他の関係者の理解を深めるとともに，これらの者との連携及び協力の推進に資するため，当該公民館の運営の状況に関する情報を積極的に提供するよう努めなければならない。

（基金）
第33条　公民館を設置する市町村にあっては，公民館の維持運営のために，地方自治法（昭和22年法律第67号）第241条の基金を設けることができる。

（特別会計）
第34条　公民館を設置する市町村にあっては，公民館の維持運営のために，特別会計を設けることができる。

（公民館の補助）
第35条　国は，公民館を設置する市町村に対し，予算の範囲内において，公民館の施設，設備に要する経費その他必要な経費の1部を補助することができる。
② 前項の補助金の交付に関し必要な事項は，政令で定める。
第36条　削除
第37条　都道府県が地方自治法第232条の2の規定により，公民館の運営に要する経費を補助する場合において，文部科学大臣は，政令の定めるところにより，その補助金の額，補助の比率，補助の方法その他必要な事項につき報告を求めることができる。
第38条　国庫の補助を受けた市町村は，左に掲げる場合においては，その受けた補助金を国庫に返還しなければならない。
　1　公民館がこの法律若しくはこの法律に基く命令又はこれらに基いてした処分に違反したとき。
　2　公民館がその事業の全部若しくは1部を廃止し，又は第20条に掲げる目的以外の用途に利用されるようになったとき。
　3　補助金交付の条件に違反したとき。

4　虚偽の方法で補助金の交付を受けたとき。

(法人の設置する公民館の指導)
第39条　文部科学大臣及び都道府県の教育委員会は，法人の設置する公民館の運営その他に関し，その求めに応じて，必要な指導及び助言を与えることができる。

(公民館の事業又は行為の停止)
第40条　公民館が第23条の規定に違反する行為を行ったときは，市町村の設置する公民館にあっては当該市町村の教育委員会（特定公民館にあっては，当該市町村の長），法人の設置する公民館にあっては都道府県の教育委員会は，その事業又は行為の停止を命ずることができる。
②　前項の規定による法人の設置する公民館の事業又は行為の停止命令に関し必要な事項は，都道府県の条例で定めることができる。

(罰則)
第41条　前条第1項の規定による公民館の事業又は行為の停止命令に違反する行為をした者は，1年以下の懲役若しくは禁錮又は3万円以下の罰金に処する。

(公民館類似施設)
第42条　公民館に類似する施設は，何人もこれを設置することができる。
②　前項の施設の運営その他に関しては，第39条の規定を準用する。

第6章　学校施設の利用

(適用範囲)
第43条　社会教育のためにする国立学校（学校教育法第1条に規定する学校（以下この条において「第一条学校」という。）及び就学前の子どもに関する教育，保育等の総合的な提供の推進に関する法律第2条第7項に規定する幼保連携型認定こども園（以下「幼保連携型認定こども園」という。）であって国（国立大学法人法（平成15年法律第112号）第2条第1項に規定する国立大学法人（次条第2項において「国立大学法人」という。）及び独立行政法人国立高等専門学校機構を含む。）が設置するものをいう。以下同じ。）又は公立学校（第一条学校及び幼保連携型認定こども園であって地方公共団体（地方独立行政法人法（平成15年法律第118号）第68条第1項に規定する公立大学法人（次条第2項及び第48条第1項において「公立大学法人」という。）を含む。）が設置するものをいう。以下同じ。）の施設の利用に関しては，この章の定めるところによる。

(学校施設の利用)
第44条　学校（国立学校又は公立学校をいう。以下この章において同じ。）の管理機関は，学校教育上支障がないと認める限り，その管理する学校の施設を社会教育のために利用に供するように努めなければならない。
②　前項において「学校の管理機関」とは，国立学校にあっては設置者である国立大学法人の学長若しくは理事長又は独立行政法人国立高等専門学校機構の理事長，公立学校のうち，大学及び幼保連携型認定こども園にあっては設置者である地方公共団体の長又は公立大学法人の理事長，大学及び幼保連携型認定こども園以外の公立学校にあっては設置者である地方公共団体に設置されている教育委員会又は公立大学法人の理事長をいう。

(学校施設利用の許可)
第45条　社会教育のために学校の施設を利用しようとする者は，当該学校の管理機関の許可を受けなければならない。
②　前項の規定により，学校の管理機関が学校施設の利用を許可しようとするときは，あらかじめ，学校の長の意見を聞かなければならない。

第46条　国又は地方公共団体が社会教育のために，学校の施設を利用しようとするときは，前条の規定にかかわらず，当該学校の管理機関と協議するものとする。

第47条　第45条の規定による学校施設の利用

が一時的である場合には，学校の管理機関は，同条第1項の許可に関する権限を学校の長に委任することができる。
② 前項の権限の委任その他学校施設の利用に関し必要な事項は，学校の管理機関が定める。

(社会教育の講座)
第48条 文部科学大臣は国立学校に対し，地方公共団体の長は当該地方公共団体が設置する大学若しくは幼保連携型認定こども園又は当該地方公共団体が設立する公立大学法人が設置する公立学校に対し，地方公共団体に設置されている教育委員会は当該地方公共団体が設置する大学及び幼保連携型認定こども園以外の公立学校に対し，その教育組織及び学校の施設の状況に応じ，文化講座，専門講座，夏期講座，社会学級講座等学校施設の利用による社会教育のための講座の開設を求めることができる。
② 文化講座は，成人の一般的教養に関し，専門講座は，成人の専門的学術知識に関し，夏期講座は，夏期休暇中，成人の一般的教養又は専門的学術知識に関し，それぞれ大学，高等専門学校又は高等学校において開設する。
③ 社会学級講座は，成人の一般的教養に関し，小学校，中学校又は義務教育学校において開設する。
④ 第1項の規定する講座を担当する講師の報酬その他必要な経費は，予算の範囲内において，国又は地方公共団体が負担する。

第7章　通信教育

(適用範囲)
第49条 学校教育法第54条，第70条第1項，第82条及び第84条の規定により行うものを除き，通信による教育に関しては，この章の定めるところによる。

(通信教育の定義)
第50条 この法律において「通信教育」とは，通信の方法により一定の教育計画の下に，教材，補助教材等を受講者に送付し，これに基き，設問解答，添削指導，質疑応答等を行う教育をいう。
② 通信教育を行う者は，その計画実現のために，必要な指導者を置かなければならない。

(通信教育の認定)
第51条 文部科学大臣は，学校又は一般社団法人若しくは一般財団法人の行う通信教育で社会教育上奨励すべきものについて，通信教育の認定(以下「認定」という。)を与えることができる。
② 認定を受けようとする者は，文部科学大臣の定めるところにより，文部科学大臣に申請しなければならない。
③ 文部科学大臣が，第1項の規定により，認定を与えようとするときは，あらかじめ，第13条の政令で定める審議会等に諮問しなければならない。

(認定手数料)
第52条 文部科学大臣は，認定を申請する者から実費の範囲内において文部科学省令で定める額の手数料を徴収することができる。ただし，国立学校又は公立学校が行う通信教育に関しては，この限りでない。

第53条 削除

(郵便料金の特別取扱)
第54条 認定を受けた通信教育に要する郵便料金については，郵便法(昭和22年法律第165号)の定めるところにより，特別の取扱を受けるものとする。

(通信教育の廃止)
第55条 認定を受けた通信教育を廃止しようとするとき，又はその条件を変更しようとするときは，文部科学大臣の定めるところにより，その許可を受けなければならない。
② 前項の許可に関しては，第51条第3項の規定を準用する。

(報告及び措置)
第56条 文部科学大臣は，認定を受けた者に対し，必要な報告を求め，又は必要な措置を命ずることができる。

(認定の取消)
第57条 認定を受けた者がこの法律若しくはこの法律に基く命令又はこれらに基いてした処分に違反したときは，文部科学大臣は，認定を取り消すことができる。

② 前項の認定の取消に関しては，第51条第3項の規定を準用する。

附　則〔抄〕

1　この法律は，公布の日から施行する。

[資料4]

図書館法

(昭和25. 4.30　法律第118号)
(改正　令和1. 6. 7　法律第26号)

第1章　総則

(この法律の目的)

第1条　この法律は，社会教育法（昭和24年法律第207号）の精神に基き，図書館の設置及び運営に関して必要な事項を定め，その健全な発達を図り，もって国民の教育と文化の発展に寄与することを目的とする。

(定義)

第2条　この法律において「図書館」とは，図書，記録その他必要な資料を収集し，整理し，保存して，一般公衆の利用に供し，その教養，調査研究，レクリエーション等に資することを目的とする施設で，地方公共団体，日本赤十字社又は一般社団法人若しくは一般財団法人が設置するもの（学校に附属する図書館又は図書室を除く。）をいう。

② 前項の図書館のうち，地方公共団体の設置する図書館を公立図書館といい，日本赤十字社又は一般社団法人若しくは一般財団法人の設置する図書館を私立図書館という。

(図書館奉仕)

第3条　図書館は，図書館奉仕のため，土地の事情及び一般公衆の希望に沿い，更に学校教育を援助し，及び家庭教育の向上に資することとなるように留意し，おおむね次に掲げる事項の実施に努めなければならない。

1　郷土資料，地方行政資料，美術品，レコード及びフィルムの収集にも十分留意して，図書，記録，視聴覚教育の資料その他必要な資料（電磁的記録（電子的方式，磁気的方式その他人の知覚によっては認識することができない方式で作られた記録をいう。）を含む。以下「図書館資料」という。）を収集し，一般公衆の利用に供すること。

2　図書館資料の分類排列を適切にし，及びその目録を整備すること。

3　図書館の職員が図書館資料について十分な知識を持ち，その利用のための相談に応ずるようにすること。

4　他の図書館，国立国会図書館，地方公共団体の議会に附置する図書室及び学校に附属する図書館又は図書室と緊密に連絡し，協力し，図書館資料の相互貸借を行うこと。

5　分館，閲覧所，配本所等を設置し，及び自動車文庫，貸出文庫の巡回を行うこと。

6　読書会，研究会，鑑賞会，映写会，資料展示会等を主催し，及びこれらの開催を奨励すること。

7　時事に関する情報及び参考資料を紹介し，及び提供すること。

8　社会教育における学習の機会を利用して行った学習の成果を活用して行う教育活動その他の活動の機会を提供し，及びその提供を奨励すること。

9　学校，博物館，公民館，研究所等と緊密に連絡し，協力すること。

(司書及び司書補)

第4条　図書館に置かれる専門的職員を司書及び司書補と称する。

② 司書は，図書館の専門的事務に従事する。

③ 司書補は，司書の職務を助ける。

(司書及び司書補の資格)

第5条　次の各号のいずれかに該当する者は，司書となる資格を有する。

1　大学を卒業した者（専門職大学の前期課程を修了した者を含む。次号において同じ。）で大学において文部科学省令で定める図書館に関する科目を履修したもの

2　大学又は高等専門学校を卒業した者で

次条の規定による司書の講習を修了したもの
3 次に掲げる職にあった期間が通算して3年以上になる者で次条の規定による司書の講習を修了したもの
　イ　司書補の職
　ロ　国立国会図書館又は大学若しくは高等専門学校の附属図書館における職で司書補の職に相当するもの
　ハ　ロに掲げるもののほか，官公署，学校又は社会教育施設における職で社会教育主事，学芸員その他の司書補の職と同等以上の職として文部科学大臣が指定するもの
② 次の各号のいずれかに該当する者は，司書補となる資格を有する。
1 司書の資格を有する者
2 学校教育法（昭和22年法律第26号）第90条第1項の規定により大学に入学することのできる者で次条の規定による司書補の講習を修了したもの

（司書及び司書補の講習）
第6条 司書及び司書補の講習は，大学が，文部科学大臣の委嘱を受けて行う。
② 司書及び司書補の講習に関し，履修すべき科目，単位その他必要な事項は，文部科学省令で定める。ただし，その履修すべき単位数は，15単位を下ることができない。

（司書及び司書補の研修）
第7条 文部科学大臣及び都道府県の教育委員会は，司書及び司書補に対し，その資質の向上のために必要な研修を行うよう努めるものとする。

（設置及び運営上望ましい基準）
第7条の2 文部科学大臣は，図書館の健全な発達を図るために，図書館の設置及び運営上望ましい基準を定め，これを公表するものとする。

（運営の状況に関する評価等）
第7条の3 図書館は，当該図書館の運営の状況について評価を行うとともに，その結果に基づき図書館の運営の改善を図るため必要な措置を講ずるよう努めなければならない。

（運営の状況に関する情報の提供）
第7条の4 図書館は，当該図書館の図書館奉仕に関する地域住民その他の関係者の理解を深めるとともに，これらの者との連携及び協力の推進に資するため，当該図書館の運営の状況に関する情報を積極的に提供するよう努めなければならない。

（協力の依頼）
第8条 都道府県の教育委員会は，当該都道府県内の図書館奉仕を促進するために，市（特別区を含む。以下同じ。）町村の教育委員会（地方教育行政の組織及び運営に関する法律（昭和31年法律第162号）第23条第1項の条例の定めるところによりその長が図書館の設置，管理及び廃止に関する事務を管理し，及び執行することとされた地方公共団体（第13条第1項において「特定地方公共団体」という。）である市町村にあっては，その長又は教育委員会）に対し，総合目録の作製，貸出文庫の巡回，図書館資料の相互貸借等に関して協力を求めることができる。

（公の出版物の収集）
第9条 政府は，都道府県の設置する図書館に対し，官報その他一般公衆に対する広報の用に供せられる独立行政法人国立印刷局の刊行物を2部提供するものとする。
② 国及び地方公共団体の機関は，公立図書館の求めに応じ，これに対して，それぞれの発行する刊行物その他の資料を無償で提供することができる。

第2章　公立図書館

（設　置）
第10条 公立図書館の設置に関する事項は，当該図書館を設置する地方公共団体の条例で定めなければならない。

第11条及び第12条 削除

（職　員）

第13条　公立図書館に館長並びに当該図書館を設置する地方公共団体の教育委員会（特定地方公共団体の長がその設置，管理及び廃止に関する事務を管理し，及び執行することとされた図書館（第15条において「特定図書館」という。）にあっては，当該特定地方公共団体の長）が必要と認める専門的職員，事務職員及び技術職員を置く。

② 館長は，館務を掌理し，所属職員を監督して，図書館奉仕の機能の達成に努めなければならない。

(図書館協議会)

第14条　公立図書館に図書館協議会を置くことができる。

② 図書館協議会は，図書館の運営に関し館長の諮問に応ずるとともに，図書館の行う図書館奉仕につき，館長に対して意見を述べる機関とする。

第15条　図書館協議会の委員は，当該図書館を設置する地方公共団体の教育委員会（特定図書館に置く図書館協議会の委員にあっては，当該地方公共団体の長）が任命する。

第16条　図書館協議会の設置，その委員の任命の基準，定数及び任期その他図書館協議会に関し必要な事項については，当該図書館を設置する地方公共団体の条例で定めなければならない。この場合において，委員の任命の基準については，文部科学省令で定める基準を参酌するものとする。

(入館料等)

第17条　公立図書館は，入館料その他図書館資料の利用に対するいかなる対価をも徴収してはならない。

第18条及び第19条　削除

(図書館の補助)

第20条　国は，図書館を設置する地方公共団体に対し，予算の範囲内において，図書館の施設，設備に要する経費その他必要な経費の一部を補助することができる。

② 前項の補助金の交付に関し必要な事項は，政令で定める。

第21条及び第22条　削除

第23条　国は，第20条の規定による補助金の交付をした場合において，左の各号の1に該当するときは，当該年度におけるその後の補助金の交付をやめるとともに，既に交付した当該年度の補助金を返還させなければならない。

1　図書館がこの法律の規定に違反したとき。
2　地方公共団体が補助金の交付の条件に違反したとき。
3　地方公共団体が虚偽の方法で補助金の交付を受けたとき。

第3章　私立図書館

第24条　削除

(都道府県の教育委員会との関係)

第25条　都道府県の教育委員会は，私立図書館に対し，指導資料の作製及び調査研究のために必要な報告を求めることができる。

② 都道府県の教育委員会は，私立図書館に対し，その求めに応じて，私立図書館の設置及び運営に関して，専門的，技術的の指導又は助言を与えることができる。

(国及び地方公共団体との関係)

第26条　国及び地方公共団体は，私立図書館の事業に干渉を加え，又は図書館を設置する法人に対し，補助金を交付してはならない。

第27条　国及び地方公共団体は，私立図書館に対し，その求めに応じて，必要な物資の確保につき，援助を与えることができる。

(入館料等)

第28条　私立図書館は，入館料その他図書館資料の利用に対する対価を徴収することができる。

(図書館同種施設)

第29条　図書館と同種の施設は，何人もこれを設置することができる。

② 第25条第2項の規定は，前項の施設について準用する。

附　則　(略)

[資料5]

博物館法

(昭和26.12.1 法律第285号)
(改正 令和 5.4.1 法律第 24号)

第1章 総則

（目的）

第1条 この法律は，社会教育法（昭和24年法律第207号）及び文化芸術基本法（平成13年法律第148号）の精神に基き，博物館の設置及び運営に関して必要な事項を定め，その健全な発達を図り，もって国民の教育，学術及び文化の発展に寄与することを目的とする。

（定義）

第2条 この法律において「博物館」とは，歴史，芸術，民俗，産業，自然科学等に関する資料を収集し，保管（育成を含む。以下同じ。）し，展示して教育的配慮の下に一般公衆の利用に供し，その教養，調査研究，レクリエーション等に資するために必要な事業を行い，併せてこれらの資料に関する調査研究をすることを目的とする機関（社会教育法による公民館及び図書館法（昭和25年法律第118号）による図書館を除く。）のうち，次章の規定による登録を受けたものをいう。

② この法律において，「公立博物館」とは，地方公共団体又は地方独立行政法人（地方独立行政法人法（平成15年法律第118号）第2条第1項に規定する地方独立行政法人をいう。以下同じ。）の設置する博物館をいう。

③ この法律において「私立博物館」とは，博物館のうち，公立博物館以外のものをいう。

④ この法律において「博物館資料」とは，博物館が収集し，保管し，又は展示する資料（電磁的記録（電子的方式，磁気的方式その他人の知覚によっては認識することができない方式で作られた記録をいう。次条第1項第3号において同じ。）を含む。）をいう。

（博物館の事業）

第3条 博物館は，前条第1項に規定する目的を達成するため，おおむね次に掲げる事業を行う。

1　実物，標本，模写，模型，文献，図表，写真，フィルム，レコード等の博物館資料を豊富に収集し，保管し，及び展示すること。

2　分館を設置し，又は博物館資料を当該博物館外で展示すること。

3　博物館資料に係る電磁的記録を作成し，公開すること。

4　一般公衆に対して，博物館資料の利用に関し必要な説明，助言，指導等を行い，又は研究室，実験室，工作室，図書室等を設置してこれを利用させること。

5　博物館資料に関する専門的，技術的な調査研究を行うこと。

6　博物館資料の保管及び展示等に関する技術的研究を行うこと。

7　博物館資料に関する案内書，解説書，目録，図録，年報，調査研究の報告書等を作成し，及び頒布すること。

8　博物館資料に関する講演会，講習会，映写会，研究会等を主催し，及びその開催を援助すること。

9　当該博物館の所在地又はその周辺にある文化財保護法（昭和25年法律第214号）の適用を受ける文化財について，解説書又は目録を作成する等一般公衆の当該文化財の利用の便を図ること。

10　社会教育における学習の機会を利用して行った学習の成果を活用して行う教育活動その他の活動の機会を提供し，及びその提供を奨励すること。

11　学芸員その他の博物館の事業に従事する人材の養成及び研修を行うこと。

12　学校，図書館，研究所，公民館等の教育，学術又は文化に関する諸施設と協力し，その活動を援助すること。
② 博物館は，前項各号に掲げる事業の充実を図るため，他の博物館，第31条第2項に規定する指定施設その他これらに類する施設との間において，資料の相互貸借，職員の交流，刊行物及び情報の交換その他の活動を通じ，相互に連携を図りながら協力するよう努めるものとする。
③ 博物館は，第1項各号に掲げる事業の成果を活用するとともに，地方公共団体，学校，社会教育施設その他の関係機関及び民間団体と相互に連携を図りながら協力し，当該博物館が所在する地域における教育，学術及び文化の振興，文化観光（有形又は無形の文化的所産その他の文化に関する資源（以下この項において「文化資源」という。）の観覧，文化資源に関する体験活動その他の活動を通じて文化についての理解を深めることを目的とする観光をいう。）その他の活動の推進を図り，もって地域の活力の向上に寄与するよう努めるものとする。

（館長，学芸員その他の職員）
第4条　博物館に，館長を置く。
② 館長は，館務を掌理し，所属職員を監督して，博物館の任務の達成に努める。
③ 博物館に，専門的職員として学芸員を置く。
④ 学芸員は，博物館資料の収集，保管，展示及び調査研究その他これと関連する事業についての専門的事項をつかさどる。
⑤ 博物館に，館長及び学芸員のほか，学芸員補その他の職員を置くことができる。
⑥ 学芸員補は，学芸員の職務を助ける。

（学芸員の資格）
第5条　次の各号のいずれかに該当する者は，学芸員となる資格を有する。
1　学士の学位（学校教育法（昭和22年法律第26号）第104条第2項に規定する文部科学大臣の定める学位（専門職大学を卒業した者に対して授与されるものに限る。）を含む。）を有する者で，大学において文部科学省令で定める博物館に関する科目の単位を修得したもの
2　次条各号のいずれかに該当する者で，3年以上学芸員補の職にあったもの
3　文部科学大臣が，文部科学省令で定めるところにより，前2号に掲げる者と同等以上の学力及び経験を有する者と認めた者
② 前項第2号の学芸員補の職には，官公署，学校又は社会教育施設（博物館の事業に類する事業を行う施設を含む。）における職で，社会教育主事，司書その他の学芸員補の職と同等以上の職として文部科学大臣が指定するものを含むものとする。

（学芸員補の資格）
第6条　次の各号のいずれかに該当する者は，学芸員補となる資格を有する。
1　短期大学士の学位（学校教育法第104条第2項に規定する文部科学大臣の定める学位（専門職大学を卒業した者に対して授与されるものを除く。）及び同条第6項に規定する文部科学大臣の定める学位を含む。）を有する者で，前条第1項第1号の文部科学省令で定める博物館に関する科目の単位を修得したもの
2　前号に掲げる者と同等以上の学力及び経験を有する者として文部科学省令で定める者

（館長，学芸員及び学芸員補等の研修）
第7条　文部科学大臣及び都道府県の教育委員会は，館長，学芸員及び学芸員補その他の職員に対し，その資質の向上のために必要な研修を行うよう努めるものとする。

（設置及び運営上望ましい基準）
第8条　文部科学大臣は，博物館の健全な発達を図るために，博物館の設置及び運営上望ましい基準を定め，これを公表するものとする。

（運営の状況に関する評価等）

第9条　博物館は，当該博物館の運営の状況について評価を行うとともに，その結果に基づき博物館の運営の改善を図るため必要な措置を講ずるよう努めなければならない。
(運営の状況に関する情報の提供)
第10条　博物館は，当該博物館の事業に関する地域住民その他の関係者の理解を深めるとともに，これらの者との連携及び協力の推進に資するため，当該博物館の運営の状況に関する情報を積極的に提供するよう努めなければならない。

第2章　登録

(登録)
第11条　博物館を設置しようとする者は，当該博物館について，当該博物館の所在する都道府県の教育委員会（当該博物館（都道府県が設置するものを除く。）が指定都市（地方自治法（昭和22年法律第67号）第252条の19第1項の指定都市をいう。以下同じ。）の区域内に所在する場合にあっては，当該指定都市の教育委員会。第31条第1項第2号を除き，以下同じ。）の登録を受けるものとする。

(登録の申請)
第12条　前条の登録（以下「登録」という。）を受けようとする者は，都道府県の教育委員会の定めるところにより，次に掲げる事項を記載した登録申請書を都道府県の教育委員会に提出しなければならない。
1　登録を受けようとする博物館の設置者の名称及び住所
2　登録を受けようとする博物館の名称及び所在地
3　その他都道府県の教育委員会の定める事項
②　前項の登録申請書には，次に掲げる書類を添付しなければならない。
1　館則（博物館の規則のうち，目的，開館日，運営組織その他の博物館の運営上必要な事項を定めたものをいう。）の写し
2　次条第1項各号に掲げる基準に適合していることを証する書類
3　その他都道府県の教育委員会の定める書類

(登録の審査)
第13条　都道府県の教育委員会は，登録の申請に係る博物館が次の各号のいずれにも該当すると認めるときは，当該博物館の登録をしなければならない。
1　当該申請に係る博物館の設置者が次のイ又はロに掲げる法人のいずれかに該当すること。
　イ　地方公共団体又は地方独立行政法人
　ロ　次に掲げる要件のいずれにも該当する法人（イに掲げる法人並びに国及び独立行政法人（独立行政法人通則法（平成11年法律第103号）第2条第1項に規定する独立行政法人をいう。第31条第1項及び第6項において同じ。）を除く。）
　　（1）博物館を運営するために必要な経済的基礎を有すること。
　　（2）当該申請に係る博物館の運営を担当する役員が博物館を運営するために必要な知識又は経験を有すること。
　　（3）当該申請に係る博物館の運営を担当する役員が社会的信望を有すること。
2　当該申請に係る博物館の設置者が，第19条第1項の規定により登録を取り消され，その取消しの日から2年を経過しない者でないこと。
3　博物館資料の収集，保管及び展示並びに博物館資料に関する調査研究を行う体制が，第3条第1項各号に掲げる事業を行うために必要なものとして都道府県の教育委員会の定める基準に適合するものであること。
4　学芸員その他の職員の配置が，第3条第1項各号に掲げる事業を行うために必要なものとして都道府県の教育委員会の定める基準に適合するものであること。

5　施設及び設備が，第3条第1項各号に掲げる事業を行うために必要なものとして都道府県の教育委員会の定める基準に適合するものであること。
6　1年を通じて150日以上開館すること。
② 都道府県の教育委員会が前項第3号から第5号までの基準を定めるに当たっては，文部科学省令で定める基準を参酌するものとする。
③ 都道府県の教育委員会は，登録を行うときは，あらかじめ，博物館に関し学識経験を有する者の意見を聴かなければならない。

（登録の実施等）
第14条　登録は，都道府県の教育委員会が，次に掲げる事項を博物館登録原簿に記載してするものとする。
1　第12条第1項第1号及び第2号に掲げる事項
2　登録の年月日
② 都道府県の教育委員会は，登録をしたときは，遅滞なく，その旨を当該登録の申請をした者に通知するとともに，前項各号に掲げる事項をインターネットの利用その他の方法により公表しなければならない。

（変更の届出）
第15条　博物館の設置者は，第12条第1項第1号又は第2号に掲げる事項を変更するときは，あらかじめ，その旨を都道府県の教育委員会に届け出なければならない。
② 都道府県の教育委員会は，前項の規定による届出があったときは，当該届出に係る登録事項の変更登録をするとともに，その旨をインターネットの利用その他の方法により公表しなければならない。

（都道府県の教育委員会への定期報告）
第16条　博物館の設置者は，当該博物館の運営の状況について，都道府県の教育委員会の定めるところにより，定期的に，都道府県の教育委員会に報告しなければならない。

（報告又は資料の提出）
第17条　都道府県の教育委員会は，その登録に係る博物館の適正な運営を確保するため必要があると認めるときは，当該博物館の設置者に対し，その運営の状況に関し報告又は資料の提出を求めることができる。

（勧告及び命令）
第18条　都道府県の教育委員会は，その登録に係る博物館が第13条第1項各号のいずれかに該当しなくなったと認めるときは，当該博物館の設置者に対し，必要な措置をとるべきことを勧告することができる。
② 都道府県の教育委員会は，前項の規定による勧告を受けた博物館の設置者が，正当な理由がなくてその勧告に係る措置をとらなかったときは，当該博物館の設置者に対し，期限を定めて，その勧告に係る措置をとるべきことを命ずることができる。
③ 第13条第3項の規定は，第1項の規定による勧告及び前項の規定による命令について準用する。

（登録の取消し）
第19条　都道府県の教育委員会は，その登録に係る博物館の設置者が次の各号のいずれかに該当するときは，当該博物館の登録を取り消すことができる。
1　偽りその他不正の手段により登録を受けたとき。
2　第15条第1項の規定による届出をせず，又は虚偽の届出をしたとき。
3　第16条の規定に違反したとき。
4　第17条の報告若しくは資料の提出をせず，又は虚偽の報告若しくは資料の提出をしたとき。
5　前条第2項の規定による命令に違反したとき。
② 第13条第3項の規定は，前項の規定による登録の取消しについて準用する。
③ 都道府県の教育委員会は，第1項の規定により登録の取消しをしたときは，速やかにその旨を，当該登録に係る博物館の設置者に対し通知するとともに，インターネットの利用その他の方法により公表しなけれ

ばならない。

(博物館の廃止)
第20条　博物館の設置者は，博物館を廃止したときは，すみやかにその旨を都道府県の教育委員会に届け出なければならない。
② 都道府県の教育委員会は，前項の規定による届出があったときは，当該届出に係る博物館の登録を抹消するとともに，その旨をインターネットの利用その他の方法により公表しなければならない。

(都道府県又は指定都市の設置する博物館に関する特例)
第21条　第15条第1項，第16条から第18条まで及び前条第1項の規定は，都道府県又は指定都市の設置する博物館については，適用しない。
② 都道府県又は指定都市の設置する博物館についての第15条第2項，第19条第1項及び第3項並びに前条第2項の規定の適用については，第15条第2項中「前項の規定による届出があったときは，当該届出に係る登録事項」とあるのは「その設置する博物館について第12条第1項第1号又は第2号に掲げる事項に変更があるときは，当該事項」と，第19条第1項中「登録に係る博物館の設置者が次の各号のいずれかに該当する」とあるのは「設置する博物館が第13条第1項第3号から第6号までのいずれかに該当しなくなったと認める」と，同条第3項中「その旨を，当該登録に係る博物館の設置者に対し通知するとともに，」とあるのは「その旨を」と，前条第2項中「前項の規定による届出があったときは，当該届出に係る」とあるのは「その設置する博物館を廃止したときは，当該」とする。

(規則への委任)
第22条　この章に定めるものを除くほか，博物館の登録に関し必要な事項は，都道府県の教育委員会の規則で定める。

第3章　公立博物館

(博物館協議会)
第23条　公立博物館に，博物館協議会を置くことができる。
② 博物館協議会は，博物館の運営に関し館長の諮問に応ずるとともに，館長に対して意見を述べる機関とする。
第24条　博物館協議会の委員は，地方公共団体の設置する博物館にあっては当該博物館を設置する地方公共団体の教育委員会（地方教育行政の組織及び運営に関する法律（昭和31年法律第162号）第23条第1項の条例の定めるところにより地方公共団体の長が当該博物館の設置，管理及び廃止に関する事務を管理し，及び執行することとされている場合にあっては，当該地方公共団体の長）が，地方独立行政法人の設置する博物館にあっては当該地方独立行政法人の理事長がそれぞれ任命する。
第25条　博物館協議会の設置，その委員の任命の基準，定数及び任期その他博物館協議会に関し必要な事項は，地方公共団体の設置する博物館にあっては当該博物館を設置する地方公共団体の条例で，地方独立行政法人の設置する博物館にあっては当該地方独立行政法人の規程で定めなければならない。この場合において，委員の任命の基準については，文部科学省令で定める基準を参酌するものとする。

(入館料等)
第26条　公立博物館は，入館料その他博物館資料の利用に対する対価を徴収してはならない。但し，博物館の維持運営のためにやむを得ない事情のある場合は，必要な対価を徴収することができる。

(博物館の補助)
第27条　国は，博物館を設置する地方公共団体又は地方独立行政法人に対し，予算の範囲内において，博物館の施設，設備に要する経費その他必要な経費の一部を補助することができる。
② 前項の補助金の交付に関し必要な事項は，政令で定める。

(補助金の交付中止及び補助金の返還)
第28条　国は，博物館を設置する地方公共団体又は地方独立行政法人に対し前条の規定による補助金の交付をした場合において，次の各号のいずれかに該当するときは，当該年度におけるその後の補助金の交付をやめるとともに，第１号の場合の取消しが第19条第１項第１号に該当することによるものである場合には，既に交付した補助金を，第３号又は第４号に該当する場合には，既に交付した当該年度の補助金を返還させなければならない。
1　当該博物館について，第19条第１項の規定による登録の取消しがあったとき。
2　地方公共団体又は地方独立行政法人が当該博物館を廃止したとき。
3　地方公共団体又は地方独立行政法人が補助金の交付の条件に違反したとき。
4　地方公共団体又は地方独立行政法人が虚偽の方法で補助金の交付を受けたとき。

第４章　私立博物館

(都道府県の教育委員会との関係)
第29条　都道府県の教育委員会は，博物館に関する指導資料の作成及び調査研究のために，私立博物館に対し必要な報告を求めることができる。
②　都道府県の教育委員会は，私立博物館に対し，その求めに応じて，私立博物館の設置及び運営に関して，専門的，技術的の指導又は助言を与えることができる。

(国及び地方公共団体との関係)
第30条　国及び地方公共団体は，私立博物館に対し，その求めに応じて，必要な物資の確保につき援助を与えることができる。

第５章　博物館に相当する施設

第31条　次の各号に掲げる者は，文部科学省令で定めるところにより，博物館の事業に類する事業を行う施設であって当該各号に定めるものを，博物館に相当する施設として指定することができる。
1　文部科学大臣　国又は独立行政法人が設置するもの
2　都道府県の教育委員会　国及び独立行政法人以外の者が設置するもののうち，当該都道府県の区域内に所在するもの(指定都市の区域内に所在するもの(都道府県が設置するものを除く。)を除く。)
3　指定都市の教育委員会　国，独立行政法人及び都道府県以外の者が設置するもののうち，当該指定都市の区域内に所在するもの
②　前項の規定による指定をした者は，当該指定をした施設(以下この条において「指定施設」という。)が博物館の事業に類する事業を行う施設に該当しなくなったと認めるときその他の文部科学省令で定める事由に該当するときは，文部科学省令で定めるところにより，当該指定施設についての前項の規定による指定を取り消すことができる。
③　第１項の規定による指定をした者は，当該指定をしたとき又は前項の規定による指定の取消しをしたときは，その旨をインターネットの利用その他の方法により公表しなければならない。
④　第１項の規定による指定をした者は，指定施設の設置者に対し，その求めに応じて，当該指定施設の運営に関して，専門的，技術的な指導又は助言を与えることができる。
⑤　指定施設は，その事業を行うに当たっては，第３条第２項及び第３項の規定の趣旨を踏まえ，博物館，他の指定施設，地方公共団体，学校，社会教育施設その他の関係機関及び民間団体と相互に連携を図りながら協力するよう努めるものとする。
⑥　国又は独立行政法人が設置する指定施設は，博物館及び他の指定施設における公開の用に供するための資料の貸出し，職員の研修の実施その他の博物館及び他の指定施設の事業の充実のために必要な協力を行うよう努めるものとする。

　　　　附　則　(略)

さくいん

▶あ行

ICT　78
アクティブ・ラーニング　76
新しい公共　17, 99, 131
アンドラゴジー　49, 72
生きる力　175
一条校　139
イリッチ（Illich, I.D.）　69
インフォーマルな教育　45, 68
NPO　17, 83, 133
エリクソン（Erikson, E.H.）　43, 52
遠隔教育　80
エンプロイアビリティ　181
OECD　11, 157
OJT（On-the-Job Training）　178
Off-JT（Off-the-job Training）　178

▶か行

解放のための生涯教育　10
学芸員　113, 142, 185
学社融合　95, 146
学社連携　94, 145
学習課題　52
学習権宣言　10, 33, 35
学習指導要領　151, 152
学習社会（learning society）　2, 28, 156
学習相談　110
学習ニーズ　52
学習の成果　19
学習の目的　62
学習方法　70
学習要求　72
学習論　188
各種学校　140

学歴社会　13, 17, 90
課題解決型学習　77
学級・講座　128
学校　139, 152
学校運営協議会　95, 96, 149
学校教育　46, 139, 150
学校教育法　152
学校支援地域本部　96, 148, 194
学校評議員　95, 149, 194
家庭教育　45
カルチャーセンター　83, 121
環境醸成　85, 107, 130
企業内教育　176, 178
キャリア　171
キャリア教育　47, 173
教育委員会　86, 194
教育基本法　37, 38, 58, 84, 92, 104, 194
教員　144
協働　94
共同学習　75, 128
勤労青少年　177
クームス（Coombs, P.H.）　68
劇場・音楽堂等　109, 143
現代的課題　59
公共の課題　16
公民館　106, 142
公民館運営審議会　88, 97, 115, 195
公民館主事　113, 142
個人学習　71, 121, 128
個人の要望　58, 152
子ども会　126, 129
コミュニティスクール　95, 149, 194
コミュニティセンター　113

▶さ行

サポート・バット・ノーコントロール　130
参加　87, 186, 194, 195
参加体験型学習　75
ジェルピ（Gelpi, E.）　10, 27,35
自己決定型学習　72
自己主導型学習　35
自己主導的学習　50, 52
司書　113, 142, 185
司書補　113, 142
持続可能性（sustainability）　155, 199
持続可能な開発（sustainable development: SD）　156
持続可能な開発のための教育（ESD）　160
持続可能な開発目標（Sustainable Development Goals: SDGs）　162
指定管理者制度　99, 118
指導系職員　113, 143
社会教育　15, 38, 139, 176, 186, 198
社会教育委員　88, 97, 197
社会教育関係団体　85, 129
社会教育行政　61, 84, 130
社会教育局　93
社会教育士　100, 185, 193
社会教育施設　38, 85, 99, 104, 125, 142
社会教育主事　85, 144, 185
社会教育審議会　90
社会教育法　84, 106, 199
社会体育施設　143
社会の要請　58, 152
集会学習　73, 128
集合学習　73, 128
集団学習　73, 128
住民参加　115
生涯学習　14, 15, 21, 27, 38, 90, 185
生涯学習局　15, 91
生涯学習支援施設　103
生涯学習社会　3, 19, 91, 92
生涯学習審議会　91
生涯学習振興行政　92, 101
生涯学習振興法　15, 91
生涯学習推進センター　110
生涯学習センター　15, 110, 143
生涯教育　4, 21, 23, 25, 89, 176
条件整備　85, 130
情報化社会　121
職業訓練　179
職業指導　174
職業能力開発　178
女性教育施設　108, 143
人生100年時代　57, 181
進路指導　174
垂直的統合　5, 25
水平的統合　5, 25
生活課題　53
青少年教育施設　108, 143
成人教育　23
成人教育推進国際委員会　25
制度論　188
青年学級振興法　75, 89, 177, 195
青年団　124
専修学校　140
専門職大学院　142
専門的職員　105, 113, 137
Society5.0　56

▶た行

体育施設　109
大学　141
体験活動　177
男女雇用機会均等法　177
地域課題　60
地域学校協働活動（地域学校協働本部）

96, 149, 194
地域青年団　126
地域団体　126
地域婦人会　126
地縁団体　126
知識基盤社会　78
知の循環型社会　65
地方教育行政の組織及び運営に関する法律
　　　　　　　　　　95, 119, 149, 150
地方分権推進　97
中央教育審議会　3, 90, 189
超高齢社会　49, 57
町内会　126
適応　56
適応のための生涯教育　10
統合　26, 34
特定非営利活動促進法　83, 135
図書館　107, 142
図書館協議会　88, 115, 195
図書館法　84, 107
ドロール報告　158

▶な行
ナイロビ勧告　30
ネットワーク型行政　93
ノーサポート・ノーコントロール　130
ノールズ（Knowles, M. S.）　50, 72
ノンフォーマルな教育　68

▶は行
ハヴィガースト（Havighurst, R.J.）　53
博物館　107, 142, 186
博物館協議会　88, 115, 195
博物館法　84, 107
派遣社会教育主事　144

発達課題　52
ハッチンス（Hutchins, R.M.）　2, 29, 156
PFI　99
PTA　129, 131, 195
必要課題　59, 198
評価　19, 116
フォーマルな教育　46, 68
フォール報告　29, 71, 156
部活動の地域移行　99
フリースクール　46, 155
フレイレ（Freire, P.）　10, 35, 69
文化芸術基本法　109
補助金　130
ボランティア　115
ボランティア活動　116

▶ま行
民間活力の導入　98, 117

▶や行
ユネスコ　4, 23, 155
要求課題　59, 198

▶ら行
ライフサイクル論　43
ラングラン（Lengrand, P.）　4, 23, 34, 155
リカレント教育　11, 48, 56, 141, 157, 184
リスキリング　184
臨時教育審議会　12, 36, 90, 180
連携　94, 131, 151, 153

▶わ行
ワーク・ライフ・バランス　66, 172
ワークショップ　74

[編著者]

鈴木眞理（すずき・まこと）
東京大学文学部（社会学）卒業，東京大学大学院教育学研究科博士課程（社会教育学）中退。東京大学教育学部助教授，青山学院大学教育人間科学部教授，同コミュニティ人間科学部教授等を経て
現在　青山学院大学名誉教授。博士（学術）
主著　『学ばないこと・学ぶこと—とまれ・生涯学習の・ススメ』学文社，『社会教育の核心』（共編著）全日本社会教育連合会，『新時代の社会教育』放送大学教育振興会，ほか

大木真徳（おおき・まさのり）
東京大学文学部（考古学）卒業，レスター大学大学院博物館学研究科博士課程修了［Ph.D.（Museum Studies）］，東京大学大学院教育学研究科博士課程（生涯学習論・社会教育学）中退
現在　青山学院大学コミュニティ人間科学部准教授
主著　『社会教育の施設論』（共編著）学文社，『生涯学習支援の基礎』（共編著）学文社，『コミュニティと教育』（共編著）放送大学教育振興会，ほか

大島まな（おおしま・まな）
西南学院大学文学部卒業，九州大学大学院教育学研究科博士課程（社会教育学）単位取得満期退学。九州女子大学人間科学部教授，学部長，九州女子大学・九州女子短期大学地域教育実践研究センター所長を経て
現在　一般社団法人全国社会教育委員連合副会長
主著　『社会教育の核心』（共編著）全日本社会教育連合会，『明日の学童保育』（共著）日本地域社会研究所，ほか

[執筆者]

稲葉　隆（いなば・たかし）
神奈川大学法学部卒業，青山学院大学大学院教育人間科学研究科教育学専攻博士前期課程修了。東京都教育委員会社会教育主事，国立教育政策研究所社会教育実践研究センター専門調査員等を経て
現在　一般社団法人全国社会教育委員連合常務理事兼事務局長

内山淳子（うちやま・じゅんこ）
南山短期大学英語科卒業，株式会社日本航空国際客室乗務員部勤務。佛教大学教育学部教育学科卒業，佛教大学大学院教育学研究科生涯教育専攻修了，佛教大学特任准教授を経て
現在　佛教大学非常勤講師

阪本陽子（さかもと・ようこ）
武蔵大学人文学部日本文化学科卒業，文教大学大学院人間科学研究科修士課程（生涯学習学）修了。
現在　文教大学ほか非常勤講師

岩佐敬昭（いわさ・たかあき）
東京大学教育学部教育行政学科社会教育コース卒業，文部省に入省。生涯学習政策局家庭教育支援室長，同社会教育課企画官，研究開発局宇宙利用推進室長，大臣官房政策課企画官，文化庁国語課長，日本学術振興会理事，沖縄科学技術大学院大学准副学長等を経て
現在　在トルコ日本大使館公使

郡谷寿英（こおりや・ひさひで）
文教大学人間科学部人間科学科心理学コース卒業，文教大学大学院人間科学研究科修士課程（生涯学習）修了。一般財団法人日本視聴覚教育協会主務，国立教育政策研究所社会教育実践研究センター社会教育専門職を経て
現在　北海道科学大学全学共通教育部専任講師

永井健夫（ながい・かつお）
早稲田大学第一文学部（哲学科教育学専修）卒業，東京大学大学院教育学研究科博士課程（社会教育学）単位取得満期退学
現在　青山学院大学コミュニティ人間科学部教授

西井麻美（にしい・まみ）
東京外国語大学外国語学部卒業，東京大学大学院教育学研究科博士課程（社会教育学）単位取得満期退学
現在　ノートルダム清心女子大学人間生活学部教授

本庄陽子（ほんじょう・ようこ）
清泉女子大学文学部卒業，東京大学大学院教育学研究科博士課程（社会教育学）単位取得満期退学
現在　青山学院大学コミュニティ人間科学部教授

●本書巻末に掲載した主な関係法律の最新改正や附則の詳細については，小社ウェブサイト内の「サポート→学習サポート→『新版 生涯学習概論』巻末資料リンク集」を参照してください。
https://www.jusonbo.co.jp/shinpan_syogaigakusyugairon/index.php

新版　生涯学習概論

2025年3月21日　初版第1刷発行

編著者　鈴　木　眞　理
　　　　大　島　ま　な
　　　　大　木　真　徳

〈検印廃止〉

発行者　大　塚　栄　一

発行所　株式会社　樹村房
　　　　JUSONBO

〒112-0002
東京都文京区小石川5-11-7
電　話　03-3868-7321
ＦＡＸ　03-6801-5202
振　替　00190-3-93169
https://www.jusonbo.co.jp/

印刷／亜細亜印刷株式会社
製本／有限会社愛千製本所

©Makoto Suzuki, Mana Oshima, Masanori Oki 2025　Printed in Japan
ISBN978-4-88367-404-6　乱丁・落丁本は小社にてお取り替えいたします。